本书是2022年度国家社会科学基金青年项目“传统政德创造性转化理路研究”(项目编号:22CKS025)的阶段性成果,并得到山东大学(威海)学科建设专项资助。

第三代新儒家政治哲学研究

——兼及传统儒学与现代性解读

孙阳阳 著

山东大学出版社
SHANDONG UNIVERSITY PRESS
·济南·

图书在版编目(CIP)数据

第三代新儒家政治哲学研究 ：兼及传统儒学与现代性解读 / 孙阳阳著. -- 济南 ：山东大学出版社，2024.6. -- ISBN 978-7-5607-8273-7

Ⅰ. B244.05

中国国家版本馆 CIP 数据核字第 2024PY8348 号

责任编辑　谭学秋　刘晓燕
封面设计　张　荔

第三代新儒家政治哲学研究
DISANDAI XINRUJIA ZHENGZHI ZHEXUE YANJIU
——兼及传统儒学与现代性解读

出版发行　山东大学出版社
社　　址　山东省济南市山大南路 20 号
邮政编码　250100
发行热线　(0531)88363008
经　　销　新华书店
印　　刷　济南华林彩印有限公司
规　　格　720 毫米×1000 毫米　1/16
　　　　　15.25 印张　273 千字
版　　次　2024 年 6 月第 1 版
印　　次　2024 年 6 月第 1 次印刷
定　　价　58.00 元

自　序

当代新儒家学者进入大陆学界的研究视野，大致始于20世纪80年代。从这一时期开始，有关新儒家学者的研究成果开始零星问世。伴随着思想解放日益走向深入，同时因应于伟大的改革开放实践所带来的种种变化，轰动一时的“文化热”不仅引发了对传统文化的反思与批判，同时对文化的重新检视也催促人们去探寻转型社会中传统文化作为思想资源潜在的价值和意义。文化保守主义作为一种思潮逐渐兴起，以方克立先生为代表的学者顺势呼吁，“要重视和加强对现代新儒家的研究”①。在1986年11月召开的全国哲学社会科学“七五”规划会议上，由方克立、李锦全承担的“现代新儒家思潮研究”被列为重点研究课题之一。由此，大陆学界关于新儒家思潮的研究进入了一个崭新阶段。此一时期，学界普遍关注的是长期活跃在海外且影响较为广泛的新儒家第一代和第二代学人。1995年，新儒家哲学重镇牟宗三先生逝世，被视为当代新儒学一个时代的结束，“后牟宗三时代”由此开启，新一代新儒家学者继之而起。从20世纪80年代方克立先生和李锦全先生提出要以新儒家两代学人为对象展开新儒家思潮研究，迄今已有三十余年。而三十余年的时光，足可以称得上是一代人发展的时间契机了。伴随数十年来第三代新儒家学人思想的发展与积淀，且其中已有学者“溶入了历史”②，对他们的思想展开梳理、分析和研判，显而易见亦

---

① 方克立：《要重视对现代新儒家的研究》，载《天津社会科学》1986年第5期。

② 李翔海：《论后牟宗三时代新儒学的发展走势》，载《孔子研究》2002年第3期。李翔海使用的这一表述，是指新儒家前两代学人皆已逝去。如今，作为本书的研究对象之一，第三代新儒家代表性学者刘述先先生也已经于2016年6月去世，笔者在此借用这一说法。

应提上日程。

本书所研究的是第三代新儒家政治哲学，具体而言，是要研究第三代新儒家政治哲学的源起、继承和发展，并在此基础上探讨新儒家政治哲学能否为中国社会转型和政治发展提供可资借鉴的思想资源，能否建构一套基于儒家思想，且顺利应对时代挑战的政治哲学理论。本书以杜维明、成中英、刘述先和林安梧为主要分析对象，对其有关公共政治生活、现代国家建构问题在哲学层面的相关思考进行系统分析，并探讨其现实意义。对于我们所选择的研究对象，前三位或许没有太大争议。至于林安梧先生，其在山东大学儒学高等研究院讲学期间，笔者曾有幸聆听先生系列讲座，并就新儒家政治哲学的相关问题当面向先生请教。对于新儒家代际更替的问题，他认为从学缘和代际传承角度出发将他列为第三代没有问题。当然如果考虑年龄因素的话，把他算作第四代学者，亦没有太大意见。[①] 在思想层面，林安梧对儒家伦理政治反思和现代民主政治发展所展开的论述，闪烁着智慧的光芒。故而，我们将其列为第三代新儒家学者，而对此一研究对象的选择，也构成了本书的特色之一。

作为一个具有深厚学术传统的学派，当代新儒家一直在迭代更新。第三代新儒家，可以视为当代新儒学发展的最前沿。第三代新儒家学人，因其生活的时代背景不同，且求学生涯多交融中西，故而思想呈现出更鲜明的开放性和灵活性。在当代新儒家前后三代学者的不懈努力之下，新儒学得以走出东亚社会，跻身世界学术思想之林，成为一种具有世界性的知识体系。他们更多地参与到现代社会问题的讨论之中，并受到来自西方学界越来越多的关注。本书对于第三代新儒家政治哲学的考察，大致沿着以下逻辑展开。

第一，当代新儒家的政治哲学，正是立足于对心性之学的体认，对儒家道德理想主义的追求，努力吸收和借鉴现代民主政治的精华，试图在中国传统文化的基础上接续现代民主政治的发展，以应对崭新的时代挑战。新儒家诸学者的政治哲学理论虽然具有很大的共性，但是他们政治哲学的展开

---

① 此一讲座对话详情收录在林安梧讲述，王冰雅、张贝整理：《儒道佛三家思想与二十一世纪人类文明》，山东人民出版社 2017 年版，第 33～34 页。

方式和论说重点却也充满了差异。熊十力、牟宗三和唐君毅的政治思想倾向于以“知”的也就是哲学建构的方式展开论说，而梁漱溟、张君劢和徐复观趋向于以“行”的也就是实践的方式激活中国传统政治思想的现代价值。我们在此基础上辨析了当代新儒家政治哲学研究的两种不同进路，即哲学解释的导向和社会实践的导向。第三代新儒家虽然在哲学建构和分析上也做出了自己的努力和贡献，但是总体上来看，他们的政治哲学呈现出浓重的社会实践的品格。在第三代新儒家看来，新儒家政治哲学不应仅仅停留在形而上学的义理层面，更应该积极地融入社会政治实践，并在实践中不断拓展新的生存和发展空间。

第二，对于中国传统政治的认知，构成了当代新儒家思考中国政治发展的历史起点，也构成了他们政治哲学的理论基础。第三代新儒家将儒学区分为生活化的儒学与批判性的儒学以及政治化的儒学与宰制性的儒学，并从政治化的儒学出发，对中国传统君主政治展开了深刻的批判。对于新儒家前辈学人的政治思想，第三代新儒家肯定了他们追求现代民主政治的价值取向，也对他们忽略了社会政治实践落实这一环节展开了批评。

第三，对于第三代新儒家政治哲学的主要内容，我们认为应该从政治价值、政治制度和政治理想三个方面加以分析。在政治价值层面，他们认为在传统儒家政治哲学中，个体经验完全淹没在共同体的经验之中。面对“修齐治平”的理想，对美德的追求成为一种没有止境的义务，而个体的权利则始终被忽略，所以中国传统政治文化中缺乏独立、清晰的权利观念。因此，现代民主政治的发展，必须注重对个体自由和权利的保护，要站在个人自由自觉的立场上，重新去追求儒家倡导的崇高道德理想。在政治制度层面，他们指出中国传统政治中有民本却缺少民主，二者存在着本质上的差别。他们肯定现代民主政治的价值，认为要实现儒家精神与自由民主理念的融通，需要在“结构学”层面上进行思考，而非“发生学”层面。传统社会没有产生自由民主的理念，并不妨碍在当前社会经由自我批判，以渐进学习的方式实现与自由民主理念的契合。而在政治理想层面，他们多关注社会政治的现代化发展和儒学理论形态的现代转化。在反思了现代性所潜涵的理性主义和科学主义的弊病之后，他们立足于多元现代性，倡导平等基础上的多元文明对话。

第四，在上述详细分析的基础上，我们认为第三代新儒家不仅仅在政治哲学的理念上有所发展，在方法论层面也取得了一定的进步，有着明确的方法论自觉。通过对诠释学的研究和对交谈的重视，其研究方法实现了从文史阐释到政治诠释的范式转变。第三代新儒家政治哲学最突出的意义在于它鲜明的实践导向，提出了由“外王”到“内圣”的政治哲学思路。其政治哲学的论域不断扩展，他们不再追求建立一种所谓的自发“扩展秩序”，而是在现代民主政治价值理念的指引之下，经由渐进学习和实践，努力建构一种民主政治发展的“学习秩序”。同时，他们从后现代的角度出发，在对现代性展开反思的同时，试图从传统中寻找思想资源加以救治，其理论呈现出更加开放的格局。

我们还要注意到，第三代新儒家立足于儒家心性之学，并没有彻底解决“新外王”的困境。在政治制度设计和政治实践环节，他们的表现不仅乏善可陈，而且并没有超出自由主义政治理念的范畴，缺乏对政治现实的积极回应。在思维方式上，仍然没有彻底走出本质主义思维的窠臼。所以，第三代新儒家的政治哲学，在回应当前中国政治发展的时代境遇时，还面临着诸多困境和挑战。在国家大力弘扬中华优秀传统文化的背景之下，我们仍然要清醒地认识到当前儒学发展并非一帆风顺。不论是被视作儒学最新发展动向的当代新儒家，还是近年来势头颇盛的大陆新儒家，其表现都让人一言难尽。大陆新儒家和当代新儒家政治哲学的差异，可以大致理解为“政治神学”与“政治诗学”的分歧。大陆新儒家的政治哲学构想，漠视现代性和现代民主政治基本价值理念。而第三代新儒家对儒家政治哲学的构想，亦缺乏对社会现实的有效性回应。面对传统文化复苏的时代机遇，儒学的健康发展要走出“政治神学”与“政治诗学”的迷思。唯有如此，儒学方有可能摆脱走进“博物馆”的命运，在现代民主政治环境下迎来崭新的转机。

近代以来，面对三千年未有之大变局，中国传统文化价值系统面临着巨大的认同危机。社会转型受挫，还造成了极为突出的文化断层问题。正如杜维明所言，“各个断层时期的历史构成极其复杂的多层次的传统文化心理，使得现代中国人缺乏一种统一的、明确的、持续的历史感”①。当代新儒家所追求的“老内圣开出新外王”，就蕴含着由文化认同而推进社会转型与发展的理论旨趣，即由认同而催生创新和发展。近代以降，这成了老生常谈的经典问题，而对经典问题的回答，蕴含着相继而来一代又一代学人应对时代挑战的连续性思考。在众多回应这一问题的学者之中，当代新儒家是性格特显的一支。当代新儒学的价值不容忽视，正如成中英所言，“新儒家所持的态度是一种文化的忧患意识，所忧者以忧时局、忧人生价值、忧中国文化之道为首要（相对于忧生存、忧国家、忧民族命运而言）。但此一忧患意识不足以解除中国文化的现代危机。再者，新儒家对于西方文化的发展的整体性理解与关注远逊于对中国文化的发展的整体性的理解与关注，则是其缺乏世界文化观的一面。对于科学技术与经济发展的价值未能深刻探究。但构思一套或部分中国文化及其精神价值的哲学理论则为现代中国知识分子发挥了类似宗教情操的安心立命的功能，为中国文化的重建与开展提供了文化发展的特色。从此一角度看，无疑，现代新儒学仍有其积极的时代意义”②。而且，相较于新儒家前辈学人“花果飘零”的文化心态而言，第三代新儒家在国际学术界的影响更加广泛，他们在前辈播种开源的基础上致力于将传统儒学的内在精神进一步发扬光大。从他们的努力中可以看到新儒学发展所潜藏的更多可能性。林安梧清晰地指出：“我们往昔一直在追问的问题，‘中国传统文化如何开出现代化？’这根本是错问了问题。应该问的是‘在学习现代化的过程，传统文化会起如何的作用？’”③他认为应该“由外王的学习而进一步调解内圣”，在此基础上追求存在与价值的和合性，以救治现代性的工具理性应对当前社会发展带来的异化。在转型时期，面对“中国文化向何处去”这一经典议题，当新儒家学者思考的路径发生这样一种根本转变时，我们可以认为新儒家政治哲学实现了令人欣喜的突破性发展。

---

① 杜维明：《中国文化的认同与创新》，载《杜维明文集》第1卷，武汉出版社2002年版，第364页。

② 成中英：《现代新儒学的复杂命题》，载《成中英文集》第2卷，湖北人民出版社2006年版，第419页。

③ 林安梧：《当代新儒学的创造性转化：在新冠状病毒肆虐全球现象下的思考》，载（台湾）《鹅湖月刊》2021年第1期。

当然，指出当代新儒家政治哲学的新发展，并不意味着他们已经完全跳出了新儒家的传统窠臼。而且，本书正是在批判的意义上展开了对第三代新儒家政治哲学的梳理和研究。在很大程度上，作为保守主义代表的新儒家思想存在的缺陷，与倾向自由主义的学者所抱持的观念类似。他们好像有意无意忽视了中国大地上种种鲜活的发展现实，对于各种发展中存在的实际问题缺乏有针对性的回应。正如美国学者阿里夫·德里克所批评的那样，“儒学复兴致力于提倡一种脱离历史或社会情境的儒学，从而得以重新制造东方主义的本质化倾向，只不过这次是‘东方人’自己干的”①。当人们提及新儒家的政治理念，往往难以忽视其高狂俊逸的理论品格。对于这一评价，在感慨之余或许不难发现其中所流露的批评的意味更加浓重。而且一直以来，新儒家有关社会政治发展的论述都面临着诸多批评，其中以牟宗三提出的经良知坎陷而由“老内圣开出新外王”一说最为典型。对于这一理论进路，李泽厚先生早在20世纪就指出，它强调了儒学注重心性修养的一脉而忽略了经世致用的线索，不仅“失去了儒学和儒学精神的大半”，甚至可能“走向反理性主义的危险之路”。② 我们应该认识到，“儒学既是一种历史积累，也是一种即在形式，是传统性与当下性的复杂交织”③。当代新儒家所守护的价值观念，突出了传统的维度，却忽略了现实，如果对于当前的生活世界不能做出有针对性且及时的回应，那么文化传统灵根再植仍然很难由悬浮的希冀转而成为落定的现实。也许当代新儒家在个体修养层面能够获得极大的提升，但是于政治等公共治理领域而言，还是在某种程度上面临着与生活世界脱节的困境。

第三代新儒家所从事的工作，可以视为在延续新儒家学统的基础上，努力进行补偏救弊。他们深耕易耨于儒家文化田园，在接续中国古老文化传统的基础上试图使之延续下去。儒家文化并非宗教，正如梁漱溟先生所言，“安排伦理名分以组织社会……设为礼乐揖让以涵养理想。二者合起来，遂

---

① [美]阿里夫·德里克：《后革命时代的中国》，李冠南、董一格译，上海人民出版社2015年版，第102页。

② 李泽厚：《世纪新梦》，安徽文艺出版社1998年版，第111页。

③ 景海峰：《新儒学与二十世纪中国思想》，中州古籍出版社2005年版，第17页。

无事乎宗教"[①]。儒学这种强烈的入世取向,也在不断地根据社会环境的变化进行自我调适,进而演化出极强的社会适应性。在传统社会,儒学发挥着近乎宗教的功能。而在社会发展呈日新月异之势的今天,面对纷繁复杂的科技进步和物欲横流的消费社会,人们仍然需要从悠久的文化资源中汲取智慧和营养,这也在某种程度上决定了儒学的价值。对于儒学的发展而言,这也许是最好的时代。当代儒学发展需要"离经叛道",而不宜在传统经学的范畴内一再踟蹰蹉跎。在东西文化交汇和比较的多元文化背景下,要果断扬弃传统专制政治思想的桎梏,批判性继承中华优秀传统文化,同时也要以宽容的心态吸收西方现代文明中具有普遍意义的价值元素,而不能仅仅停留在肤浅的表层之上。

对于当代新儒家政治哲学在实践环节缺席的批评,也许隐含着一个更为基础和深刻的问题:我们对于学术探讨应该抱有怎样的期许,而学术探讨对于社会历史发展又应该担负怎样的责任?思想史研究的根本旨趣,本就不仅仅在思想言说本身,对于政治思想史而言更是如此。新儒家重镇徐复观经由熊十力的一顿责骂和钱穆在方法层面的启发,走上了治思想史的道路,故思想史在他眼中也就具有了不同寻常的意味。黄俊杰指出:"作为学者的徐复观基本上是将中国思想史研究当作是解决现代中国问题的手段,也是未来中国文化发展希望之所寄。"[②]思想史研究在徐复观眼中,就成为为中国文化"刮垢磨光"而从传统专制政治那里解脱出来获得新生的重要手段。徐复观先生的这一理念,于我而言心有戚戚焉。中国作为一个身处转型之中的发展中国家,其社会价值观念也在变动和重塑之中。这一思想观念的渐次转型,一方面给人们带来困惑甚至使人们陷入迷失,但另一方面对于关注这一议题的研究者而言却又呈现出独特的思想碰撞的魅力。当代新儒家只是这个价值多元化的社会思潮中较为典型的一支,将研究的目光聚焦于此,也只是希望以"解剖麻雀"的方式,管窥时代政治思想变迁。

从转型时期中国社会政治价值观念的解体与重建这一现实关切出发,本书在追踪新儒家政治哲学演进的基础上,对第三代新儒家政治哲学尝试

① 梁漱溟:《中国文化要义》,上海人民出版社2005年版,第98页。

② 黄俊杰:《东亚儒学视域中的徐复观及其思想》,(台北)台大出版中心2009年版,第16页。

做一探讨。坦白地讲，这只是一个很初步的研究。一方面，由于三代新儒家学者多生活在港台或海外地区，想要穷尽相关文献资料，还存在现实客观困难。另一方面，刘述先先生已经仙逝，本书所关注的其他学者都还活跃在学术界之中，其思想自然还呈现变动发展的态势。故第三代新儒家有关政治哲学和国家治理的思想仍有广阔的研究空间。至于本书所呈现的内容，水平有限，谬误及不足之处，还请方家批评指正！

目　录

绪 论

一、研究背景及意义

19 世纪中叶以来，中国始终处在巨大的社会结构转型之中。社会转型是每一个意欲实现现代化的国家必须妥善解决的问题。在这个漫长的转型过程中，有些问题一直困扰着我们：中国向何处去？中国文化将向何处去？在东西方文化交汇的过程中，中国传统文化和西方现代文明的交锋和碰撞，给中华民族的发展带来了巨大的震荡。文化的交流和互动推动思想发展走向多元化，从而形成了自由主义、新儒学（或称“保守主义”）和马克思主义三大思潮鼎立的局面。[①]

总体而言，当代新儒家要继承儒家文化传统，通过重新诠释和解读，把它推向一个新的境界，进而助力中国的现代化。但是，特殊的时代遭遇造成了中国现代化转型一开始就先天不足，这就决定了中国的现代化进程必然步履艰难。当代新儒家的中心问题是如何实现“本内圣以解决新外王”[②]，也

---

① 关于此一观点，梁漱溟曾指出，英美文化在中国的传播导致“在一社会文化内，有了两种不同的是非取舍，已经失去中心骨干，陷于紊乱不安。更不得了的，是在英美派文化势力之后，布尔什维克的势力又进入中国来。三个不相协调的是非取舍混在一起，互为矛盾剌谬；试问这如何成为一个社会？”（《梁漱溟全集》第 6 卷，山东人民出版社 2005 年版，第 688 页）李翔海认为：“在中国现当代思想史上，（就包括港、澳、台在内的整个中国而言）现代新儒学可以说是与马克思主义、自由主义的西化派鼎立的三大思潮之一。”（李翔海：《现代新儒学论要》，南开大学出版社 2010 年版，引子第 17 页）

② 罗义俊：《生命存在与文化意识：当代新儒家史论》，学林出版社 2009 年版，第 899 页。

就是如何顺应儒家义理以实现民主与科学的问题。本书聚焦第三代新儒家政治哲学，具体而言，是要研究当代新儒家第三代学者政治哲学的源起、继承和发展，条分缕析，并在此基础上探讨新儒家政治哲学能否为中国现代社会转型提供可资借鉴的思想资源，能否建构一套基于儒家学说且顺利应对时代挑战的政治哲学理论。本书以杜维明、成中英、刘述先和林安梧为主要分析对象，系统梳理其有关政治、国家问题的哲学思考，运用诠释学和现代政治哲学的框架对之加以分析，并探讨其在现代社会转型中的适用性。

就论域而言，我们关注的重点并不在于新儒家哲学的方方面面，而是仅仅聚焦于第三代新儒家几位代表性学者有关政治哲学的论述，分析新儒家政治哲学最新的发展动态。当代新儒学是当前儒学发展极具代表性的形态，在理论和思想层面向我们呈现了儒学演进最新近的状况。既然它代表了当代新儒家政治哲学最新的发展动态，我们就需要从两个维度对之加以考察。首先，面对中国传统政治文化这一场域和现代民主政治的价值诉求，第三代新儒家在尝试实现二者的接榫时做出了哪些努力？一般而言，从本质上来看中国传统政治文化价值体系呈现为“君权至上、父权至尊、伦常神圣”的三层次结构。由此观之，“以儒学为主体的传统政治文化里，不包含现代化和现代社会文明的因素。尽管其中也有合理的部分和优秀的部分，但是文化的基本规定性是适应君主政治存续与发展的需求的”[①]。所以，当代新儒家如果想要实现传统文化与现代民主政治的勾连，势必要对历史传统进行重新诠释和再发掘。其次，以熊十力、牟宗三等为代表的当代新儒家前两代学人对儒学的诠释，以及在此基础上阐发的政治哲学，被学术界广为诟病。作为其后继者的第三代新儒家能够对前人有所超越吗？能走出“内圣外王”的窠臼吗？这些问题，构成了本书的焦点所在。

本书力图以厘清思想观念为基础，以社会政治关怀为目标，努力做到理论与实践相结合。因此本书的意义可以从三个层面加以阐释：新儒家学派的延续与发展层面、理论分析层面和现实意义层面。

---

① 葛荃、逯鹰：《论传统儒学的现代宿命——兼及新保守主义批判》，载《清华大学学报（哲学社会科学版）》2006 年第 4 期。

(一)新儒家学派的延续与发展

第一,当代新儒家作为一个体系完备、规模宏大且影响深远的学派,在中国近代思想史的发展上是绝无仅有的。展开对新儒家政治哲学"在中国政治思想中的逻辑位置的分析",有助于我们"确定中国政治思想的派别构成格局"。①

"学派"作为一个用来指称学术群体的传统词语,已经不太常见于当代中国的学术界,以至于有学者论及当前学界某一学派的发展时不禁感叹:"中国学人似乎已经不习惯于张扬独立学术个性。"②这一情境,在大陆学术界确实如此:鲜有规模可观的学派涌现,即便是个别性格特显的学术群体,被冠以"某某学派"的名号时,也显得极为谦虚谨慎。如果我们把观察的视野放得更加开阔一些,将港台地区的学术界也纳入其中的话,情形就大不相同。当代新儒家,作为一个规模宏大、历史悠久的学术群体,甚至可以称之为近代以来中国学术界最大的学派。从梁漱溟和熊十力两位新儒家开创者开始,他们确立了自己特征鲜明的学术主旨,开辟了明确的学术方向。而且难能可贵的是,虽然历经战争和动乱,依然保持了绵绵不断的师承延续。可以说,当学派这一学术现象在中国学术界长期隐而不彰之时,当代新儒家这一历史悠久的学派愈发显得弥足珍贵。

新儒家学派传续到今天,经历了将近一个世纪的磨砺,其理论发展已经表现出较为明显的代际传承和演变。当代新儒家之所以被学界视为一个个性鲜明的学派,是由于他们在基本概念和学术理念上具有明显的普遍性。尽管不同的新儒家学者在使用这些公用观念时的具体含义有所差别,但在这些差别的解释中总是存在着共性的因素,并以时代共性对其思想个性形成了规范和约束。例如作为当代新儒家学派的后起之秀,林安梧认为,对于熊十力、牟宗三和徐复观等人开创的学术传统,"作为他们的后学者,我个人认为在学问上的,大部分的后学者是延续这个规模所作的发展"③。

① 张师伟:《阐发政治的民族共性——中国传统政治哲学研究主旨揭示》,载《文史哲》2010年第6期。

② 李振宏:《中国政治思想史研究中的王权主义学派》,载《文史哲》2013年第4期。

③ 林安梧:《儒学革命:从"新儒学"到"后新儒学"》,商务印书馆2011年版,第219页。

当代新儒家的延续，表明了儒家的宇宙观、伦理观和政治哲学始终处于一个不断发展和演进的过程中，它仍然是一个活的文化传统。近代以来，中国文化发展始终面临着一个难以回避的焦点问题，即如何看待和处理中西文化之间的内在张力。概言之，“西方文明是主智的文明（intellectual civilization），这种文明的特征是要追问终极实在……中国文明则以人事（homocentric）和伦理（ethicocentric）为中心，其突出特征是强调人类自身的状况和人际差属的关系”[①]。显然，中西文化的格局不同，是源于知识论层面概念和范畴的差异。因西方文化在全球范围内的强势传播，“在某种意识形态和唯科学主义思潮的指导下，中国思想形式的探讨从退入边缘到彻底沉默，几乎在学术界没有任何反映”[②]。而为了扭转中国思想文化发展的这一颓势，当代新儒家群体正是不断努力的中国学人中最特显的一个学术社群。

伴随着时间流逝，当代新儒家的学者也在更替，这一团体的学术活动一直以繁荣的景象延续着。截至目前，当代新儒学国际学术研讨会已经举办了十余届。他们还定期和不定期举办各种研讨会和座谈会，在以台湾地区《鹅湖月刊》为代表的刊物上撰文立说，新儒学的传统得到了很好的传承。就学术界的基本情况而言，大陆学者对当代新儒家的认知和研究，还主要停留在熊十力和牟宗三等前两代学人的阶段。可见，当前的学术研究和新儒家的发展现实之间不免存在隔膜。当代新儒家作为特征明显且充满活力的学术群体，其在新时期的发展，即所谓“后牟宗三时代”更值得我们重视和研究。有学者指出：“以熊十力、牟宗三为典范的新儒家群体已经或正在走向消解，代之而起的是一批经过现代知识和方法的洗礼，对儒家思想持有同情的了解和终极价值层面的某种基本的信诺，同时亦对前辈的陈义过高进行检省和修正，‘在现代社会之内讲圣学的学人’。”[③]

除了学术传统的延续之外，不断传承的还有儒家学者勇于承担生命气魄的精神。传统儒学追求的大仁、大勇的理想人格，“在儒家哲学的传统中构成一种道德信仰，也是一种政治信念”[④]。这一政治信念，在第一代和第二

---

① 萧延中：《中国思维的根系：研究笔记》，中央编译出版社 2020 年版，第 21 页。

② 萧延中：《中国思维的根系：研究笔记》，中央编译出版社 2020 年版，第 22 页。

③ 郑家栋：《断裂中的传统：信念与理性之间》，中国社会科学出版社 2001 年版，第 121 页。

④ 成中英：《新觉醒时代：论中国文化之再创造》，中央编译出版社 2014 年版，自序第 2～3 页。

代新儒家身上极为特显。以唐君毅的个人形象为例,韦政通指出,他在日常生活中体现了儒家的风范,"他就像一个活活的儒家"[1]。新儒家存在的重要意义,一方面在于言传,另一方面在于身教。他们对儒家思想身体力行,向世人展现了儒学作为一种指导人生的规范价值还有极强的生命和现实意义。是他们的坚持让儒家思想作为一种活的传统不断延续,这一精神也在年轻一辈学人身上得到了传承。

第二,第三代新儒家全面走进学术界的视野,其思想正在趋于完成,理应获得研究者更多的关注。伴随着时间的推移,当代新儒家不断壮大,迎来了其发展的第三个阶段。方克立指出:"这不仅是由于自然年龄的换代之客观情势使然,势必把新一代人推上接棒的地位,而且也是由于世界历史和时代思潮之发展,为现代新儒学进一步受到世界性的重视造成了一些前所未有的机缘。"[2]方克立 1989 年撰文讨论第三代新儒家时指出,对于谁是主要代表人物,是"至少还要 10 年甚至 20 年才能确切回答的问题。因为现代新儒学第三阶段之历程还只有短短 10 年,它正在发展过程之中"[3]。如今,离方克立撰此文已经过去了 30 多年,经过岁月的淘洗,新儒家第三代的主要代表人物也相继呈现在我们面前。有学者指出,1992 年在台北举办的第二届当代新儒学国际学术研讨会上,刘述先的发言《如何正确理解熊十力》一文,可以看作后牟宗三时代开启的标志,它预示着当代新儒学发展的一个崭新阶段。[4] 如果说在第二届和第三届当代新儒学国际学术研讨会上第三代新儒家只能算作崭露头角的话,那么随着时间推移,在 2013 年底举办的第十届当代新儒学国际学术研讨会上,学术界已经明确地将杜维明、成中英、刘述先和蔡仁厚等人视为第三代新儒家的"领军人物"[5],作为当代新儒家的传承者,他们确认了自己的这一角色并担负起相应的责任。

刘述先先生已经于 2016 年去世,这意味着他的思想体系业已完成。他

---

① 韦政通:《感恩与怀念:唐君毅、牟宗三、徐复观和殷海光四先生对我的影响》,载《深圳大学学报(人文社会科学版)》2011 年第 3 期。

② 方克立:《现代新儒学与中国现代化》,长春出版社 2008 年版,第 82 页。

③ 方克立:《现代新儒学与中国现代化》,长春出版社 2008 年版,第 83 页。

④ 参见郑家栋:《断裂中的传统:信念与理性之间》,中国社会科学出版社 2001 年版,第 123 页。

⑤ 参见都晓晶、王立新:《儒学研究的回顾与展望——第十届当代新儒学国际学术研讨会会议纪要》,载《湖南科技学院学报》2014 年第 3 期。

的思想观念前后并没有太大的变化，晚年他在审阅自己的作品时曾感叹道："感觉到无论我对中国文化的回顾与展望，都无须作重大的修正，这是令我自己都不免感到惊异的。"①杜维明和成中英作为当代新儒家第三代中最为著名的学者，早已蜚声海内外。他们著述颇丰，大陆也已经出版了他们的文集。他们不仅仅建立了自己颇为恢宏的理论体系，推动了当代新儒学的理论发展，而且对中国社会政治发展的现实问题也有深刻的论述，其思想值得我们关注。林安梧在第三代新儒家中属于较为年轻的一位，他对自己思想的评价是一以贯之的。即纵观他的学术作品，其理论品格呈现出很明显的统一性，并没有出现太大的理论转向或变化。他早在1982年就撰文详细论述当代新儒学的特点和局限，其中对儒家思想批判性和实践品格的强调，构成了他"后新儒学"思想的核心所在。其有关政治哲学和公民社会的论说，在新儒家第三代学人中，不论理论品格还是思想深度，都极为突出。第三代的几位学者，除刘述先之外，其余的尚活跃于学术界。他们的思想不见得已经定型，而我们也只是试图从其著作和文章中寻找他们思想的大致脉络和痕迹，进而努力窥探其政治哲学思想的堂奥。我们选取的不仅仅是当代新儒家中的著名学者，更加吸引我们注意力的则是其思想沉积表现出的魅力。或者可以说，经过岁月的淘洗和筛选，他们已经从知名学者演变成值得我们深入研究的思想家。

第三，第三代新儒家学人，因生活的时代背景不同，其求学生涯多交融中西，因此思想呈现出更多的开放性和灵活性，更具有理论特色和魅力。"总的说来，第三代新儒家学者的思想表现出比其前辈有更大的开放性和灵活性，也不像其前辈那样受强烈的政治情绪纠结所左右，看问题是要相对地客观和理智得多了。"②

20世纪掀起的追求现代化的浪潮，让中国传统文化遭受了巨大的冲击。儒学在这一大潮中也是根基崩坏，多遭挞伐。正是在这样一种极具压迫性的艰难时期，当代新儒家迎着这种"逼迫"逆势发展。所以，"这种悲壮的时代机遇不期然锻造了梁漱溟、熊十力、牟宗三等人的'反反心态'、'孤往精

① 刘述先：《生命情调的抉择》，吉林出版集团有限责任公司2010年版，重印自序第1页。

② 方克立：《第三代新儒家掠影》，载《文史哲》1989年第3期。

神’和‘狂者胸襟’”[①]。随着时代的变迁，当新儒家发展到第三代之时，他们所面临的文化和社会环境已经与其前辈学人大不相同。传统儒学早已经不再是人人喊打的过街老鼠，转而成为广受社会关注的传统思想文化资源。当代新儒家经过前两代的发展，取得令人瞩目的学术成就的同时，也渐渐招致了一些批评。随着以唐君毅、牟宗三和徐复观为代表的第二代新儒家相继离世，当代新儒学的发展并没有趋于沉寂，其后辈学人雏凤清声，通过不懈的努力将当代新儒学的发展推向了崭新境地。故有学者指出："如果我们仍然拘泥于对早期新儒家某些一般性思想特征的了解把握（如花果飘零的心态、时代的悲情、强烈的道统意识等等）来说明当代新儒学在后牟宗三时期的发展，就难免会遇到许多问题或出现误导。"[②]第三代新儒家的学术思想，体现了崭新的时代气息和开阔的学术视野。杜维明就强调，"儒学本来是以四海为家的体验之学"[③]。所以，儒学在当代社会的发展不宜局限在特定的地域、文化传统或者领域。林安梧亦指出儒学的当代发展要兼顾本土性与世界性，"研究儒学必须取得一世界史的眼光，要是不能提到此世界史的眼光，则儒学之研究，要不是蔽于一曲，要不是闭门造车，即可能只是对古时之怀想而已"[④]。宽阔且极具国际性的学术视野，使他们赢得了广泛的学术声誉。他们的学术影响力，不仅仅是在港台和大陆地区，同时亦存在于国际学术界。

当代新儒学自其发端之日起，作为一个规模庞大、继承有序的学派，在学术界引起了大家的广泛关注。但是，当代新儒学的发展却一直面临一个极为尴尬的处境，他们的影响自始至终只是徘徊在学术界内部，对社会其他领域却很少有实质性的作用。不论是具有开创之功的梁漱溟、熊十力，还是在后续发展过程中卓然挺立而为学术巨匠的牟宗三、徐复观、唐君毅等人，无不著作等身，都堪称硕学鸿儒。但是，即便如此，新儒学在国内的传播非

---

① 颜炳罡：《以梁、熊、牟为例看当代新儒家"反""孤""狂"的三重品格》，载《文史哲》2003年第2期。

② 郑家栋：《断裂中的传统：信念与理性之间》，中国社会科学出版社2001年版，第121页。

③ 杜维明：《儒家心性之学——论中国哲学和宗教的途径问题》，载《杜维明文集》第1卷，武汉出版社2002年版，第168页。

④ 林安梧：《儒学革命：从"新儒学"到"后新儒学"》，商务印书馆2011年版，第268页。

常有限，并没有因之而出现相应有影响力的儒学组织或团体，更缺乏坚实的群众基础。当代新儒家往往陈义甚高，但却不免流于空谈玄远。不论是“老内圣开出新外王”，还是所谓的“良知的自我坎陷”，这一系列的学术建构，对于普罗大众而言都极为陌生。即便是在象牙塔内部，除了一些对中国传统哲学和儒学抱持一定兴趣的学者之外，当代新儒学对于其他学术领域的影响也很有限。对于一个致力于重新发扬传统儒学，实现传统文化与现代民主、科学有效融通，进而建构更为良善社会秩序的新儒家学人而言，这种尴尬的处境多少显得有些悲凉。也许是觉察到新儒家前辈学人的理论缺陷，作为当代新儒家第三代学者，杜维明、成中英和林安梧等人在继承了前辈学人重视儒家德性伦理的基础上，尤其注重阐发儒家哲学中潜涵的认识论、方法论和实践观，同时将更多精力放在政治社会化、经济发展、企业与社会管理和公民社会建设上面。他们摒弃了护教的心态，认为儒家文化在和其他文明或文化传统交流的过程中，能够平等共存即可。“所谓立足本位，扩大自己，放眼世界，自然而然获得了前所未有的国际视野。”①

对于第三代新儒家的代表刘述先，汤一介曾在为其《理一分殊与全球地域化》一书写的序中对他做如是评价：“他（刘述先）不仅是一位杰出的中国传统哲学研究的专家，而且他确实在努力促使中国传统哲学成为现代的中国哲学，创造着适应现代世界哲学发展的中国哲学，使之成为促进人类社会发展的一种哲学体系。”②杜维明虽然崇奉儒家思想，但他对儒家文化已经不再持一种排他性的信念。他在新加坡讲述儒家思想的核心价值时指出：“我们应该继承 1919 年伟大的五四运动以来杰出的中国学者的传统，继续批评和反思儒家思想的局限性。”③杜维明对儒学的认识，摆脱了新儒家前辈学人的狭隘和偏执，越发趋近客观与理性。他对于作为意识形态的儒家思想抱以足够的警惕，这种条分缕析的认知方式远胜过对儒学笼统的认知和判断。他认同“五四”新文化运动对于传统儒家文化批判的积极意义，甚至坦言自

① 刘述先：《论儒家哲学的三个大时代》，贵州人民出版社 2009 年版，第 172～173 页。

② 刘述先：《理一分殊与全球地域化》，北京大学出版社 2015 年版，序第 1 页。

③ 杜维明：《新加坡的挑战：新儒家伦理与企业精神》，高专诚译，生活·读书·新知三联书店 2013 年版，第 5 页。

已是“一个‘五四’精神的继承者”[1]。成中英的学术研究，横跨哲学、伦理学、政治学和管理学，不仅构建了深奥的本体诠释学体系，而且建立了独具中国特色的易经管理哲学，其学术研究的广度和深度都令人敬佩。作为新儒家第三代较为年轻的一位，林安梧指出：“在独立思考的鼓励之下，当代新儒学一系年轻一辈，倡导开拓新视野，以新感受、新观念、新方向而开启一新的研究之路。”[2]这些，无不体现了第三代新儒家宽阔的学术视野、开放的胸襟和极大的思想灵活性。当代新儒家学者，近年来为了传播新儒学思想和弘扬传统文化，于国内和海外学术界奔走疾呼，多有倡议。特显的人格魅力，使他们行走在世间，时常以谆谆君子之风生动地展现着儒学的生命力和活力。

（二）文化保守主义的理论阐释

儒学在经历了百年的凄凉境遇和污名化之后，终于迎来了一个相对而言正常发展的时期。在中国近现代历史中，儒学的遭遇不可谓不悲惨。传统儒学赖以栖身的社会政治结构不复存在，儒学理论体系分崩离析，对儒学的无情批判不仅仅让它的生存领域一再遭到压缩，而且其形象也愈发走向负面。如今，经过不断反思，不论是学术界还是社会舆论领域，对待历史文化传统的态度都发生了极大转变。成中英认为，“中国现在已经超越了反传统的阶段，为了整合传统与现代，已经开始重新审视传统”[3]。悠久的历史文化不再是社会政治发展的沉重包袱，经过梳理和辨析的历史文化资源反而成为助力社会发展的源头活水。这一对待历史传统态度的转变，对于包括儒学在内中国传统文化的发展而言尤其关键，以至于余英时曾断言，如果“继续坚持中国的文化是由于‘封建传统’还没有破坏干净，那么二十一世纪的中国人便只好准备接受‘最后的审判’了”[4]。

在理论层面，我们需要从内部和外部两个视角来观察当代新儒学萌生

---

① 杜维明：《新加坡的挑战：新儒家伦理与企业精神》，高专诚译，生活·读书·新知三联书店2013年版，第6页。

② 林安梧：《生活世界的重新发现及其阵痛下的哲学发展——一九九一年台湾地区哲学思潮述评》，载（台湾）《鹅湖月刊》1992年第11期。

③ 成中英：《新觉醒时代：论中国文化之再创造》，中央编译出版社2014年版，第478页脚注。

④ 余英时：《待从头，收拾旧山河》，载《二十一世纪》1990年第2期。

和发展的理论背景。只有从中国文化的内部出发,才能深入了解新儒学的生长土壤和学术肌理。但如果我们仅仅把当代新儒学看作是一种本土生长的学术思潮,就会忽略中国文化以及中国哲学和世界范围内近代学术发展之间的关联。所以,从囊括世界范围内学术发展动态的视野来审视当代新儒学的演进就显得尤为必要。

首先,新儒学的发展,与西方政治哲学的近代反思和公共哲学的建构具有同步性。艾恺认为,类似于梁漱溟等当代新儒家对现代化的保守主义性质的反应,是一种世界范围的现象,并不只是在东亚地区,在其他地区,如印度、中东甚至是更早的德国,都曾经有过类似的反应。[①] 其实这种反应在全球政治哲学的发展和转变中亦有体现。

对现代性展开反思,以及对社会发展作为复杂大系统的认知,极大地影响了当代政治哲学发展的方向。正如伯林所言,"两千多年来的西方哲学立基于三大关键预设……这些预设是指和在科学领域中一样,道德领域和政治领域所有真正的问题都有唯一的答案;这些答案原则上都是能被发现的;它们接连地符合一个协调一致的整体"[②]。伯林的观念,是一种典型的对于现代性或者说政治理性主义的反思。他所阐述的这种观念,揭露了理性主义思维的基本模式和本质,也引发了对激进政治思潮的检省。全球范围内政治哲学的转向、对激进政治理念的反思和对保守主义政治理念越来越重视,故我们审视新儒家政治哲学的全球学术背景已经不同于以往。参考晚近自由主义与社群主义争论中的相关议题,争论双方各自的论据,以及西方学界关于该论题的重要研究结论,可以重新审视新儒家政治哲学的社群主义面相,从而超越 20 世纪 50 年代自由主义者对于新儒家政治哲学的批评。同时,由于公民参与公共政治生活的热情和意愿明显降低,当代欧美公共哲学的建构,都以救治民主制度的危机为目标。这些公共哲学表现出一些共同点:对当下道德与社会状况忧心如焚;几乎不约而同地向后看,试图开发古典公共生活方式的现代价值;共同将西方主流的自由主义公共哲学视为

---

① 参见[美]艾恺:《最后的儒家——梁漱溟与中国现代化的两难》,王宗昱、冀建中译,江苏人民出版社 1993 年版,第 9～12 页。

② [英]以赛亚·伯林:《浪漫主义时代的政治观念:它们的兴起及其对现代思想的影响》,[英]亨利·哈代编,王崇兴、张蓉译,新星出版社 2011 年版,编者前言第 9 页。

导致其所指责的所有社会政治问题的原因。[1] 人们对现代化的理解不再局限于“欧洲中心论”，源出于西方的现代化模式亦不再被视为唯一和必须经由的道路。社会发展的线性模式让位于复杂大系统的思维，多元现代性获得了越来越广泛的认同。社会政治生活作为一个复杂大系统，其最根本的特征在于它充满了诸多不确定性，正如维特根斯坦所言，“最困难的就是在这里正确而不做假地把不确定性表达出来”[2]。如何更好地理解、描述不确定性，并积极应对它所带来的挑战，是各种社会政治生活样态都要面临的问题。自由主义政治理念将定义和探究不确定性的最终权力赋予了个人，而保守主义则更期待从过往的传统经验和文化资源中寻求更多可能存在的智慧或智力支持。显然，当代新儒家致力于从儒家经典中寻求文化资源，所呈现出的文化保守主义的性格与这种趋向不谋而合。“新儒学接受了现代文化人类学所主张的这种文化多元论和文化价值相对论。”[3]我们相信，新儒家的政治哲学理念并不能脱离世界范围内政治哲学的变化而独立发展。新儒家政治哲学是古老东方文明应对时代挑战的特显应对策略，它是世界政治哲学发展的一环，一定会在政治哲学发展的谱系上和社会现代化转型形成某种共振。

其次，20 世纪 80 年代，伴随着文化热而来的还有应用哲学研究的热潮，这些共同构成了政治哲学研究在我国重新兴起的时代学术背景。从政治学的视角出发，新儒家政治哲学不断反思激进主义政治思想对中国政治发展的影响，它对传统的拥抱和回归，构成了中国文化语境下保守主义政治理念建构的重要内容。反思近代中国激进主义政治思潮，探析以新儒家政治哲学为代表的保守主义政治理念的内在学术理路，从现代化的视角审视新儒家政治哲学在当代中国社会转型、现代民主政治构建过程中的作用，意义重大。我们需要看到，正是在几代新儒家学人的不懈努力之下，新儒学得以走出东亚社会，跻身世界学术思想之林，成为一种具有世界性的知识体系。它更多地参与到现代社会问题的讨论之中，并受到越来越多来自西方学界的

---

① 参见任剑涛：《公共的政治哲学》，商务印书馆 2016 年版，第 6 页。

② [英]路德维希·维特根斯坦：《哲学研究》，陈嘉映译，上海人民出版社 2005 年版，第 274 页。

③ 何新：《对现代化与传统文化的再思考——评海外新儒学》，载《社会科学辑刊》1987 年第 2 期。

关注，其学术地位和影响力的提升毋庸置疑。

中国政治哲学的发展方兴未艾，一方面我们要汲取西方政治哲学研究的理论精华，另一方面中国政治哲学研究要自觉地形成中国学术的批判意识和独立视野。“中国政治哲学的开展，同时也必然以日益复杂的中国现代社会发展为动力……我们对中国古典文明的重新认识和重新开展，无疑必须从现代中国和当代世界的复杂性出发才有生命力。”[①]在当前三足鼎立的文化思潮中，相对于自由主义和马克思主义，当代新儒学和中国传统文化的关系最为密切。当代新儒家立足于儒学传统所构建的政治哲学体系，正是政治哲学本土化的一种积极尝试。因此，对新儒家政治哲学的研究，构成了我们建构当代中国政治哲学本土话语的重要一环。

而且，当代新儒家这种本土化的尝试并没有停滞，而是伴随着代际传承不断延续。正如论者所言，“当代新儒学之消化西学，实现中国哲学与文化的现代化，虽然在诸位先生的努力之下，已有丰硕的成果，但是并不代表我们可以止于此。一方面当然是还有极多工作有待后人去完成。另一方面，更为棘手的是：西方文化也在不断演化之中，并没有在现代化走了三百年之后停顿下来……因此，西方不但在哲学上仍不断涌现新的思潮，而且对现代化也有批判的反省，由此而形成所谓后现代主义和后现代社会的出现”[②]。当代新儒家本身就是在西学的挑战之下应运而生的，所以面对西方哲学的发展，当代新儒家作为一个不断发展延续、充满生命力的传统学派，势必也要做出自己的回应。面对西方人文社会科学的发展，第三代新儒家的回应直接而又深刻。

最后，当传统文化复归，在崭新的时代场域中和作为主流价值观念的马克思主义相遇，中国的文化发展又迸发出新的活力。也许从马克思主义中国化的视角出发，更能理解传统文化复兴的深意。何中华教授指出，虽然马克思主义和儒学之间存在着不容忽视的“时代性距离和矛盾”，但是在马克思主义中国化的进程中，我们阐释和发展马克思主义，断然离不开传统儒家文化的影响。“马克思主义中国化在实际上的逐步开展，这一事实本身就意

① 赵景来：《当代政治哲学若干问题研究述略》，载《马克思主义研究》2007 年第 5 期。

② 李瑞全：《当代新儒学的危机与展开——第三届当代新儒学国际学术会议论文集总导言》，载（台湾）《鹅湖月刊》1996 年第 4 期。

味着马克思主义在中国的特定历史语境中，不可能完全摆脱儒学的影响。因为中国化是以中国特有的期待视野为前提的，这是一种创造性的诠释，这种创造性不仅取决于中国社会的独特现实需求，还取决于中国的特殊文化背景，其中儒学就是一个不可剔除的重要变量。”①在文化保守主义的语境之下，既然主流价值观念的阐释和发展离不开传统儒学的影响，那么追踪和剖析当代儒学的最新发展动向就成为不应忽视的题中之义，对第三代新儒家政治哲学的研究也就具有了更宏大的正当性与合理性。

对于深受进步主义观念影响的当下中国来说，当代新儒家政治思想是文化保守主义理念的典型。“我们可以为当代新儒家的保守倾向勾划出梗概的面貌：当代新儒家是具有改革倾向的保守主义者，他们从理论上以普遍的方式来为传统辩护，他们所认同的文化传统是以‘道德形上学’为基础的儒家传统。”②当代新儒学作为一种极具保守色彩的思想资源，有助于我们批判激进政治思潮，救治进步主义观念带来的弊病。对于这一点刘述先曾明确指出，当代新儒家的一大睿识在于，它明确认识到不论是蓬勃发展的科学技术还是外在超越的上帝信仰，都无法最终解决人心内在安立的问题。③

（三）对社会现实的积极回应

从中国社会现代转型的视角来看，儒学虽然经历了诸多的困顿，但是复兴和光大儒学的尝试一直都存在。“现代儒学的兴起，时限上在20世纪，结构上依托于兴起中的现代中国。”④自清末康有为试图将儒学确立为儒教开始，膺服儒家的学者除了学术层面的努力之外，也在积极推进各种复兴儒学的社会实践活动。虽然与之相关的社会力量不绝如缕，社会组织的规模亦十分有限，但是相关实践活动并没有断绝。

我们最先应该重视的，是梁漱溟发起的乡村建设运动。作为当代新儒学的开山人物，他不满儒学被挞伐的境遇，不仅仅在理论层面对儒学多有阐

---

① 何中华：《马克思与孔夫子：一个历史的相遇》，中国人民大学出版社2021年版，第32页。

② 陈锦鸿：《传统的重建——牟宗三先生思想初探》，载罗义俊编：《评新儒家》，上海人民出版社1989年版，第529页。

③ 参见刘述先：《文化与哲学的探索》，吉林出版集团有限责任公司2011年版，第240页。

④ 任剑涛：《现代儒学的浮现：从独享政治权威到竞争文化资源》，载《政治学研究》2016年第1期。

发,在众人都唾弃儒学之时执意为之张目,而且他还是一个不折不扣的行动派,对于自己所秉持的儒家思想始终身体力行。他先后在山东邹平、菏泽等地筹办乡村建设研究院,积极开展乡村建设运动。梁漱溟之所以被视为"最后的儒家",是因为他在乡村进行的社会政治实践与同时代的其他学者相比,尤为突出。1935年,王新命联合诸多学者共同发布了《中国本位的文化建设宣言》,史称"十教授宣言"。这一宣言虽然篇幅简短,却在思想界引发了激烈的讨论。与这一思想事件相呼应,几乎与之同时国民政府发起了"新生活运动"。"新生活运动",以"四维"为核心,以"三化"为目标。所谓"四维",是指儒家思想中的礼、义、廉、耻四个德目,而"三化"则是追求生活的艺术化、生产化和军事化。不论其目标指向如何,我们可以发现儒家道德理念始终贯穿其中。它的最终效果虽然有限,但是在官方的意义上确认了传统儒学的价值,促进了儒学思想的传播和实践。新中国成立初期,儒学在大陆的境况相对沉寂,但是在港台和海外,其发展和努力的脚步一直没有停歇。国民党败退台湾之后,"新生活运动"并没有停止,而是在台湾延续了下来,即所谓"中华文化复兴运动"。虽然"中华文化复兴运动"的出现是为了回应大陆"文化大革命"激进政治思潮,在很大程度上是政治意识形态的产物,但是它还是继承了"新生活运动"的余绪,在思想上仍然以儒家伦理思想为核心。这一运动始于20世纪60年代,持续了大约三十年,对于传统儒学在台湾的传播、生长和发展意义深远。如今的台湾地区,普遍被认为保留了更多的传统文化,形成了更深厚的传统文化底蕴,显然与上述倡导传统文化的运动有着密切的联系。

改革开放之后,以儒学为主的传统文化在大陆也迎来了发展的新时期。社会主义市场经济不仅带来了经济上的繁荣,也促进了多元文化的发展。伴随商品市场经济而来的,不仅仅有西方舶来的自由主义等思想观念,中国传统文化也在相对自由的环境中迎来了崭新的发展机遇。尤其是东亚经济奇迹的出现,儒家思想好像一夜之间洗刷了长期以来的污名,而被视为助力社会政治发展的有益思想资源。近年来,伴随着党和国家对传统文化政策的调整,复兴以儒学为主的优秀文化传统成为社会发展的一大共识。根据人民论坛问卷调查中心推出的年度国内外十大思潮调查评选结果,从2010

年到 2015 年,新儒家(文化保守主义)连续六年入选。[①] 六年内同样连续跻身其中的还有新自由主义和民族主义。由此可见,在当前社会环境下,新儒学依然是不容忽视的重要思潮。所以,在当前社会政治环境下研究当代新儒学的最新发展,要有积极的现实关怀,要对中国的社会政治发展有所回应。

第一,国家层面的大力支持和领导人的一再倡导,使以儒学为主体的中华优秀传统文化迎来了发展的崭新时代际遇。2017 年年初,中共中央办公厅、国务院办公厅联合印发了《关于实施中华优秀传统文化传承发展工程的意见》[②],进一步为传统文化的复兴提供了制度支持和保障。党的二十大报告指出:"坚持和发展马克思主义,必须同中华优秀传统文化相结合。只有植根本国、本民族历史文化沃土,马克思主义真理之树才能根深叶茂。"[③]因此,不仅要努力传承中华优秀传统文化,还要积极推动中华优秀传统文化的创造性转化和创新性发展。习近平总书记《在文化传承发展座谈会上的讲话》重点指出:"在五千多年中华文明深厚基础上开辟和发展中国特色社会主义,把马克思主义基本原理同中国具体实际、同中华优秀传统文化相结合是必由之路。"[④]学术界也越来越深刻地认识到,马克思主义同中华优秀传统文化相遇而产生的"第二个结合"并非偶然,"而是有其深刻的历史理由和充分的客观依据的"[⑤]。在这一大政方针的指引下,近年来各级政府纷纷在以儒学为代表的传统文化的复兴上投入了越来越多的精力,一方面意欲推动传统文化的复兴,另一方面也是要改变人文社会科学研究中偏重于西方的学术格局,进而努力掌控传统儒学的解释权,为社会转型时期意识形态建设提供更多的文化资源。党和国家领导人也在不同场合对儒学等传统文化资

---

① 详情参见周素丽、潘丽莉、高骊:《2010～2014 社会思潮动向调查分析报告》,载《人民论坛》2015 年第 1 期;潘丽莉、周素丽:《2015 年值得关注的十大思潮调查报告》,载《人民论坛》2016 年第 3 期。

② 参见《中共中央办公厅 国务院办公厅印发〈关于实施中华优秀传统文化传承发展工程的意见〉》,http://www.gov.cn/zhengce/2017-01/25/content_5163472.htm。

③ 习近平:《高举中国特色社会主义伟大旗帜 为全面建设社会主义现代化国家而团结奋斗——在中国共产党第二十次全国代表大会上的报告》,载《人民日报》2022 年 10 月 26 日。

④ 习近平:《在文化传承发展座谈会上的讲话》,载《求是》2023 年第 17 期。

⑤ 何中华:《从马克思主义中国化看"两个结合"的意涵》,载《哲学研究》2023 年第 9 期。

源的价值和意义多有论述，阐述了其时代生命力以及在当代社会治理中的作用。[①] 可见，研究以儒家思想为主体的中国传统文化，是深刻认识中华民族的民族特性、探究中国人精神世界深远历史渊源极为重要和有效的方式。

我国目前正处于现代化社会转型的重要转折时期，我们在社会主义市场经济体系建设即经济的现代化上取得了令世人瞩目的成就，但是相较而言，政治体制的转型就开展得并不那么顺利。政治哲学奠定了政治学体系的理论基础，随着我国政治体制改革不断推进，政治哲学研究日益引起大家的关注。在现实层面，对以儒家文化为主体的中国传统文化的重视和重新发掘并不能简单地理解为对传统文化的倡导和恢复，而应该将这种近年来势力日渐壮大的文化保守主义思潮视为众多改革话语中的一种，它代表了重视历史文化传统的人们努力向中国传统文化寻求资源和思想支持，进而为改革提供更丰富的动力和发展的可能。

第二，民间组织或者官方推动的各种弘扬儒家文化的社会活动层出不穷，有愈加繁荣的趋势。传统儒学经过百年的顿挫和磨砺，如今在整个社会都积极倡导复兴中国传统文化的环境下，儒学的发展可谓阳和启蛰。与儒学相关的各种协会、民间研究组织纷纷成立，民间儒学的发展不仅迎来了更加宽松的环境，而且拥有了组织实体。深圳的“中华孔圣会”、福建中华文化促进会等等，都是近年来较为活跃的组织。在儒学组织的推动下，各种儒学文化节、尊孔祭孔活动也纷纷涌现。在学术界的推动和民间儒学组织的助力之下，各种级别的学术研讨会层出不穷，为儒学的研究、交流和传播提供了平台支持。作为传统文化传播主要载体的书院，在各地也不断复兴，成为当下传播儒家文化的重要阵地。民间自发的传统文化教育也在官方的助力之下逐渐兴起。如山东以“图书馆＋书院”的模式，大力推动城乡儒学讲堂建设。“截至今年（2017 年）2 月，山东省内公共图书馆已全部建成尼山书院，乡村（社区）儒学讲堂达到 9200 多个，举办各类活动逾 4 万场次，参与群众超 500 万人次。”[②]以读经为主要教学模式的文礼师范学校，是台湾儒家

① 参见习近平：《在纪念孔子诞辰 2565 周年国际学术研讨会暨国际儒学联合会第五届会员大会开幕会上的讲话》，载《人民日报》2014 年 9 月 25 日。

② 《山东建成乡村儒学讲堂逾 9200 个》，http://news.xinhuanet.com/shuhua/2017-02/15/c_1120469314.htm。

学者王财贵开创的通过读经传播儒家经典的教育机构，在国内的影响力也日益扩大。读经运动虽然招致了一些批评和质疑，但是在民间却广泛开展。通过各种读经组织和活动，越来越多的少年儿童更多地接触到了传统经典。

第三，在政府的支持之下，中华优秀传统文化开始逐渐进入各个阶段的学校教育。对于以儒学为主体的中国传统文化而言，再一次获得了宝贵的发展土壤。2014 年 3 月，教育部就曾印发了《完善中华优秀传统文化教育指导纲要》。该纲要的指导要求覆盖了我国教育体系中从小学到初中、高中和大学所有的学段，确立了开展传统文化教育的指导思想、基本原则和主要内容；要求各地教育主管单位和高校为加强传统文化教育提供优秀的教师资源，并在组织和实施条件上为其提供多元保障。[①] 在这一指导纲要的影响之下，各地纷纷组织力量编写中小学传统文化教材，社会各个层面的参与热情极为高涨。不只是中小学教育，在高等教育层面，中国传统文化的复兴也有所体现。2016 年 6 月，“中国儒学学科建设暨儒学教材编纂”座谈会在四川大学举行，与会学者倡议在中国高等院校设立儒学一级学科，建立规范的儒学学术体系，进一步拓展和建设儒学话语体系。[②]

二、研究现状述评

自 20 世纪 80 年代中期以来，中国大陆学术界开始大规模、系统性地研究当代新儒学，迄今在诸多领域都取得了令人瞩目的研究成果。但是政治学领域的研究在其中相对滞后，正如论者所言，“或许是由于特殊的政治环境，大陆学者关于现代新儒家政治哲学的研究也相对薄弱。直到世纪之交，大陆学术界才开始出现有关新儒家政治哲学的专著”[③]。学术界经过三十多年的积累，对新儒家某一特定学者的政治思想或政治哲学理念进行研究和

---

① 参见《教育部关于印发〈完善中华优秀传统文化教育指导纲要〉的通知》，2014 年 3 月 26 日，http://www.moe.edu.cn/publicfiles/business/htmlfiles/moe/s7061/201404/166543.html。

② 参见《学者联合倡议中国高校设立儒学一级学科》，http://iwr.cass.cn/xw/201606/t20160616_3417056.shtml。

③ 李明辉：《儒家视野下的政治思想》，北京大学出版社 2005 年版，第 172 页。

探讨的专著或文章已经蔚为大观。然而,我们注意到,学界对于当代新儒家政治哲学的研究还主要停留在第一代和第二代学人,第三代新儒家诸学者还没能广泛进入学界的研究视野。成中英即指出:“学术界对于第三代新儒家的研究文献,近十年来还是比较少见的。”[①]具体就第三代新儒家而言,其中声望远播的杜维明、成中英、刘述先等人已经获得了学界的关注,而对于影响并不那么显著的林安梧等“鹅湖系”学者的学术思想的研究还不多见。所以,不论是对于第三代新儒家整体新儒学思想的研究,还是从具体的学科领域出发,展开有针对性的研究,都具有较大的探索空间。

(一)关于第三代新儒家的概观

第一,对“后牟宗三时代”问题的关注和研究。如果说对于“第三代新儒家”这一提法学术界还稍显陌生的话,那么关于新儒学发展的后牟宗三时代的研究已经得到了一些学者的关注,这可以视为第三代新儒家研究的前奏。对第三代新儒家的关注,大体上始于第二代新儒家群体的消逝。而牟宗三的去世,代表了新儒家一个哲学发展时期的完成,“后牟宗三时代”随即走进人们的视野,学术界开始将研究的目光投向新一代的新儒家学者。

在1992召开的第二届当代新儒学国际学术会议上,作为第三代新儒家学者代表的刘述先提交了《如何正确理解熊十力》一文。郑家栋认为这篇文章“可视为一个转折点,我们据此可以在当代新儒学发展的两个不同时期——熊牟时代与后牟宗三时代之间划开一条明确的界限”[②]。

林安梧作为牟氏门生,对后牟宗三时代的认知不仅深刻,而且影响深远。他认为,研究当代中国哲学不能绕过牟宗三。而牟氏过世,标志着新儒学发展已经告一段落,树立了一个里程碑。之后,牟氏后学的研究可以大致划分为“护教的新儒学”和“批判的新儒学”。所谓“护教的新儒学”,是指在继承和发扬牟宗三的思想时,其展开方式采取的是护教的态度。而“批判的新儒学”,强调的是对当代新儒学,特别是对牟宗三儒学思想展开全面的反省和考察,经过诠释以实现发展与超越。而林安梧就是所谓“批判的新儒

① 成中英:《一个美好的开始》,载奚刘琴:《第三代新儒家的儒学诠释与创新:以成中英、杜维明、刘述先、蔡仁厚为例》,中国社会科学出版社2011年版,序言。

② 郑家栋:《断裂中的传统:信念与理性之间》,中国社会科学出版社2001年版,第123页。

学”的代表。[①] 林安梧这一出自新儒家内部的自我认识，对于我们分析包括“鹅湖系”在内的第三代新儒家，都具有理论上的指导意义。他的这一提法被学术界广泛接受，有学者在此基础上对当代新儒学的发展展开评论。李宗桂就指出，牟宗三之后当代新儒学的发展有所分化。其中，以蔡仁厚、李明辉为代表的“护教的新儒学”更多地固守了其师辈的理念。而以林安梧为代表的学者在投身新儒学时表现出更多的开拓性，他们提出“后新儒学”的概念，被视为“批判的新儒学”的代表。然而，即便是所谓的“后新儒学”，“其基本学术价值观和社会理念，与‘新儒学’并无二致……林安梧还是没有超越‘内圣’‘外王’的儒家思维框架”[②]，也就仍未脱离守卫道统的范畴。

第二，关于第三代新儒家的划分问题。关于这一代际划分，最有影响力的是刘述先的提法，即以杜维明、成中英、刘述先和余英时为第三代新儒家的代表人物。20 世纪 90 年代，方克立主编了“现代新儒学辑要丛书”14 种，其中关于第三代新儒家就收入了杜维明、刘述先、余英时和成中英四人，分别为《儒家传统的现代转化：杜维明新儒学论著辑要》(1992 年)、《儒家思想与现代化：刘述先新儒学论著辑要》(1992 年)、《内在超越之路：余英时新儒学论著辑要》(1992 年)和《知识与价值：成中英新儒学论著辑要》(1996 年)。作为较早开展的新儒学研究项目，方克立在第三代新儒家的选择上采用了刘述先的划分，可见他认同这一界分。而这些新儒学论著辑要也构成了大陆学术界接触和研究第三代新儒家思想最早的一批文献资料。当然，对于余英时的身份，学术界颇多争议，我们从其学术思想的品格以及他个人意愿出发，不将其归入第三代新儒家之列。王达三明确地将林安梧视为第三代新儒家，考虑的主要是师承关系。[③] 而奚刘琴在其著作中将林安梧视为当代

---

① 参见林安梧：《儒学革命：从“新儒学”到“后新儒学”》，商务印书馆 2011 年版，第 226 页。

② 李宗桂：《当代新儒学发展的若干难题》，载《文史哲》2003 年第 2 期。

③ 参见王达三：《“大陆新儒家”与现代新儒家》，载蒋庆、陈明等：《中国必须再儒化：“大陆新儒家”新主张》，(新加坡)八方文化创作室，2016 年，第 301 页。

新儒家的第四代[①]，应该是更多地考虑了年龄这一因素[②]。

刘述先被视为"第三代新儒家的代言人"[③]。他非常认可自己作为第三代新儒家的身份，而且对于这一提法有所思考。他认为第三代新儒家在某种程度上摆脱了新儒家前辈学人不够冷静的态度，而有所发展。他指出："第三代新儒家像杜维明、余英时等常年流寓海外，面对的自然是十分不同的处境，增加了一个国际的面向，也有不同的资源可以援用。"[④]他非常赞赏杜维明近年来的学术努力，而且指出了他和杜维明在学术思想上的共性。他认为杜维明"文化中国"的理念阐发了中国传统文化走向现代化乃至后现代的路径方向。"杜维明预设了西方现代的多元架构，并没有任何必要去证明儒家传统比别的精神传统更为优越，只需要说明自己的立场，在世界上占有一席之地即可。"[⑤]他表示自己近年来努力的方向和杜维明大体一致，积极参与全球伦理的建构，从新儒学的立场出发，贡献出自己在文化交流与发展中的力量。

就第三代新儒家的划分而言，学术界大体上以杜维明、成中英、刘述先和"鹅湖系"学者为主。虽然他们在思想观念上也呈现出一定的差异，但是他们的学术共性决定了他们在以不同的方式延续着当代新儒家学派的发展。对于学术界出现的所谓当代新儒家第四代或第五代的说法，成中英更愿意将其视为大陆儒学发展的产物。他坦言："我不反对说当代新儒家已经有了第四代与第五代，而这第四代与第五代的新儒家更是大陆新生代的中青年学者。但我不认为第四代与第五代的新儒学已经完全脱离了第三代与

① 参见奚刘琴：《第三代新儒家的儒学诠释与创新：以成中英、杜维明、刘述先、蔡仁厚为例》，中国社会科学出版社 2011 年版，第 330 页。

② 我们认为从学术思想继承与发展的角度来看，将林安梧视为当代新儒家第三代学人，更为合适。林安梧先生在山东大学讲学期间，在其开设的系列讲座中，作者曾有幸就这一问题向林安梧先生本人请教。林安梧对于自己被视为第三代新儒家还是第四代新儒家这一问题本身持较为开放的态度，当被问及如何看待将其称为第三代新儒家时，他表示并不反对。对话具体内容，详见林安梧讲述，王冰雅、张贝整理：《儒道佛三家思想与二十一世纪人类文明》，山东人民出版社 2017 年版，第 33～34 页。

③ 许苏民：《对"第三代新儒家的代言人"的出色解读——评〈终极信仰与多元价值的融通〉》，载《江汉论坛》2004 年第 10 期。

④ 刘述先：《理一分殊与全球地域化》，北京大学出版社 2015 年版，第 14 页。

⑤ 刘述先：《理一分殊与全球地域化》，北京大学出版社 2015 年版，第 15 页。

第二代新儒学的影响。事实上，第四代的新儒学在内容上更受第二代新儒学的影响，而在方法上则不自觉地或潜在地接受了第三代新儒家的影响。”[1]至于是否应该将稍微年轻一些的学者归为第四代，我们认为不能过分重视年龄这一因素。当一个学术群体的思想观念还没有得到应有的沉淀，而对当代新儒家进行过于烦琐的代际划分，对于当代新儒学的研究而言并不是特别适宜的方式。

第三，对第三代新儒家思想基本特征的研究，我们将从东西方两个角度加以概括。在当代中文学术界，作为国内新儒学研究的前辈学者，方克立较早注意到了当代新儒家的第三代学者，并在 1989 年撰写了《第三代新儒家掠影》一文，这是我们现阶段能查找到的较早的关于第三代新儒家的研究文献。方克立教授这篇概略讲述第三代新儒家的文章，篇幅虽然不长，但有几个基本观点值得我们重视。

首先，在第三代新儒家代表性人物的界定与选择方面，他认为不应仅仅以熊、牟代表的师承关系来限定当代新儒家学者的范围，而“应该抓住这个派别以儒家思想和中国传统文化为主要的价值之源，坚持‘返本开新’、‘中体西用’的文化立场等共同本质特征，而不宜过分强调其内部差异和所谓‘正统’、‘非正统’之争”[2]。方克立的这一论断，为如何认识和选择新儒家学派新晋代表人物确定了基本的准则。

其次，就新儒家学派的发展环境而言，1988 年召开的“唐君毅思想国际会议”上，第三代新儒家集体亮相，这就确切表明了“新儒家还有其新一代的传人”[3]。由于他们秉持文化保守主义的思想倾向，同时又颇具拒绝妥协、狷介自喜的独特气质，因此即便是在他们的大本营港台地区，当代新儒家也不是主流派别。

最后，新一代新儒家学者的思想学说更具时代感和现实性。在方克立看来，虽然在如何解决“内圣”和“外王”问题上第三代新儒家学者并没有比其前辈有太多高明之处，然而由于时代发展，以杜维明和刘述先为代表的第三代新儒家学者，不仅仅在思想上，更是在实践层面上表现出更大的“开放

---

① 成中英：《新觉醒时代：论中国文化之再创造》，中央编译出版社 2014 年版，第 84 页。

② 方克立：《第三代新儒家掠影》，载《文史哲》1989 年第 3 期。

③ 方克立：《第三代新儒家掠影》，载《文史哲》1989 年第 3 期。

性和灵活性”。他们“不像其前辈那样受强烈的政治情绪纠结所左右……第三代新儒家学者的胸襟，显然比其前辈要开阔多了，至少他们中有一些人能面向世界、面向未来，面向现代化和后现代化来考虑儒学发展的前景问题”[①]。

方克立的这篇文章，也仅仅停留在掠影和大致勾勒的基础上，并没有展开详尽的分析。主要是因为，就20世纪80年代末90年代初的时间节点而言，第三代新儒家的思想还处在生长和变化过程中，因而见仁见智，“认识的差异就相当大了”[②]，难以定论。

另一位同样较早关注新儒家思想的学者郭齐勇认为，前后相继的三代新儒家学人在论域和问题意识上具有鲜明的统一性。“这几代新儒家可以说有着共同的问题意识，大体上有五个方面：首先，跳出传统文化与现代化二元对峙的模式来反省现代性，重新思考东亚精神文明与东亚现代化的关系问题……其次，是文明对话和文化中国的概念，以第三代的杜维明先生阐释得最多……再次，是儒家价值与全球伦理、环境伦理、生命伦理。刘述先以宋儒‘理一分殊’的观念来解决一元与多元的问题，有着重要的价值……第四，是儒学与现代民主政治、与自由主义的关系问题。贡献最突出的是梁漱溟、张君劢和徐复观。大体上，他们对于西方近世以来所提倡的自由、民主、法治和人权的价值都积极肯定……第五，是儒学的宗教性和超越性。这主要是新儒家的第二代、第三代学人的创识。他们从精神信念、存在体验的方面肯定儒学具有宗教性。”[③]通过这一描述，我们可以看出，郭齐勇认为第三代新儒家基本上继承了新儒家前辈学人的学术关怀，从作为学派传承的角度来讲，在思想观念上保持了相当程度的一致性。同时，第三代新儒家的思想亦有所发展，他们拓展了新儒学的论域，将当代新儒学的发展推向了一个新的境地。

蔡德贵从当代儒学发展多元化的角度出发，对杜维明和成中英代表的不同儒学性格所做的判别，很有一番新意。他将杜维明倡导的儒学视为儒

---

① 方克立：《第三代新儒家掠影》，载《文史哲》1989年第3期。

② 方克立：《第三代新儒家掠影》，载《文史哲》1989年第3期。

③ 郭齐勇、张锦枝：《守先待后　创造转化——郭齐勇教授学术访谈录》，载《哲学分析》2012年第2期。

学在异域文化中的生根繁衍。因为杜氏所阐发的儒学强调对话与交流，蔡德贵将其所代表的波士顿儒家称为“对话派儒家”，正是波士顿儒家真正将新儒学带到了美国大众的视野之中。而波士顿儒家以查尔斯河为界，可以划分为河南派和河北派，其中杜维明是河北派的代表性学者。蔡德贵认为，杜维明的研究总体而言可以归结为两个方面：一是接续新儒家甚至宋明儒学注重心性修养的特点，重建儒家的人文精神。二是从文明对话、交流以及儒学“灵根再植”的角度探讨儒学第三期发展的问题。相较于杜维明对对话的重视，蔡德贵将成中英视为诠释派儒家的代表，而他们都构成了儒学全球化发展的典型。[①]

有关第三代新儒家的研究中，以杜维明为研究对象的占据了相当大的比重。在当代新儒学的发展过程中，杜维明因其活跃的身影和高调的学术主张，而较早地进入了学界视野。有学者特别重视杜维明在第三代新儒家中的地位，认为他是“当代新儒家继唐君毅、牟宗三、徐复观之后最主要的代表人物之一”[②]。学术界普遍将杜维明视为“当代最为活跃、最有影响力的人物”[③]，而杜氏的学术贡献就在于在新儒家前辈学人开辟的学术道路上不断拓展，更加“系统地阐发了‘儒学第三期发展’的前景问题”[④]。在陈卫平看来，杜维明对儒学所蕴含的内在价值的判断深刻而富有启发，他在评价儒学的当代价值时做到了“把工具价值和内在价值这两种评价尺度统一起来”[⑤]。

如今，伴随着杜维明、成中英等人在学术界的影响力越来越大，“第三代新儒家”的称谓也逐渐走进主流学术界。他们的著作也陆续在大陆发行，由郭齐勇、郑文龙编的《杜维明文集》在 2002 年出版，由李翔海、邓克武编的《成中英文集》于 2006 年出版。近年来刘述先、林安梧的作品也相继出版，这有助于学术界进一步了解他们的思想。2016 年，刘述先离世，大陆学术界有诸多学者发文悼念，缅怀他在新儒学和中国哲学领域做出的突出贡献。

就西方学术界而言，对当代新儒学的研究起步较晚，所以他们对第三代

---

① 参见蔡德贵：《当代新儒家向多元融和型转化的必然性》，载《文史哲》2003 年第 2 期。

② 郑家栋：《当代新儒学史论》，广西教育出版社 1997 年版，第 97 页。

③ 陈卫平：《儒学能否成为“活水”》，载《文史哲》2003 年第 2 期。

④ 陈卫平：《儒学能否成为“活水”》，载《文史哲》2003 年第 2 期。

⑤ 陈卫平：《儒学能否成为“活水”》，载《文史哲》2003 年第 2 期。

新儒家产生兴趣也是比较晚近的事情。在刘述先看来,西方哲学界一向漠视中国哲学,对包括新儒学在内的中国哲学有兴趣的也大抵只有一些汉学家,而且他们的研究也有很大的局限性。后来经过成中英和刘述先等人不断的努力,"进入新的世纪和新的千禧,明显地有了一些突破的迹象"[①]。意大利学者白安理(Umberto Bresciani)是西方学术界较早撰文全面介绍新儒家运动的学者。他规模恢宏的著作《重塑儒学:新儒学运动》(*Reinventing Confucianism: The New Confucian Movement*)系统介绍了新儒学运动。[②]全书共分为十六章,涵盖了从熊十力到杜维明三代新儒家学人,被刘述先称为"一部先驱(pioneer)之作"。该书专辟一章介绍第三代新儒家,选取了刘述先、成中英、杜维明和余英时为代表。在美国,该书引发了学术界对新儒学运动的关注,并展开了相关讨论。然而,"此书校对不佳,令人遗憾"[③],其所作也大体上停留在介绍和描述的层次,因此对于我们研究第三代新儒家的政治哲学而言,其参考价值有限。

澳大利亚阿德莱德大学的梅约翰(John Makeham)所主编的《新儒家:批判性的考察》(*New Confucianism: A Critical Examination*),是由澳大利亚学者和香港学者共同撰写的一部论文集。该著作分为四个部分,在第一部分梅约翰概括性地回顾了新儒家思潮和新道统建构的过程。而在之后的三个部分,则是其他学者分别就所谓"国学文化热"和李泽厚、牟宗三、冯友兰、梁漱溟、熊十力的思想展开讨论。梅约翰的论述特别关注了第三代新儒家,这应该是国外学术界较早地关于第三代新儒家的论述。他在回顾了新儒家学派产生的历史之后,指出狭义的当代新儒家是由熊十力、牟宗三到刘述先构成的,其中刘述先是第三代新儒家最突出的人物。而至于杜维明,虽然出身东海大学,且师从牟宗三,但是他过多地关注了工业东亚的问题,能否称为"第三代新儒家"值得商榷。[④] 对此,刘述先显然并不同意,他坦言,不论是在大陆还是在海外,杜维明都是推广和发展儒学最为有力的学者。当

---

① 刘述先:《儒家思想的转型与展望》,河北人民出版社 2010 年版,第 239 页。

② Umberto Bresciani, *Reinventing Confucianism: The New Confucian Movement*, Tai-pei: Ricci Institute for Chinese Studies, 2001.

③ 刘述先:《儒家思想的转型与展望》,河北人民出版社 2010 年版,第 239 页。

④ John Makeham(ed.), *New Confucianism: A Critical Examination*, New York: Palgrave Macmillan, 2003, p.41.

代新儒学之所以能成为一门显学,断然离不开杜维明的努力,所以杜维明毫无疑问地应归于第三代新儒家之列。梅约翰在讨论第三代新儒家时还提及了林安梧以及他所主张的"后新儒学"。因"后新儒学"对当代新儒学批判的超越,梅约翰将林安梧视为新儒学的改革者。[①] 在《台湾儒学复兴的本土话语》一文中,梅约翰以台湾的儒学复兴运动为背景,以台湾本土的儒学话语体系建构为研究目标,分别考察了陈昭瑛、黄俊杰和林安梧的儒学思想。梅约翰指出,林安梧的理论更加具有批判性,他更多地关注了儒学传统中久久不能散去的关于帝制儒学的影响。梅约翰对林安梧的思想进行了简单梳理,指出从台湾复兴儒学的角度来看,林安梧的思想一方面实现了对当代新儒家的超越,另一方面也展开了对国民党威权统治下文化危机的批判。[②]

(二)第三代新儒家新儒学思想研究

学术界最初对第三代新儒家思想展开研究时尚未从具体的学科领域出发展开具体的分析,只是从宏观的角度对第三代新儒家的思想进行整理、分析和综论。学术界对于新儒学思想的研究,有助于我们形成对第三代新儒家的整体印象,也构成了我们研究其政治哲学的基础。由于相关的学术成果并不多,我们可以详加论列。

奚刘琴的《第三代新儒家的儒学诠释与创新:以成中英、杜维明、刘述先、蔡仁厚为例》,是学术界第一部以第三代新儒家群体为研究对象的著作。在研究对象的选取方面,该书在刘述先划分的基础上,用蔡仁厚取代了余英时。成中英认为,"本书可能把余英时看做历史学家,未加考虑,而以蔡仁厚补充之,是否确当还可以研究,但至少可说是一特色"[③]。该书将第三代新儒家的主要思想划分为五个部分,即传统儒学研究、现代新儒家研究、传统反思与儒学现代化、中西汇通与儒学世界化。该书以极为工整的体例,在每一个部分都对所涉及的四位学者的相关思想展开了梳理和分析。全书聚焦于

---

① John Makeham(ed.), *New Confucianism: A Critical Examination*, New York: Palgrave Macmillan, 2003, p.42.

② John Makeham and A-chin Hsiau, *Culture, Ethnic, and Political Nationalism in Contemporary Taiwan*, New York: Palgrave Macmillan, 2005, p.201.

③ 成中英:《一个美好的开始》,载奚刘琴:《第三代新儒家的儒学诠释与创新:以成中英、杜维明、刘述先、蔡仁厚为例》,中国社会科学出版社 2011 年版,序言第 2 页。

儒学,探讨了四位学者的传统儒学观,以及如何通过对儒学展开现代诠释,进而实现儒学发展的现代化和国际化。该书在此基础上指出了第三代新儒家的学思路向:儒学本位坚持下的思想多元化倾向,凸显批判精神和对话意识。该书随即指出,第三代新儒家在儒学诠释和儒学创新的层面表现出超越前人的成就,但他们的思想还存在紧张的一面,他们都没有真正解决“内在与超越打成两截”的问题。① 奚刘琴这一著作的意义在于,它标志着第三代新儒家作为一个较为成熟的学术群体呈现在学术界的视野之中,对当代新儒家的学术研究和分析开始从第一代和第二代逐渐发展到第三代,当代新儒学在新时期的发展和继承得到了学术界的肯认与重视。

胡治洪所著《全球语境中的儒家论说:杜维明新儒学思想研究》,是在其博士学位论文的基础上修改而成,该论文是全球范围内第一篇研究杜维明思想的博士学位论文。该书认为杜维明提出的“文化社会学”体系包括四个方面:儒学创新、启蒙反思、文化中国和文明对话。该书指出,杜维明的事业首先在于“儒学创新”,也就是儒家传统资源的现代转化。“儒学创新”侧重于正面阐扬儒家传统价值。“启蒙反思”则是通过批判启蒙心态,从而间接地彰显儒家包容性人文主义对于人类持续生存与发展的积极意义。而“文化中国”和“文明对话”是两个辅助性的向着“儒学创新”和“启蒙反思”而生成的论域。“文化中国”的开展,是为了在这一空间落实“儒学创新”和“启蒙反思”。而“文明对话”则是试图超越启蒙运动开启的一元现代性,进而建构多元文明对话的新秩序。该书指出:“杜维明文化社会学体系的四个论域实际上可以归纳为‘儒学创新’与‘启蒙反思’两个关键论域,而这两个关键论域又可概括为近代以来一直为中国思想文化界所关注的中西文化观这一个问题。”②最后,该书还分析了杜维明思想观念中“多层面的存在的紧张”③,首先是公共知识分子与学院知识分子这两种具有强烈内在张力的角色之间的

① 参见奚刘琴:《第三代新儒家的儒学诠释与创新:以成中英、杜维明、刘述先、蔡仁厚为例》,中国社会科学出版社 2011 年版,第 314～331 页。

② 胡治洪:《全球语境中的儒家论说:杜维明新儒学思想研究》,生活·读书·新知三联书店 2004 年版,第 276～277 页。

③ 胡治洪:《全球语境中的儒家论说:杜维明新儒学思想研究》,生活·读书·新知三联书店 2004 年版,第 278 页。

紧张，而他的“根本紧张应该在于落实思想创发的理论建构”[①]。

方世忠的博士学位论文《儒家传统与现代性——杜维明新儒学思想研究》[②]，与胡治洪相似，也关注了杜维明的儒学创新、文化中国、启蒙反思和文明对话等内容。除此之外，他还就杜维明所谓“儒学发展第三期”、东亚现代性与儒家伦理的问题展开了讨论。在研究内容上，他比胡治洪有所拓展。显然他是从儒家传统与现代性的关系层面对杜维明的思想展开剖析，胡治洪则更多地将杜维明的思想放在全球文化交流的语境下进行分析，一个聚焦国内层面的文化发展，一个关注国际文化交流，二者的侧重点有所不同。

姚才刚的《终极信仰与多元价值的融通：刘述先新儒学思想研究》一书，是国内较早系统研究刘述先新儒学思想的论著。姚才刚师从郭齐勇，如前所述，后者是国内较早从事新儒学研究的学者，所以他们也将目光早早投向了新一代的新儒家学人。该书认为第三代新儒家主要是指，从20世纪70年代末到现在，代表人物主要有刘述先、杜维明、成中英、蔡仁厚以及“鹅湖系”部分成员等。[③] 该书还总结了第三代新儒家的研究取向，包括多元化倾向、方法论的自觉、批判性与现实性、“道问学”的转向与“生活世界”的开掘。该书重点探讨了刘述先有关“理一分殊”和“两行之理”的思想论说，“理一分殊”构成了刘述先阐释文化交流的理论基础。同时，刘述先通过所谓“两行之理”对儒学展开的诠释，阐发了儒学内在超越的精神，进而突出了儒学的宗教意蕴。该书最后指出，刘述先努力的目标在于，结合中国古代哲学智慧，在对西方现代哲学的弊病展开反思的基础上构建一个“整全”的哲学体系。然而在刘述先看来，这种所谓的“全观”无非是传统整体观的一种再阐释，只是指明了一个大致的思路，并没有提出多少具体的解决措施。总而言之，姚才刚认为，相对于其前辈学人而言，第三代新儒家的思想论说很难说取得了本质上的突破，“但他们确实具有了较为开放的心态，使儒学逐渐契

① 胡治洪：《全球语境中的儒家论说：杜维明新儒学思想研究》，生活·读书·新知三联书店2004年版，第283页。

② 参见方世忠：《儒家传统与现代性——杜维明新儒学思想研究》，华东师范大学博士学位论文，2004年。

③ 参见姚才刚：《终极信仰与多元价值的融通：刘述先新儒学思想研究》，巴蜀书社2003年版，第11页。

接上了当代社会的多元架构”[1]。

难能可贵的是，姚才刚在其论著的最后将刘述先与杜维明、成中英和“鹅湖系”学者进行了对比研究。他不仅仅分析了他们共同作为新儒家传人的学术共性，而且指出了他们的差异所在。就刘述先与杜维明而言，二者均主张严格区分儒学精义与流弊，都重视对儒家心性之学的探讨及儒学宗教向度的阐发，对儒学的研究都具有世界主义的视野，并热衷于开展文明间的对话，同时他们都对现代性问题展开了深刻的反省。而杜、刘二人的差异在于，二者气质不同，杜有将儒学广布天下的弘道热情，而刘则较为沉潜，两人思考研究的侧重点有所不同，同时研究方法也略有差异。就刘述先与成中英而言，他们都倡导“生生而和谐”的文化理想，都追求哲学与文化的“整体性”，在研究方法上都充分吸收了现代西方哲学的方法论资源。而刘、成二人的差异在于，对认知理性的重视程度不同，对儒学宗教性问题和情欲的看法均有差异。而刘述先与“鹅湖系”学者在很大程度上都继承了牟宗三的“学统”，只不过在具体继承的方式和理论品格方面有所差异。[2] 学术界对于刘述先思想的研究，还有一些则是集中在讨论他提出的“理一分殊”的思想及其影响。[3]

李翔海的《寻求德性与理性的统一：成中英本体诠释学研究》[4]，是在其博士学位论文的基础上修改而成，这是较早专门研究成中英新儒学思想的博士学位论文。李翔海师从方克立，这一学术资源优势让他早早对第三代新儒家有所关注。有学者指出：“该书作为第一部以本体诠释学为题的研究著作，在成中英新儒学思想研究中确有拓新之功。”[5]李翔海的这一研究主要

---

① 姚才刚：《终极信仰与多元价值的融通：刘述先新儒学思想研究》，巴蜀书社 2003 年版，第 88 页。

② 参见姚才刚：《终极信仰与多元价值的融通：刘述先新儒学思想研究》，巴蜀书社 2003 年版，第 280～281 页。

③ 相关代表性文献有刘建平《“理一分殊”与人类命运共同体——刘述先跨文化思想研究》（载《孔子研究》2020 年第 6 期）、李青《论合理的文明对话的一种路径——刘述先“理一分殊”思想研究》（载《理论月刊》2021 年第 5 期）。

④ 参见李翔海：《寻求德性与理性的统一：成中英本体诠释学研究》，（台北）文史哲出版社 1998 年版。

⑤ 李毅：《现代新儒学研究的可喜成果——〈寻求德性与理性的统一〉评介》，载《哲学动态》1999 年第 10 期。

包括两个部分：其一是以本体诠释学为线索，通过与当代新儒家几代学者进行比较分析，进一步阐明了当代新儒学的理论品格和逻辑线索；其二，将成中英的本体诠释学视为当代新儒学哲学体系的一次突破，并在此基础上探讨了当代新儒学未来可能的发展方向。李翔海指出，成中英本体诠释学的基本理论特色在于：在哲学内容上，它要整合西方传统的知识哲学和中国传统的价值哲学，从而统一科学主义传统与人文主义传统；在哲学方法上，它既要保有中国哲学"机体理性"之圆融与统贯，又要吸纳西方哲学"机械理性"的明晰与条理。其理想目标则是要建立人类未来整体性的"世界哲学"。此外，亦有学者关注成中英的易学思想[①]和本体诠释学思想[②]。

施忠连的《现代新儒学在美国》[③]，以地域划分作为依据，探讨了新儒学在美国发展的社会土壤、文化环境，梳理了新儒学在美国萌生、发展的基本情况，并总结了美国学者对新儒学的评价。该书专辟一章，以陈荣捷、杜维明、成中英、余英时和刘述先为例，探讨了新儒学在美国的新发展。对于我们关注的杜维明、成中英和刘述先三位，限于研究目标和篇幅，该书也只是概略地描述了他们的主要思想，如杜维明的创造性转化自我和儒学发展三期说，成中英的本体诠释学和管理哲学，刘述先的"理一分殊"的道德哲学和儒家哲学的宗教含义。

除此之外，还有一些研究对第三代新儒家的新儒学思想也有所涉及。王秋的博士学位论文《朱子学与中国现代哲学的思想空间：20世纪朱子学研究》[④]，其中第二部分考察了刘述先对朱熹思想的研究。杨孝青的博士学位论文《儒家仁学思想的演进与超越：论仁孝、仁生与仁创》[⑤]，认为刘述先从"理一分殊"的角度对"仁"的概念做出的阐述，和杜维明从"天人合一"的理念出发对"仁"这一概念做出的阐述，构成了儒家仁创思想在新时期的发展。

---

① 参见李安泽：《成中英易学思想探源》，载《国学学刊》2022年第1期。

② 参见潘德荣：《本体诠释学与本体论诠释学》，载《天津社会科学》2020年第2期。

③ 参见施忠连：《现代新儒学在美国》，辽宁大学出版社1994年版。

④ 参见王秋：《朱子学与中国现代哲学的思想空间：20世纪朱子学研究》，黑龙江大学博士学位论文，2010年。

⑤ 参见杨孝青：《儒家仁学思想的演进与超越：论仁孝、仁生与仁创》，中国科学技术大学博士学位论文，2015年。

张俊波的博士学位论文《刘述先宗教观研究》[①]，对刘述先的宗教观展开了详细的探讨。郭齐勇在《当代新儒家对儒学宗教性问题的反思》一文中，对杜维明和刘述先就儒学的宗教性问题所做的阐释进行了梳理。[②]

学术界在论及当代新儒家的研究方法时，也开始由第一代、第二代逐渐延伸到第三代学者。如余英时就指出，当代新儒家的研究方法，“是通过宋、明心性之学来重建中国哲学的智慧，这是走所谓‘历史地建立哲学’(doing philosophy historically)一条路”[③]。对于当代新儒家学者注重形而上学系统建构这一倾向，学界多有学者注意到。杜钢建指出：“现代新儒家中梁漱溟的乡村建设理论系统，唐君毅的三界九境系统，刘述先待构的方法论、形上学和践履论的系统，都体现出以重构系统梳理儒学思路达成治平现世的努力。”[④]

在其他新儒家研究文献资料中，涉及第三代新儒家学者的也有一些。具有代表性的有郭齐勇《综论现当代新儒学思潮、人物及其问题意识与学术贡献——兼谈我的开放的儒学观(上、下)》(载《探索》2010 年第 3、4 期)，陈奎德《文化讨论的命运——兼与杜维明先生商榷》[载《复旦学报(社会科学版)》1986 年第 3 期)]，杨念群《打破和谐——杜维明先生“儒学第三期发展说”驳议》(载《青年论坛》1986 年第 1 期)，黄克剑《“文化认同”和儒学的现代命运：评杜维明〈儒学第三期发展的前景问题〉》(载《读书》1988 年第 3 期)，何炳棣《“克己复礼”真诠——当代新儒家杜维明治学方法的初步检讨》(载《二十一世纪》1991 年第 6 期)以及由此文所引发的和刘述先的争论，冯耀明《“儒家三期论”的问题——回应杜维明教授》[(台湾)《当代》月刊，1994 年 1 月第 93 期]，宋开芝、胡传胜《儒学意义世界的挖掘与埋葬——评杜维明的哲学》(载《学海》1998 年第 6 期)，吴根友《杜维明的“文明理论”及其展开的可能性》(载《社会科学战线》2021 年第 6 期)，黄勇、黄家光(译)《作为动力之知的儒家“体知”论——杜维明对当代道德认识论的贡献》(载《哲学分析》

---

① 参见张俊波：《刘述先宗教观研究》，苏州大学博士学位论文，2012 年。

② 参见郭齐勇：《儒学与儒学史新论》，(台北)台湾学生书局 2002 年版，第 265～279 页。

③ 余英时：《宋明理学与政治文化》，载《余英时文集》第 10 卷，广西师范大学出版社 2006 年版，第 308 页。

④ 杜钢建：《新儒家在大陆的发展前景》，载《江苏行政学院学报》2004 年第 2 期。

2020 年第 3 期),姚才刚《"第三代新儒家"刍议》[载《南昌大学学报(人文社会科学版)》2002 年第 1 期],王其水《鹅湖系:台湾新儒学的新趋向》(载《孔子研究》1998 年第 2 期),黄卓越《后儒学之途:转向与谱系》[载《清华大学学报(哲学社会科学版)》2009 年第 3 期],张三萍《林安梧及其"后新儒学"》[载《武汉大学学报(人文社会科学版)》2010 年第 1 期],李翔海《论后牟宗三时代新儒学的发展走势》(载《孔子研究》2002 年第 3 期),张文彪《面对现代社会转型的台湾新儒家哲学》[载《福建论坛(人文社会科学版)》2010 年第 10 期],王磊《林安梧道论诠释学的内在逻辑论析》(载《原道》2021 年第 1 期)等。综观这些文献资料,对于第三代新儒家的研究基本上还停留在介绍、梳理的阶段。针对第三代新儒家展开的研究,要么是总体上考量,要么集中于他们的文化哲学或宗教理念或研究方法。学术界还很少从具体的学科领域出发,对第三代新儒家的思想进行条分缕析,还只是从宏观的角度概括其新儒学思想。

(三)第三代新儒家政治思想和政治哲学研究

关于第三代新儒家政治哲学的研究,学术界还不多见。在中国知网,分别以"杜维明""成中英""刘述先""林安梧"和"政治哲学"作为关键词进行搜索,所能查找到的文献资料极为有限。就第三代新儒家对自己思想观念的认知而言,他们并不认为自己在政治哲学方面有深入的涉猎。杜维明曾说:"政治学不是我的专业,说政治哲学就是离谱。"[①]直到西方学术界出现了专门研究他政治思想的博士学位论文,他也就承认了如果说是从心性儒学《大学》和《中庸》来说明政治哲学和心性儒学有密切关系,他还是乐于了解的。由此可见,关于第三代新儒家政治哲学,不论是学术界的研究,还是新儒家学者自我认知,都处于刚刚开始的阶段。

第一,对第三代新儒家现代化思想的研究,是对于第三代新儒家政治哲学研究较为集中的一个领域。第三代新儒家受到重视,最早是在美国。早在 1981 年,针对杜维明的《东亚思想观念中的"道德共范"》,克里弗德·吉尔兹(Clifford Geertz)撰写了一篇评论文章,文中指出,杜维明所阐发的理念

---

① 杜维明、姚中秋、任锋:《儒家与宪政论集》,中央编译出版社 2015 年版,第 150 页。

"将我们带出西方经验的域畛而沉思于相当不同的一套设准"[①]。这篇文章表明,在西方学者眼中,杜维明所阐发的异质文化对西方文化和现代性具有某种程度上的启迪作用。

早在20世纪80年代末期,大陆学界亦有学者关注到第三代新儒家有关现代化问题的论述。何新以杜维明和余英时为代表,分析了他们关于传统文化和现代化关系的论说。他认为,在重新认识以儒家文化为主体的中国传统文化如何理解西方的现代化以及现代化的标准等问题上,杜维明等人提供了诸多有价值的思想观念。[②]

瑞士学者拉非·韦伯(Ralph Weber)(又译"韦宁")的博士学位论文《多元世界中的儒学:杜维明的政治哲学》(Confucianism in a Pluralistic World: The Political Philosophy of Tu Wei-ming)[③],应该是世界范围内第一篇专门探讨杜维明政治哲学的博士学位论文。他首先就杜维明政治哲学的一些基本概念,如世界观、"天人合一"、"个体"做了界定,然后在此基础上分别考察了杜维明儒家世界中的政治观念和多元世界中的政治观念。文中考察了杜维明提出的"信赖社群"的观念,以及如何通过儒家人文主义弥补启蒙理性的不足,并指出杜维明的政治哲学在多元社会所面临的挑战。他还在另一篇文章中详细谈论了杜维明的"信赖社群"观念[④],并给出了他所认为的学术界较少关注新儒家政治哲学的原因。显然,他对于当代新儒家前辈学人政治哲学研究的现状并不是很了解。当前学界对于当代新儒家前两代学人的政治思想和政治哲学已经有了充分的研究,只是对于第三代新儒家的相关研究还没有广泛开展。

沈小勇的博士学位论文《现代新儒家儒学现代化思想论衡》[⑤],梳理了新

---

① Clifford Geertz, "Commentary on Professor Tu's Paper", *Philosophy East and West*, Vol.31, No.3, 1981, pp.269-272.

② 参见何新:《对现代化与传统文化的再思考——评海外新儒学》,载《社会科学辑刊》1987年第2期。

③ Ralph Weber, Confucianism in a Pluralistic World: The Political Philosophy of Tu Wei-ming, University of St.Gallen, 2007.

④ 参见[瑞士]韦宁:《政治哲学视域中与杜维明思想的交锋》,何金丽译,载《现代中文学刊》2005年第1期。

⑤ 参见沈小勇:《现代新儒家儒学现代化思想论衡》,苏州大学博士学位论文,2011年。

儒家三代学人对于儒学与现代化关系的探索，其中第三代新儒家以杜维明、刘述先为代表；但主要梳理了他们的儒学思想，而对于其与现代化的关系，则没有太多论述。

第二，对儒家伦理和“工业东亚”关系的研究，可以视为与第三代新儒家政治哲学相关的研究领域。方克立认为，杜维明等人对“工业东亚”的关注，是在倡导“儒家资本主义”。面对东亚经济增长问题，杜维明等新儒家学者指出，儒家伦理作为东亚社会现代化的源头活水，在促进经济发展方面发挥了主导性的作用。面对这一论断，方克立认为是典型的本末倒置，完全颠倒了历史因果联系，并不是儒家伦理促进了东亚经济的发展，而是东亚社会在现代经济制度的安排之下实现了快速的现代化。为了救治随之而来的社会弊病，在重塑社会道德文化的过程中，儒家伦理道德影响再一次受到了社会的关注。为此，方克立援引新加坡国立大学郭振羽教授的观点，展开了详细的论述。① 郑秋月的博士学位论文《以杜维明和成中英为例的波士顿儒学与夏威夷儒学思想研究》②，也用一章的篇幅探讨了两位学者对儒家伦理与“工业东亚”的看法，并肯定了他们对于多元现代性的提倡。

从儒家伦理与“工业东亚”，到对现代性的反思，杜维明或者说第三代新儒家迄今所面临的最严厉的批评来自美国学者阿里夫·德里克。在《后革命时代的中国》一书中，阿里夫·德里克专辟一章《边地上的孔子：全球化、发展的国家与儒学重构》来批判杜维明所代表的新儒家的现代化观念。他指出，20 世纪 80 年代开始，儒学复兴再次成为意识形态关注的核心。进而他批评道，杜维明回避了对资本主义的批判，“他通过儒学阐述的全球文化，自始至终都充斥着欧美的文化霸权和根植于全球资本主义秩序的支配关系”③。

第三，也有学者开始将第三代新儒家的政治哲学与自由主义等理论学说进行比较，并指出他们在政治哲学理论上的创获很有限，对于社会政治现实的关注和回应亦缺乏力度。在讨论当代新儒家与自由主义的关系时，刘

---

① 参见郭振羽：《新加坡推广儒家伦理化的社会背景和条件》，载《当代》1988 年第 25 期，转引自方克立：《现代新儒学与中国现代化》，长春出版社 2008 年版，第 52 页。

② 参见郑秋月：《以杜维明和成中英为例的波士顿儒学与夏威夷儒学思想研究》，黑龙江大学博士学位论文，2009 年。

③ [美]阿里夫·德里克：《后革命时代的中国》，李冠南、董一格译，上海人民出版社 2015 年版，第 136 页。

军宁认为新儒学与自由主义之间始终存在着一种隔膜，新儒学面对自由主义的广泛传播并没有展开积极主动的交流。他认为第一代和第二代新儒家学人与自由主义的交流多表现为论战，而“第三代新儒家虽然没有同自由主义者发生正面的冲突，但在思想上也极少正面地与自由主义进行对话”①。刘军宁认识到包括刘述先在内的第三代新儒家对自由主义理念有很强的认同态度，甚至认为“他（刘述先）本人也是新儒家中唯一本着自由主义的思想来对当代新儒家的社会政治倾向进行衡量的人”②。显然他对于新儒家政治理念与自由主义观念之间关系的判断并不准确。不单单是刘述先，包括徐复观和张君劢在内的诸多新儒家学者对于自由民主的政治理念都颇为认同。而第三代新儒家更是有所进步，他们以积极主动的姿态与以自由主义为代表的西方文化展开对话，并在此基础上对传统儒学进行了新的诠释和解读。

任剑涛指出，新一代新儒家学人在政治论说和政治哲学的发展上，和他们的前辈一样未能有效回应现代民主政治发展的议题，在理论上并无大的创获，而呈现出一种“失语”的状态。当代新儒家虽然历来推崇民主与科学的理念，但是在台湾地区民主政治转型和发展的过程中，他们却出现了失语。他们长久以来都在追求自由民主政治，但是当民主政治在台湾地区生长时，他们“却有些接不住民主的话题”。而这种问题不仅仅存在于新儒家前辈学人身上，对于继之而来的第三代新儒家而言，大抵也是如此。任剑涛指出：“台湾地区的新儒家传人，也还未给出台湾民主转型富有说服力的论证。”③

就现有文献资料而言，对第三代新儒家政治哲学的研究，基本上集中在以上几个方面。对第三代新儒家政治哲学有所涉及的代表性文章还有李翔海《从“内圣外王”到“批判精神”——略论第三代新儒家的新动向》[载《河北大学学报（哲学社会科学版）》1994 年第 3 期]、李彦仪《评林安梧〈道的错

① 刘军宁：《共和·民主·宪政——自由主义思想研究》，上海三联书店 1998 年版，第 311～312 页。

② 刘军宁：《共和·民主·宪政——自由主义思想研究》，上海三联书店 1998 年版，第 314～315 页。

③ 任剑涛：《现代儒学的浮现：从独享政治权威到竞争文化资源》，载《政治学研究》2016 年第 1 期。

置——中国政治思想的根本困结〉》(载《哲学分析》2013 年第 3 期)、张文彪《学术与政治之间:台湾儒学的现代发展反思》(载《台湾研究集刊》2011 年第 6 期)等。

综上所述,首先学术界对于第三代新儒家的研究,刚刚开始把目光从第一代和第二代学人转移到第三代学人身上,相关研究还停留在介绍和概观的层面,并没有特别深入。新儒家第三代人物如杜维明、成中英和刘述先等人的新儒学思想及政治理念尚未广泛进入学界的研究视野,这也成为我们开拓新儒家政治哲学研究新论域的机会。其次,现有关于第三代新儒家政治哲学的研究,多以人物为线索或主线,线条单一,思想单薄,难以从宏观的角度把握其政治哲学的发展,特别是对他们的政治哲学方法论缺乏深刻的研究。同时,对于新儒家内部,学者多关注他们思想的共同点,而对于他们思想理论的不同之处则缺乏相应的研究。最后,当代政治哲学的转向和发展,为我们审视新儒家政治哲学提供了新的视角,研究者应该跳出 20 世纪自由主义者对新儒家政治哲学的认知,结合时代政治哲学发展的最新动向,加以重新审视、评价。

三、研究的重点、难点与研究方法

(一)研究重点

首先,聚焦政治哲学以及第三代新儒家阐发政治思想的方法论,梳理出第三代新儒家政治哲学的基本内容和面貌。对于他们的道德哲学、历史哲学、管理哲学或者伦理学思想,则不予过多的关注。只有确定了一个相对清晰的论域,才能对第三代新儒家政治哲学展开集中、有针对性的探讨。

其次,在明确新儒家政治哲学基本逻辑的前提下,辨析当代新儒家政治哲学两种不同的路径取向,即哲学解释的导向与社会实践的导向。他们致力于探究儒学与中国未来的发展前景,基本哲学立场大抵一致,然而理论风格和展开的路径方法则不尽相同。我们试图以新儒家政治哲学生成和展开的不同路径为分析起点,分析新儒家政治哲学的主要内容及其诠释过程。

关于新儒家思想内部的不同,学术界已经有所察觉。学术界普遍认为当代新儒家哲学呈现出浓郁的唯心主义性格[①]，显然这一论断是针对熊十力、唐君毅和牟宗三几位致力于建构形上体系的新儒家学者而言。严格来说，他们三人并非不重视生活领域的条件之于历史发展的影响，只是将构思的重心放在儒学与现代文明之间内在理路的疏导之上，并致力于建立一个足以与西方文化抗衡的恢宏哲学体系。至于梁漱溟、张君劢和徐复观三人，并未致力于形上体系的建构，对于儒学未来发展的历史条件和社会政治实践多有精彩的论述。事实上，对于熊十力充满"主观主义"和"唯心论"色彩的思维方式，梁漱溟曾多有批评。[②] 梁漱溟探究儒学的进路，由宋明儒学入，而特别推崇晚明泰州学派，其在儒学中基本上属于陆王心学系统。张君劢和徐复观在儒学中基本观点亦立基于陆王心学一系。由此可见，即使在哲学上立基于理想主义、唯心哲学，在探究儒学与中国未来发展问题上，于主观的思想领域与客观的生活领域二者之间，不必皆采取只见前者而忽视后者的进路。就当代新儒家政治哲学的内部分野而言，我们认为，熊十力、牟宗三和唐君毅等人开创了致力于形而上学建构的哲学解释的导向，而相比较之下，梁漱溟、张君劢和徐复观开启的则是注重社会实践落实的路径。

最后，要做到理论联系实际，最终分析第三代新儒家政治哲学的现实意义。现代民主政治的发展，以及建设社会主义政治价值体系对传统文化所提出的时代要求，决定了我们要认真思考传统中国文化应该如何应对时代挑战，以及如何发掘出它们在政治哲学层面的价值。新儒家政治哲学的主旨，是面对社会转型的时代挑战，以传统儒家文化为根基，试图结合西方自由、民主的现代政治理念，努力建构具有中国文化支撑的现代政治理论体系。这是他们面对时代挑战，针对社会转型开出的独具特色的药方。然而，传统儒家文化的整体结构已经被彻底打破，新儒家学派倡导的儒家文化和现代政治理念的结合会给我们呈现出一种怎样的理论形态？新儒家政治哲学在中国努力实现社会转型、构建现代民族国家的过程中能为现代民主政治的发展提供多少可资借鉴的资源？无论如何，新儒家立足于传统文化在

---

① 参见劳思光：《中国哲学研究之检讨及建议》，载《南京大学学报（哲学·人文科学·社会科学版）》2013 年第 2 期。

② 参见梁漱溟：《读熊著各书书后》，载《梁漱溟全集》第 7 卷，山东人民出版社 1992 年版，第 741 页。

政治哲学层面展开的思考，会或多或少为我们提供思考政治改革和现代化转型的理论资源。

（二）研究难点

对于本书而言，最大的难度在于如何较为准确地确定研究的范围。这主要包括两个层面在内，首先是人物范围，其次是研究内容的范围。要对第三代新儒家的政治哲学展开研究，就需要对他们的基本观念有一个全面、深入的了解。综观当代新儒家的思想，他们“大多以非政治的论说载入思想史册”[①]，甚至在西方学界出现专门针对杜维明政治哲学的学术研究之前，杜维明还认为围绕他谈论政治哲学是“离谱”的。在秉持了儒家思想传统一贯的品格之后，当代新儒家学者在阐释儒家思想的过程中政治理想和伦理道德要求往往多有纠缠，如何把它们分离开来，确定一个合理的研究边界和范围，成为我们研究工作的难点之一。本书涉及的几位第三代新儒家学者著述颇丰，所以如何在为数众多的文献资料中辨析出他们有关政治哲学的论述，就成为本书的重中之重。当前学界对于第三代新儒家的研究才刚刚起步，关于诸位学者政治哲学的研究更不多见。一方面，这是本书的优势，一片开阔的处女地终归给了我们任意开拓的自由。但是另一方面，当我们聚焦于第三代新儒家政治哲学研究时，少有前人的成果可以凭借和参考，这也增加了研究的难度。

（三）研究方法

首先是政治文化分析的方法。本书以第三代新儒家的政治哲学为中心，具体而言是要从他们的政治思想、政治态度、政治情感和政治价值取向出发，考查他们在政治哲学建构方面的论述。对于一个特定学术群体的政治哲学思想研究，势必要直指他们的内心世界，从政治文化的角度考察其中的主观因素。显然，这种对思想观念等主观因素的考量，属于政治文化的范畴，政治文化分析的相关理论为我们研究第三代新儒家的政治哲学提供了

---

① 任剑涛：《现代儒学的浮现：从独享政治权威到竞争文化资源》，载《政治学研究》2016 年第 1 期。

方法支撑。

其次,比较分析方法。新儒家诸学者关于政治哲学的理论探讨,在表现出承继关系的同时,也随时代的发展而不断变化。因此,整理清楚他们政治哲学思想继承和发展的脉络,很自然地会涉及第三代新儒家与其前辈学人的比较。通过比较第三代新儒家和大陆新儒家政治哲学的异同,可以从另一个侧面凸显第三代新儒家政治哲学的理论特质。大陆新儒家与港台儒家学者的论战,是近年来国内学术界引人瞩目的事件,其间理念和思想的争执,凸显了各自的理论特色和取向。通过对比研究,能够更好地理解第三代新儒家的政治哲学。

最后,诠释学的方法。儒学传统之所以能历经历史沧桑而不断延续、创新,皆因历代儒家学者坚持对经典进行新的解释,这也构成了儒学发展的一大特色。当代新儒家第三代中的成中英和林安梧,在诠释儒家经典时都注重从诠释学的角度出发,其中前者还创立了极具特色的本体诠释学。我们在分析新儒家政治哲学的过程中,运用伽达默尔提出的最基本的诠释学区分——"历史意识"(historical consciousness)和"时效性历史意识"(effective-historical consciousness),将新儒家对传统的"解释"态度和"诠释"策略从方法层次提升至"本体诠释学"(ontological hermeneutics)的高度,立于"存有"或"道统"的宏观视域来重新解读当代新儒家在时代挑战中建构的政治哲学,进而评析其在社会现代化发展中的意义。[①]

① 本书研究视角参考了万胥亭《从"时效性历史意识"看今古文经学之争》一文的某些观点,载洪汉鼎、傅永军主编《中国诠释学》第9辑,山东人民出版社2012年版,第34~46页。

第一章　第三代新儒家政治哲学的论域及发展路径

传统儒学是一个庞大的思想文化体系，其内容覆盖极其广博。而新儒家因应于时代的挑战对传统儒学展开的新诠释，自然也是一个包含诸多维度的思想文化体系。如果泛泛地谈论新儒家思想，不免在千头万绪中找不准分析的方向和目标。我们只选取第三代新儒家思想中政治哲学的面相，加以分析和考量。界定清晰的论域进而明确第三代新儒家政治哲学的理论特质，就成为我们的首要任务。

一、理论体系逐渐成熟的第三代新儒家

当代新儒家学派这种代有人才接替的发展态势，在中国近代以来的学术界中，不敢说绝无仅有，也称得上凤毛麟角。如今，伴随着新儒家第二代诸学术重镇逝去有年，在“后牟宗三时代”，如何在继承前辈学人的基础上实现突破和超越，成为摆在第三代新儒家学者面前的重要挑战。我们欣喜地看到，第三代新儒家思想言说伴随着儒学发展境遇的改变，在保留了新儒学基本特质的同时，亦呈现出崭新的时代面貌。

(一)当代新儒家界定

对于当代新儒家的判定，由于判断标准不同，自然对这一群体的界定也就不同。有学者从广义上加以界定，认为当代新儒家“包括台湾、香港、美国以至大陆的认同并实践当代新儒学价值理想的学者，而以台湾的当代新儒

学阵营为核心”[1]。这种宽泛意义上的划分只是圈定了当代新儒家的大致界限，对于具体的新儒家思想研究而言，显然不够确切。即便是早期认同新儒学价值理念的学者，如今也有了不同方向的发展，比如近年来影响日渐扩大的大陆新儒家群体就在当代新儒学的基础上提出了颇具异质性的见解。所以，综观当代新儒家的发展，它有一个思想观念相近、人际联系紧密的核心学术团体，他们构成了狭义上的当代新儒家。关于新儒家学人的范围和代际构成，刘述先的划分比较具有代表性。除了具有争议的极个别人物之外，我们认为他的划分还是较为合理的，为我们清晰勾勒出了当代新儒家学派的基本框架。这一划分包括了“三代四群”。其基本架构如下：

第一代第一群：梁漱溟（1893—1988），熊十力（1885—1968），马一浮（1883—1967），张君劢（1887—1969）。

第一代第二群：冯友兰（1895—1990），贺麟（1902—1992），钱穆（1895—1990），方东美（1899—1977）。

第二代第三群：唐君毅（1909—1978），牟宗三（1909—1995），徐复观（1903—1982）。

第三代第四群：余英时（1930— ），刘述先（1934— ），成中英（1935— ），杜维明（1940— ）。[2]

为了消解在新儒学研究过程中可能出现的无谓争端，刘述先对所谓“现代新儒学”和“当代新儒家”亦做了区分。他认为，作为大陆学界广泛使用的学术概念，“现代新儒学”(Contemporary New Confucianism)需要做广义的理解，“凡肯定儒家的一些基本观念与价值通过创造性的阐释有其现代意义者，都可归入这个范围”[3]。正是基于这种考虑，刘述先把钱穆和余英时也划入新儒家之列。而所谓“当代新儒家”(Contemporary Neo-Confucianism)则指称的是一个更为狭义的线索，这一学统“以《中国文化与世界宣言》(《为中国文化敬告世界人士宣言——我们对中国学术研究及中国文化与世界文化前途之共同认识》——引者注)为基准，强调‘心性之学’为了解中国文化传

① 李宗桂：《当代新儒学发展的若干难题》，载《文史哲》2003年第2期。
② 刘述先：《论儒家哲学的三个大时代》，贵州人民出版社2009年版，第170页。
③ 刘述先：《论儒家哲学的三个大时代》，贵州人民出版社2009年版，第170页。

统的基础，上溯到唐、牟、徐三位之师熊十力，奉之为开祖，下开港、台、海外新儒家的线索，由杜维明、刘述先等所继承”①。本书所探讨的新儒家，大抵与刘述先所指称的狭义“当代新儒家”相同，并在此基础上有所拓展。而第三代，即是唐、牟、徐的弟子一代，其年龄相仿，大抵活跃在20世纪80年代至今，主要学术代表人物有经常出现在大陆学界的杜维明、成中英、刘述先诸君，也包括大陆学界相对陌生的“鹅湖系”部分学者。笔者认为，应该在狭义的范畴探讨所谓“新儒学”问题。正是在熊、唐、牟、徐等新儒家的不断推动之下，新儒学才不断发展壮大，形成了一个蔚为壮观的学派，塑造了近现代学术史上一个强有力的思潮。因此，只有在狭义上使用这一概念，才能确保学术研究应有的规范边界。

关于“现代”或“当代”的区分，亦有学者从新儒学生命力的层面加以考察。“大陆上以‘现代儒学’一名泛指熊先生及其弟子和梁漱溟、马一浮、冯友兰以至贺麟、方东美等，既无简别，亦且暗含贬义，即以儒学为已属过去时代之产物，并非当前尚在生长发展或在当代的社会仍具有真实意义与影响力的学术流派……‘当代新儒学’一名乃针对此意而立，以表明第三期儒学并非已过去了的思想，而是在当前仍在生长发展和在海外具有重要影响力的思潮，也是中国当代最有活力的一个思潮。……‘当代新儒学’一名不但标示一位哲学工作者乃归宗于儒学，即继承孔孟及宋明儒学之以仁心善性、上通天道、下开人文为其思想核心，而且以此基本义理回应西方文化之挑战。”②从新儒学表现出的活力来看，我们当然承认它是一个在当前时代充满生机和影响力的学术流派，故而使用“当代”这一表述。同时，我们在借鉴各种限定的同时，认为所谓“当代新儒家”也无须仅仅局限于熊氏一门，凡是在当代膺服儒家，秉承宋明儒者创立的心性之学，试图实现儒学现代转型，并对西方文化做出积极回应的学者，都可归入此列。其中，对“心性儒学”的坚持，是该学术团体不同于他者的重要学术特质。

---

① 刘述先：《论儒家哲学的三个大时代》，贵州人民出版社2009年版，第170～171页。

② 李瑞全：《当代新儒学的危机与展开——第三届当代新儒学国际学术会议论文集总导言》，载(台湾)《鹅湖月刊》1996年第4期。

(二)第三代新儒家及其代表人物简介

对于“第三代新儒家”(third generation New Confucians)的界定,我们大体上认同奚刘琴的看法:“第三代新儒家指20世纪70年代末80年代初以来的新一代新儒家学者。他们在总体方向上承接了第一代、第二代新儒家诸先生的思想旨趣,继续以阐扬、发挥儒学为己任,又积极参与中西文明对话和文化重建,使儒学在新时期呈现出了新的特点。”[①]

本书以杜维明、成中英、刘述先、林安梧等人的政治哲学理念作为研究对象,深入剖析第三代新儒家学者思想中的政治哲学,将其放置在中国社会转型和现代化的大背景下加以考量。考察第三代新儒家诸学者的政治哲学,主要是为了研究思想演化与社会变迁之间的关系。新儒学发展至今,其学术传承经历了三代,时间也近于百年,表现出明显的学术传承和流变。新儒家的诸多学者,要么有直接参与政治活动的切身经历,要么以其深刻的学术思想对现实社会活动产生了影响。故而作为一个思想流派,当代新儒学与当代中国的社会变迁和现代化转型之间的关系不容忽视,而这种影响也随着新儒家学者的代际更替呈现出不同的状态。

刘泽华先生在分析孔子的政治思想时指出:“能不能提出一个政治理想国理论和具有普遍意义的政治原则,是衡量能否成为政治思想家的基本标志之一。”[②]当我们讨论第三代新儒家的政治哲学时,面对诸多新儒家学者该如何选择,刘泽华先生提出的这一标准仍有极强的借鉴意义。我们认为,只有在政治思想和政治哲学领域做出具有代表性论述和分析的学者,才能进入我们研究的视野。当然,本书没有论及的一些同时代的新儒家学者,在政治哲学方面也有相应的论述。但是为了论述和行文便宜,我们将讨论的范围大致限定在杜维明、成中英、刘述先和林安梧四人,只因为他们关于政治哲学的论述更为系统和成熟,更能够代表新儒家第三代的理论水平。

由以上人物范围可见,关于第三代新儒家代表人物的选择,我们并没有将目光拘泥于深受牟宗三影响的“鹅湖系”,也将方东美、唐君毅的后辈学子

① 奚刘琴:《第三代新儒家的儒学诠释与创新:以成中英、杜维明、刘述先、蔡仁厚为例》,中国社会科学出版社2011年版,第8~9页。

② 刘泽华、葛荃主编:《中国古代政治思想史》,南开大学出版社2001年版,第31页。

纳入了研究视野范围中。对于“鹅湖系”，学界的评价褒贬不一。最被人诟病的是，其中某些学者在继承新儒家前辈学者的思想时所表现出的狂热“卫道”情结。[①] “鹅湖”一系的学者，有感于乃师牟宗三学问精深，以此为基础阐发和弘扬儒家哲学，在这一过程中出于对师长人格与学识的感佩，而产生一种近乎狂热的情愫是可以理解的。但是，如果仅仅是停留在这种感性色彩过多的层面上，而不是对牟氏的学问进行理性的分析和传承，则会陷入林安梧所谓“护教的新儒学”，而失去新儒学发展本身所应当具备的时代性和学术的独立品格。所以，我们在“鹅湖系”学者中只选择了林安梧一人。因为从师承的角度而言，他在继承牟宗三学问的同时，经过反思和创新，对于当代新儒学的存续有自己独到的见解，这一点对于一个学派面向未来的发展实在是难能可贵。在当代新儒家第三代学者的选择方面，加入较为年轻的林安梧，需要考虑到时间跨度在理论演化过程中的影响因素。一方面，作为较为晚近的学者，林安梧和其他学者之间存在差异。而另一方面，经历时间淘洗而存留下来的差异性更能全面展现当代新儒家群体的理论特质。而对于学界普遍认为是新儒家一员的余英时，我们并没有加以考察。因为当代新儒家 1958 年发表的《为中国文化敬告世界人士宣言——我们对中国学术研究及中国文化与世界文化前途之共同认识》，其开宗明义写道，“心性之学乃中国文化之神髓所在”，对于这一论断，余英时并不赞同。而且，对于新儒家倡导的道统观，余英时一直以“局外人”自居。[②] 他还专门撰写《钱穆与新儒家》一文详谈为何钱穆和他本人不宜划归当代新儒家之列[③]，此处不再赘言。

杜维明(1940～)，祖籍广东南海，战乱中出生于云南昆明，良好的家庭氛围使杜维明从小就受到很好的文化熏陶。1949 年，跟随家人迁至台湾，之后就一直活动于台湾和海外。杜维明在中学时期就经由老师的引荐而认识了牟宗三，并旁听了他的课程。中学毕业之后，报考了牟宗三和徐复观任教的东海大学，并在大二的时候接受徐复观的劝说由外文系转入中文系，这也在很大程度上决定了杜维明一生的发展方向。1961 年，杜维明大学毕业，次

① 参见郑家栋:《断裂中的传统:信念与理性之间》，中国社会科学出版社 2001 年版，第 122 页。
② 参见余英时:《现代儒学论》，上海人民出版社 2010 年版，第 162 页。
③ 参见余英时:《现代儒学论》，上海人民出版社 2010 年版，第 136～183 页。

年获得哈佛燕京学社奖学金，赴美国哈佛大学深造，并分别于 1963 年、1968 年获得哈佛大学硕士、博士学位。自 1967 年起，杜维明辗转任教于普林斯顿大学东亚系和加州大学伯克利分校历史系。1981 年至今任教于哈佛大学，并自 1996 年起出任燕京学社社长，长期以来从事儒学与中国文化诠释、创新和推广工作。近年来，杜维明广泛活跃于国内的各大高校，积极传播新儒学理念。多年来，杜维明发表并出版了数目可观的论文和著作，并相当频繁地参与和开展了学术活动及学术性社交、访问。

国内新儒学研究的前辈郭齐勇认为，可以大略地将杜维明的学术生涯划分为三个阶段：第一个时期为 1966～1978 年，杜维明以探索儒家精神价值为志业，“努力诠释儒学传统，并为推进一种既有群体性又有批判性的自我意识而努力”[①]。第二个时期为 1978 年到 80 年代末，他主要关注儒学发展第三期和“工业东亚”问题，“关怀重点在阐发儒家传统的内在体验和显扬儒学的现代生命力”[②]。第三个时期是 20 世纪 90 年代至今，他关注的领域进一步拓展，理论视野也更加开阔。他更加注重阐发“在多元文化的背景以及全球化与本土化交互影响的氛围里，如何为儒学第三期发展开拓理论和实践空间”[③]。在第三代新儒家中，杜维明的思想言说不是最深邃和复杂的，但是他的理论视野之开阔、关注领域之广泛却是首屈一指。他被视为新儒家旗手式的人物，作为第三代新儒家影响力最大的学者，他为当代新儒学的发展做出了卓越的贡献。

成中英（1935～ ），祖籍湖北阳新，出生于江苏南京。抗战期间，成家迁至重庆，之后在战乱中多次迁徙，成中英也在颠沛之中度过了他的幼儿、小学和初中时期。1949 年，成中英随父亲迁居台湾，之后考入高中。与许多自幼便具有哲学禀赋、受过良好熏陶的哲学家不同，成中英在进入大学之前都不曾有过研究哲学的念头。高中毕业之后，成中英考取了台湾大学外文系。在这里，由于方东美的启发与引导，他正式接触到哲学并对之产生浓厚的兴

① 郭齐勇：《让儒学的活水流向世界》，载《杜维明文集》第 1 卷，武汉出版社 2002 年版，编序第 1 页。

② 郭齐勇：《让儒学的活水流向世界》，载《杜维明文集》第 1 卷，武汉出版社 2002 年版，编序第 1 页。

③ 郭齐勇：《让儒学的活水流向世界》，载《杜维明文集》第 1 卷，武汉出版社 2002 年版，编序第 3 页。

趣。1955年，成中英从外文系毕业，转而报考了哲学系研究所，被顺利录取，主修柏拉图哲学。1956年年底，他获得华盛顿大学奖学金，得以留学美国，开始了自己海外求学的历程。当时，成中英是抱着充实中国文化生命的使命感负笈海外的，他深感“必须从西方哲学的灵魂深处，来肯定中国哲学的意义，尤其是普遍意义”[①]。从此，成中英开始真正深入英美哲学。在华盛顿大学，成中英选修了以现代逻辑、分析哲学和知识论等为主的多门课程。在取得硕士学位之后，成中英选择在哈佛大学继续攻读博士学位。当时哈佛大学分析哲学由著名哲学家奎因主持，成中英深受他的影响。成中英后来坦陈，其有关“本体诠释学”的系统论说，“可以说是基于对奎因思想的批评反省，融合中国哲学以及欧洲诠释学的传统，而发展出来的”[②]。1963年，成中英获得博士学位，他在哈佛接受的严格哲学学术训练，使他得以深入哲学的核心，并深深影响了此后的学术生涯。

成中英分判中西哲学的特点为价值和知识、本体和方法的区别。他试图在这一分判的基础上努力实现中西哲学的沟通，“本体诠释学”即是其融合中西哲学精神的理论成就。除了中西哲学精神和特质的比较、本体诠释学的建立，其在学术领域的研究还涉及儒学与现代儒学的发展历程、理论特质以及未来走向、伦理管理等方面。除了丰富的学术著述之外，他之所以赢得广泛的学术声誉，还在于创办了《中国哲学季刊》(*Journal of Chinese Philosophy*)。该刊物自1973年创刊以来，致力于传播和诠释中国哲学，努力推动中国哲学和中国传统文化的现代化，积极促进中国文化与西方文化的沟通和交流，其影响和贡献不容忽视。成中英创办这一刊物，努力传播的核心概念是：“将中国哲学看成世界哲学的主要潮流，将其作为了解中国文化传统和中国社会、政治变迁的一个途径，将其作为寻求人类生活与自然、宇宙环境中的真理、公正、良善、和谐中人类自我意识的导引精神，而且是举足轻重的非微不足道的导引精神。”[③]之后，成中英还在1975年创立了“国际

① 成中英：《世纪之交的抉择——论中西哲学的会通与融合》，知识出版社1991年版，第383～384页。

② 成中英：《世纪之交的抉择——论中西哲学的会通与融合》，知识出版社1991年版，第391页。

③ 成中英、冯俊主编：《本体诠释学、民主精神与全球和谐》第2辑，中国人民大学出版社2011年版，第9页。

中国哲学会”，聚拢了一批海外研究中国哲学的人才，这样一个学术群体营造了良好的学术研究氛围。有学者指出，成中英的思想在整个第三代新儒家阵营中是最富有创建性的。[①]

刘述先(1934～2016)，祖籍江西吉安，出生于上海，其父刘静窗与熊十力曾经有过一段通信论学的经历，这对之后刘述先的成长产生了极大的影响。1949年，刘述先离别双亲，经广州到达台湾，并考取郑成功中学读高二。社会环境的剧变、对社会问题的思考促使他一步步走上哲学研究的道路。1951年，刘述先考入台湾大学哲学系，拜入方东美门下。与成中英相似，他也受到方东美的极大影响而逐步走进哲学殿堂。在大学期间，刘述先并不偏执于一家一派言说，而是广泛涉猎，博采众家之长，并慢慢形成了自己的信仰，做出了自己的抉择。大学毕业之后，刘述先考取了台湾大学哲学系研究所，完成硕士阶段的学业之后到东海大学任教。当时，牟宗三和徐复观都在东海大学任教，于是他常伴二位先生左右。他深受二位新儒家前辈尤其是牟宗三的影响，在思想认同上也逐渐倾向于“民主评论派”[②]。刘述先指出，牟宗三是他父亲和业师方东美之外对他影响最大的人。在东海大学任教期间，刘述先一方面培养自己中国哲学的睿识，另一方面致力于将西方现代哲学介绍到中国。1964年，经人引荐，刘述先赴美南伊利诺伊大学攻读博士学位。作为魏曼教授指导的最后一个博士生，刘述先出色地完成了关于田立克哲学思想研究的博士学位论文。因为其突出的表现，他得以留校任教，刘述先在这里努力将东方哲学介绍给西方学子。1971年，刘述先应在香港的唐君毅、牟宗三邀请，回香港中文大学新亚书院讲学一年。1974年，唐、牟二人同时退休，刘述先被召回香港中文大学，在哲学系任职并主持系务。此后数年，刘述先多次往返于香港和美国，交替在香港中文大学和美国南伊利诺伊大学任职。直到1981年，刘述先自忖不再赴美，遂辞去南伊利诺伊大学教职，回香港定居，正式应聘出任香港中文大学哲学系讲座教授兼系主

---

① 参见奚刘琴:《第三代新儒家的儒学诠释与创新:以成中英、杜维明、刘述先、蔡仁厚为例》，中国社会科学出版社2011年版，第10页。

② 《民主评论》是徐复观1949年创办的学术刊物，牟宗三、唐君毅等人常常在上面发表文章和言论，该刊物也就成为当代新儒家重要的舆论阵地，故以唐、牟、徐为代表的新儒家学者也被称为“民主评论派”。

任直至1993年。[①] 之后，1996～1999年又任台湾“中央研究院”中国文哲研究所筹备处研究员。2016年6月，刘述先在台湾逝世，成为第三代新儒家最先离世的一位。刘述先一生著述颇丰，对于传统儒学的重新诠释、儒学宗教向度的阐发和中国哲学的现代转化有深刻的论述。总之，刘述先大致继承了方东美、牟宗三等师辈的研究方向，通过对儒学传统崭新的诠释，展开了对传统与现代的双重批判。经由对宗教的独特认识，他肯认了儒家思想的宗教内涵，进一步阐明了儒学内在超越的精神。他所提倡的“内在超越两行兼顾”的理论，着重强调了儒家“生生”的精神追求，重新解释了“理一分殊”这一传统理论，使其理论呈现出鲜明的现代性和开放性。

林安梧(1957～)，祖籍福建漳州，出生于台中市。林安梧自年幼就对中国传统文化充满了兴趣，就读台中一中时，选择学习文科。后考入台湾师范大学国文系，在这时他就开始对新儒学思想产生兴趣并展开了深刻的思考。当时，他已经被视为新儒家学派的继承人之一，但他对当代新儒学特别重视“形上理由的追溯”而忽略“历史发生原因的考察”一直有所疑虑。他当时即认识到，新儒学特别注重“意义的生发”而忽略“结构的契入”是有缺陷的。[②] 之后，林安梧服预备役身居军中，对于集体主义、专制主义也有了更加深刻的体会。他后来对中国传统君主政治展开的深刻批判，与这一时期的经历有很大关系。

本科毕业之后，林安梧随即考入台湾大学哲学研究所。读硕士期间，他系统学习了西方哲学的相关课程，其间也一直研习马一浮、熊十力、唐君毅、牟宗三等人的思想，并不断反思。1985年，他选择《王船山的人性史哲学》作为其硕士学位论文的题目。在船山学的淘洗之下，他逐渐确立了“本体—发生学的方法论”思维，对于船山学中“人性”与“历史”的辩证性思维做了一番厘清。1986年，林安梧完成硕士学位论文，并以“道的错置”为核心概念架构了一个研究计划，顺利考入台湾大学哲学所博士班。在攻读博士期间，他并没有接着研究“道的错置”这一问题，而是以自己一直以来非常感兴趣的熊

① 参见胡治洪：《南港烟春识真儒——刘述先先生访谈录》，载《武汉大学学报(人文科学版)》2010年第1期。

② 参见林安梧：《道的错置：中国政治思想的根本困结》，(台北)台湾学生书局2003年版，序言第3页。

十力《新唯识论》作为自己博士学位论文的研究目标。林安梧在熊十力体用哲学的影响之下，对于“存有”“意识”“实践”等最为基础的哲学问题渐渐有了深刻的认知，他整个哲学的向度从乃师牟宗三的“两层存有论”转了出来，朝向“存有三态论”迈进。1991 年，林安梧完成博士学位论文，成为台湾大学首位哲学博士。他当时就预想着“后新儒学时代”的可能向度必须由牟宗三逆反到熊十力，再由熊十力返回到王船山。而这一思想史的追溯脉络，构成了林安梧后新儒学思想的基本逻辑。[①]

近年来，林安梧的思想极为活跃，他批评中国传统君主政治，而指出中国传统政治思想的根本困结在于“道的错置”。对于新儒学，他认为牟宗三等人过度重视哲学体系的建构而忽略了社会实践层面的落实，进而提出“后新儒学”的概念。牟宗三去世之后，中国哲学和新儒学发展迎来了所谓“后牟宗三时代”，他认为“后牟宗三时代”新儒学发展的方向应该是“批判的新儒学”，而不是“护教的新儒学”。这些观念都在学术界产生了很大的影响，这也是林安梧在年龄上与上述三位有所差距，我们依然选择他作为研究对象的原因。林安梧曾担任台湾慈济大学宗教与人文研究所所长、同济大学“中国思想与文化研究院”名誉院长、台湾元亨书院院长等。他还在大陆多所大学担任客座教授，近年来活跃于大陆学界，致力于儒学的现代诠释、阐发和传播，构成了第三代新儒家的中间力量。

（三）第三代新儒家成长的时代背景

第三代新儒家，和他们的前辈学人相比较，不仅因丰富的求学经历而在知识结构上有所精进，更因为截然不同的时代环境而形成了不同的心态和视野。不同于前辈学人花果飘零的心态，他们不再感觉自己是被放逐的无根之子。虽然我们选取的四位学者年龄前后相差约二十岁，但是他们的生活、求学经历却非常相似。他们基本上在台湾度过了自己的青少年时期，并接受了规范的现代教育，之后赴美求学。从这一角度出发，同时考虑到时代变迁历程，可以认为他们共享了类似的时代背景。面对一个民主化不断推

---

① 有关林安梧的学思历程，详见林安梧讲述、山东大学尼山学堂采访整理：《林安梧访谈录：后新儒家的焦思与苦索》，山东人民出版社 2017 年版。

进和趋近完成的社会，中华民族也因不断发展而逐渐强盛，第三代新儒家少了许多时代的悲情。而现代文化的多元发展，以及儒学研究的进一步深入，使他们不再坚持强烈的道统意识，而是在全球文化之林中以更加平和、客观的眼光审视中国传统文化。

首先，在政治环境方面，第三代新儒家虽然多出生在战乱时期，但是求学和思想发展的过程中所面临的政治环境已经与以往大不相同。就第三代新儒家前辈学人生活的时代而言，不论是在大陆还是1949年移居台湾地区之后，社会政治环境都极为恶劣，因此自由、民主和法治始终是他们孜孜以求的目标所在。像新儒家前辈张君劢、徐复观等，都为台湾地区的民主化付出了极大的努力。而对第三代新儒家学者而言，在他们逐渐成长和活动的主要时期，民主和自由已经成为台湾地区的共识，并且在民主化的道路上取得了显著的成绩。正如有学者所言，“第三代以下的学人，一般都是在港台海外较稳定舒泰的环境下成长与工作，缺乏一种迫切感、危机感、呼召感，没有一种‘一生为理性而奋斗’的责任毅力”[①]。因此，他们不再需要以战斗的姿态去追求或捍卫自由民主的价值，而有了更大的空间和余地去思考文化融合、价值转变等更深层次的问题。二战之后兴起的全球化风潮，裹挟着巨大的能量席卷全球。毫无疑问，东亚地区尤其是改革开放之后的中国成为这一轮全球化最大的受益者之一。在全球化和现代化的浪潮面前，第三代新儒家的学术视野也比其前辈有所扩大，他们不仅仅关注儒学的现代化问题，对于东亚经济增长、多元文化交流、现代管理哲学都有所涉猎，足见时代的发展在第三代新儒家的理论演变上烙下了鲜明的印迹。

其次，在社会文化发展方面，文化发展多元化时代的来临使他们不仅仅对西方文化抱持更为客观的态度，同时对待以儒学为主体的传统文化的态度也更加理性。第一代和第二代新儒家有感于西方社会在短时间内引发的两次世界大战，多认为西方文化自身存在着严重的危机，而一味学习西方文化并不可取。他们本身少有在西方社会生活和学习的经历，对于西方文化的感觉和认知往往有隔靴搔痒之嫌。而新儒家第三代诸学者，或接受了系

① 李瑞全：《当代新儒学的危机与展开——第三届当代新儒学国际学术会议论文集总导言》，载（台湾）《鹅湖月刊》1996年第4期。

统的西方人文社会科学的教育，或曾在西方社会求学和游历，他们对于西方社会和文化的认知自然要更贴切、真实。他们生存的年代，西方社会经历了战争和社会经济波动的洗礼，通过自身不断调节表现出前所未有的活力和自信。这自然也会影响到年轻的第三代学者对西方社会和文化的判断，同样会改变他们对中西方文化之间关系的看法。而对于传统儒学而言，虽然他们普遍反对现代化的"欧洲中心论"，但是亦不赞同儒学独占社会政治资源的状况。面对东亚经济奇迹，他们也在不断开拓论域，为儒家思想的复兴寻求更广泛的支持。他们不仅仅是从经济发展的角度，还从历史学、哲学、政治学等学科领域出发，对儒学做出新的诠释。相较于新儒家前辈学人，他们长期处于象牙塔之中而较少有社会政治活动。正是这种学院派出身的缘故，使他们对待文化交流和对话的心态更加平和理性。

最后，在求学方面，第三代新儒家都有负笈海外的求学经历。这对于他们接触西方最前沿的理论学说，深入了解西方社会发展状况，开阔学术视野，推动东西方文化交流和对话，都多有裨益。对于这一点，成中英曾有如是体认："如果这是一波中国哲学的振兴与创新运动，第二代台港的新儒家显然发挥了播种开源的作用。……我们也不能忘怀在欧美文化园地里耕耘和推广中国文化与哲学的第三代新儒家。"①他们长期在西方学术界学习和工作，对西方社会的直接接触和认知，对于致力于文化交流的学者而言是极为宝贵的经验。曾有学者在研究新儒家前辈学人时指出他们"知识来源的间接性"。以梁漱溟为例，他所有的教育都是在国内完成，并没有留洋海外的求学经历。而且他不懂欧美语言，很难直接阅读西方的相关著作。所以，他对西方的社会现实和文化结构的认知，与同时代国内的其他知识分子类似，基本上来源于他人的译介和转述。这种间接性，就其正面影响而言，"为他自己独立思考留下了空间"，保持了他思想的原创性和独特气质。但负面影响也极为明显，建立在并不完全真实准确认知之上的中西文化对比和研究，"也不可避免地产生一些理解上的偏差和误会"。② 显然，这种情形在第三代新儒家身上并不存在。杜维明本科毕业之后即赴海外求学，之后辗转

① 成中英：《新觉醒时代：论中国文化之再创造》，中央编译出版社 2014 年版，第 83～84 页。

② 王光：《论梁漱溟的民主思想及其发展》，吉林大学博士学位论文，2012 年，第 51 页。

任教于加州大学伯克利分校和哈佛大学等美国高校。成中英在硕士期间就获得华盛顿大学奖学金而得以留学美国，此后又在哈佛大学攻读博士，之后长期在美国大学任教，被视为夏威夷儒学的代表性人物。刘述先也于1964年赴美在南伊利诺伊大学攻读博士学位，作为美国杰出的宗教哲学家神学家魏曼的最后一个博士生，刘述先毕业之后得以留校任教，直到1981年才辞去南伊利诺伊大学的教职。林安梧作为台湾大学哲学系第一位哲学博士，虽然在台湾完成了教育过程，但曾参加富布赖特(Fulbright)计划访问美国，之后在威斯康星大学做访问学者，拥有丰富的海外生活和学习经历。

随着时代的变迁，第三代新儒家和他们前辈学人思想展开的外部环境已经大不相同，从后现代的角度对现代性展开批判和反思构成了他们思考社会问题的理论场域。刘述先就指出："当今世界由现代慢慢走入后于现代的世代，上一个世代那种乐观、迷信进化的情调已经荡然无存。这是一个一切动摇、失去自信的世代。"[①]所以，这在很大程度上让他们对现代化持拥抱态度的同时也展开了对现代性的普遍反思。他们对于儒学传统的认知更加灵活，更加具有开放性。同时，在新儒家看来，儒学也是极具开放性的学问，它注重传统的延续。但这种传统绝不是单纯的泥古不化，而是立足传统以更好地展望未来。成中英指出："儒学也是开放的学问，尊重传统，梳理传统，使其成为价值的楷模，行为的参照，更作为建构现实与创造未来的起点与资源。"[②]

二、新儒家政治哲学的主题与边界

自从政治活动出现以来，人类有关政治哲学的思考和探索已经存在了数千年。关注这一问题的学者自来不乏其人，相关的研究成果亦层出不穷。但是，这并不能掩盖一个稍显尴尬的事实，对于"什么是政治哲学这个质询

---

① 刘述先：《朱子哲学思想的现代意义》，载景海峰编：《儒家思想与现代化——刘述先新儒学论著辑要》，中国广播电视出版社1992年版，第119页。

② 成中英、麻桑：《新新儒学启思录——成中英先生的本体世界》，商务印书馆2008年版，序言第1页。

却似乎是一个新的问题，并且迄今依然是悬而未决的”[①]。但这并不意味着政治哲学这一学科不能成立，而是意在强调“政治哲学”这一概念虽然在学术界被广泛使用，但是对于其内涵却并没有一个清晰的界定。而且，在相关的学术研究中，由于各学科之间的复杂交融，政治哲学往往和法哲学、伦理学或社会哲学纠缠在一起。所以，如果仅仅是从字面意思出发，将“政治哲学”理解为有关政治活动的哲学思考，显然过于模糊和笼统而无助于我们的研究。故而，在详细探讨新儒家政治哲学之前，有必要对政治哲学的概念和新儒家政治哲学的基本论域做一简要交代。

(一)政治哲学释义及新儒家政治哲学概观

美国保守主义大师施特劳斯被视为对“政治哲学”这一概念刨根问底的先行者，他对政治哲学做出的古典解读影响深远。施特劳斯对哲学的理解构成了他认识政治哲学的基础。在他看来，“探求(quest for)智慧的哲学是对普遍知识的探求，对整全(the whole)知识的探求”[②]。显然获取整全知识是困难的，但是人们在建立哲学之前会有各种有关整全的意见。所以，“哲学是用有关整全的知识取代有关整全的意见的尝试”[③]。一旦建立了这种对哲学的认知，那么将之放在政治领域，“政治哲学”的概念就呼之欲出了。“政治哲学是用关于政治事物本性的知识取代关于政治事物本性的意见的尝试……要做出健全的判断，人必须知道真正的标准。政治哲学如果希望公正对待其主题，就必须竭力获取这些标准的真正知识。政治哲学是一种尝试，旨在真正了解政治事物的本性以及正当的或好的政治秩序。”[④]在这一界定的基础之上，施特劳斯还辨析了政治哲学和政治思想的区别。在他看来，政治思想主要是指对各种政治观念(political ideas)的反思和阐述。而一旦论及政治观念，所涉及的领域和范畴就变得更加广阔，在施特劳斯看来，思考任何政治基本原则时所调动的各种概念都可以归入其中。据此，施特劳斯指出，政治思想比政治哲学的范围更加宽泛，“政治思想对意见与知识

① 韩水法:《什么是政治哲学》，载《中共中央党校学报》2009年第1期。
② [美]施特劳斯:《什么是政治哲学》，李世祥等译，华夏出版社2014年版，第2页。
③ [美]施特劳斯:《什么是政治哲学》，李世祥等译，华夏出版社2014年版，第2页。
④ [美]施特劳斯:《什么是政治哲学》，李世祥等译，华夏出版社2014年版，第3页。

的差别漠不关心;但政治哲学则有意识地、连贯并不懈地努力用有关政治基本原则的知识取代有关政治基本原则的意见”[①]。施特劳斯对政治哲学的界定,重点强调了它是一种知识而非意见。而这种所谓“知识”,就是充满了对真理性和确定性的追求。而施特劳斯在追求正当和善时对整全性的强调,则凸显他政治哲学的古典意味。

不同于施特劳斯对政治哲学所指称的“政治”进行了最为宽泛的理解,马克斯·韦伯关于政治的界定则走向了另外一个方向。韦伯对政治的现代解读,取径社会学的角度,站在了经验科学的立场之上。他认为,“所谓的政治,指的是对一个政治团体——这在今天是指国家(State)——的领导或对这种领导所施的影响”[②]。在韦伯的观念中,政治与权力密切相关,所以权力的分配就构成了政治的核心。“政治追求权力的分享,追求对权力的分配有所影响。”[③]以此为基础展开的有关政治的哲学思考,只关注了政治权力的实然状态,而忽略了应该如何的问题。显然,这种政治思考从政治哲学角度来审视存在着根本上的缺陷。

施特劳斯和韦伯对于政治哲学研究内容的解读,被韩水法视为两种截然不同的代表。施特劳斯过于强调政治共同体生活的整全性,其古典政治哲学的研究取向使他把政治哲学和政治科学混为一谈。而韦伯对政治的理解则“完全从经验科学的立场来分析”,总体而言偏离了哲学取向。通过这一分析和反思,韩水法对政治哲学做出如下界定:“政治哲学的中心关切与任务就是为社会善品的分配提供原则,作为原则根据的观念,以及对上述两项的确证,即正当性证明……政治哲学研究上述政治行动所遵循的原则,这些原则所从出的价值观念,这些观念的基础;研究根据这些原则构成的社会基本制度和结构;研究不同的政治哲学学派就此提出的各种判断和观点;政治哲学同时还研究有关上述问题的方法论。”[④]这一界定主要强调了两个方面。一方面,政治哲学与其所关切的现存政治现象密不可分;另一方面,政

① [美]施特劳斯:《什么是政治哲学》,李世祥等译,华夏出版社 2014 年版,第 3～4 页。

② [德]马克斯·韦伯:《学术与政治》,钱永祥等译,广西师范大学出版社 2010 年版,第 197～198 页。

③ [德]马克斯·韦伯:《学术与政治》,钱永祥等译,广西师范大学出版社 2010 年版,第 199 页。

④ 韩水法:《什么是政治哲学》,载《中共中央党校学报》2009 年第 1 期。

治哲学的落脚点在于观念性的原则，在于政治行动、政治制度或政治思想背后的“元理论”。

学者姚大志的界定与韩水法类似，对政治哲学外延的框定却更加简洁明了。他指出，正是因为政治哲学所关心的独特的核心问题，使它与其他实践哲学能够区分开来。“政治哲学所关心的独特问题包括三个方面：政治价值、政治制度和政治理想……政治价值涉及的是政治哲学的价值理论，政治制度涉及的是国家理论，而政治理想涉及的是传统上所说的乌托邦理论。”① 关于政治哲学的这一理解，在当前学术界比较具有代表性。张桂琳的表述大体类似，并在此基础上分析了政治哲学的特征。她指出：“政治哲学是关于政治价值、政治现实的实质、政治分析的知识假定的思想体系，具有规范性、解释性、分析性三大特点。”②对于政治哲学，规范性是指它关注政治价值取向，思考哪些价值是可欲并可行的；解释性是指它力图透过具体的政治活动和政治现象，以揭示和分析其背后的本质；而分析性是针对认识政治活动本质的过程来讲的，它通过分析基本概念和认知逻辑提供理解政治活动的路径和手段。所以，政治哲学作为政治学的一个理论分支，它从哲学的高度出发，关注的是政治活动或政治系统背后的本质所在。它试图透过纷繁复杂的政治现象去探寻并发现其中所蕴含的具有普遍意义的知识，尝试在变动不居的政治活动中发现有关政治的“确定性”。故而在有些学者看来，政治哲学是对政治学最深层次理论的探讨，“是政治学的‘元理论’”③。

通过对“政治哲学”概念的辨析，我们较为认同姚大志提出的简明的界定，这为我们分析新儒家政治哲学提供了理论框架。综观政治哲学关注的价值观念，无外乎自由、平等和正义等，基于某种政治价值展开的政治制度分析、政治合法性解读就成为政治哲学最常见的内容。传统儒家政治哲学所关注的论域也大致为政治权力合法性证成、政治道德论说、政治秩序的建构与达成等。余英时曾指出：“从孔孟荀到汉代，儒教的中心任务是建立一

① 姚大志：《什么是政治哲学》，载《光明日报》2013 年 9 月 24 日。
② 张桂琳：《西方政治哲学——从古希腊到当代》，中国政法大学出版社 1999 年版，序言第 1 页。
③ 张桂琳：《西方政治哲学——从古希腊到当代》，中国政法大学出版社 1999 年版，序言第 1 页。

个新的文化秩序。”[①]作为一个“政教合一”[②]的社会，政治向来被视为道德教化的延伸，以文化传统中的道德价值作为根本准则指导政治运作，是儒家政治哲学的基本精神。“正是由于以形而上学意义的天道论作为其政治哲学的终极依据……他们将道义确立为公共政治领域的价值规范和行为指南，并以此来构筑其政治信仰的基石或支柱。”[③]当代新儒家无疑继承了这一历史悠久的传统，只不过在“内圣”与“外王”具体内容的判别和追求上有了新的变化。当代新儒家尤其重视阐扬儒家的心性之学，关于心性之学的认知构成了当代新儒家政治哲学的核心概念和基础。

讨论新儒家的政治哲学，要先对当代新儒学的主张有一个大致的了解。1958年初，张君劢、唐君毅、牟宗三和徐复观四位新儒家重镇联名发表了《为中国文化敬告世界人士宣言——我们对中国学术研究及中国文化与世界文化前途之共同认识》(下面简称《宣言》)。从这篇宣言的内容中，刘述先总结出了当代新儒家的基本立场，其中与政治哲学相关的内容有以下几点：形而上学方面，他们相信“生生之理”及“天道”，这构成了中国人的终极关怀；在认识论层面，秉持“尽心、知性、以知天”，人们可以通过体认的方式把握天道，而不是通过逻辑推演；在伦理学层面，人们虽然意识到要重建道德伦理原则，但仍关注外在的公正问题而未能解决内在心性问题；在社会层面，人无法脱离自然和社会离群索居，不能处于原子状态；在政治层面，不宜再将政治视为伦理的延伸，民主是现代政治发展的基本方向，要实现对权力的必要制衡，一个民治、民享、民有的政府其实更符合儒家基本的理想；经济方面，肯定社会财富积累的同时也要兼顾社会福利，“私有财产乃是个体自由的一个必要的保障，一切公有的乌托邦的幻想只能引致极权主义的伸张”。[④]

---

① 余英时：《士与中国文化》，上海人民出版社2013年版，第128页。

② 此处所谓“政教合一”，并非通常意义上政治与宗教的结合。在传统社会，儒学并不是一种宗教，虽然它在一定程度上发挥了类似宗教的功能。传统儒学作为一套完备的文化价值系统，是帝制中国的官方意识形态，而“教”则是指作为官方主导意识形态的儒学主张的道德教化。详情参见孙阳阳、葛荃：《政治文化视域下儒学的本质析论》，载《学习与探索》2017年第11期。

③ 林存光、肖俏波：《古典儒家政治哲学论纲》，载《天津社会科学》2013年第5期。

④ 参见刘述先：《当代新儒家思想的批评的回顾与检讨》，载景海峰编：《儒家思想与现代化——刘述先新儒学论著辑要》，中国广播电视出版社1992年版，第286～288页。

在刘述先看来，“这篇宣言也成为宣述他们思想的一份最富有代表性的文献”[①]，林安梧亦有相同看法[②]。由此概括最能看出当代新儒学的大致面貌和本质，故而意义深远。而刘述先作为新儒家传人，对这一文献的概括既精炼又准确。从政治哲学所关涉的政治价值、政治制度和政治理想三个方面出发，我们可以对当代新儒家的政治哲学有一个宏观把握。

首先，在政治价值层面，当代新儒家政治哲学不仅仅赞同自由、平等和正义等现代政治价值观念，同时也继承了传统儒学对道德理想主义的肯认，这构成了新儒家政治哲学不同于其他政治哲学流派的核心所在。成中英指出，道德理想主义文化的现代价值是新儒家学者的共识，“甚至也可以说是所有新儒家的根本精神所在”[③]。刘述先也同样认为，“当代新儒家思想最大的贡献在明白地指出，无论现代西方在科学技术的巨大贡献，以及政治社会革命意识的觉醒，内在的安心立命始终是一个不可替代的问题，这个问题不能靠对于一个超越外在的上帝的信仰来解决”[④]。当代新儒家的政治哲学，正是立足于对心性之学的体认、对道德理性主义的追求之上，努力吸取和借鉴西方自由民主政治的菁华，试图在中国传统文化的基础上接续现代民主政治，以应对时代的挑战。

其次，在政治制度层面，当代新儒家认同现代民主政治，其制度构想在很大程度上借鉴和吸收了自由主义和社群主义的理论学说。当代新儒家政治哲学的出现有其历史渊源，是面对“五四”以来彻底反传统、提倡全面西化的激进政治态度应运而生的一个文化思潮在政治领域的体现。他们赞同“五四”对于民主和科学的追求，同时他们对中国文化传统亦有深深的敬意，如何实现民主政治与本土文化传统的接榫就成为他们努力的重点。新儒家前辈学人普遍认为，民主和科学的精神本已蕴含在中国传统文化之中，只是没有得到发展和彰显而已。在《宣言》一文中，新儒家诸学者明确指出：“从

---

① 刘述先：《当代新儒家思想的批评的回顾与检讨》，载景海峰编：《儒家思想与现代化——刘述先新儒学论著辑要》，中国广播电视出版社 1992 年版，第 283 页。

② 参见林安梧：《儒学革命：从“新儒学”到“后新儒学”》，商务印书馆 2011 年版，第 31 页。

③ 成中英：《儒学与新儒学》，载《成中英文集》第 2 卷，湖北人民出版社 2006 年版，第 418 页。

④ 刘述先：《当代新儒家的探索》，载景海峰编：《儒家思想与现代化——刘述先新儒学论著辑要》，中国广播电视出版社 1992 年版，第 256 页。

中国历史文化之道德主体之树立，即必当发展为政治上之民主制度……而民主宪政，亦即成为中国文化中之道德精神自身发展之所要求。”[①]如何将政治价值落实到政治制度之上，始终是新儒家政治哲学较为薄弱的一个环节。在为民主政治提供具有本土理论特色的合法性证明以及有效约束政治权力方面，当代新儒家政治哲学并没有太大的理论贡献。

最后，就政治哲学的理想而言，当代新儒家虽然摒弃了传统儒家的王道政治构想，但是对道德理想主义的追求以及充满古典政治哲学意味关于社会政治生活“整全性”的思考，还是或多或少地体现在他们的政治哲学体系之中。成中英指出，和西方文化相比较，儒家的思想观念有其独特的表达方式，“这个整体的表达方式是强调动态过程的、重视民本的、趋向人文的、要求道德实践的，它有天下为公的理想，一个大同世界的理想”[②]。所以，从这一独特表述出发，中国传统以儒家思想为主导的文化观念体系与西方的价值观念在各个层面都表现出很大的差异性。

成中英从《尚书》中“知人则哲”这一表述去理解哲学，认为中国哲学既讲了解又重体验，在此基础上，他认为“政治哲学就是讨论如何通过一定的方法使得我们的群体生活具有价值内涵，合乎条理”[③]。谈及自己政治哲学努力的目标，成中英试图在分辨中国“德治论的儒学传统”和西方“契约论的传统”的基础上努力实现二者的深刻融合，“把现实的权力与理想的德性结合起来，看看能否促进一个人类可以各自追求的、可以发展的大同世界”[④]。显然，这种政治哲学理想一方面照顾到了传统儒学的政治设想，另一方面也充分考虑了政治现实操作的问题，可以视为一种“现实主义的乌托邦观念”[⑤]。

---

① 牟宗三、徐复观、张君劢、唐君毅：《为中国文化敬告世界人士宣言——我们对中国学术研究及中国文化与世界文化前途之共同认识》，载张君劢：《新儒家思想史》，中国人民大学出版社 2006 年版，第 582 页。

② 成中英：《新觉醒时代：论中国文化之再创造》，中央编译出版社 2014 年版，第 487 页。

③ 成中英：《中国古典政治哲学发微》，商务印书馆 2021 年版，第 10 页。

④ 成中英：《新觉醒时代：论中国文化之再创造》，中央编译出版社 2014 年版，第 488 页。

⑤ 姚大志：《什么是政治哲学》，载《光明日报》2013 年 9 月 24 日。

(二)当代新儒家政治哲学的基本逻辑

当代新儒家的思想是一个以儒家学说为主体,涵盖文化、政治、经济和社会各个层面论说的庞大哲学体系。美国哲学家安靖如在评析当代儒家哲学时曾不无感慨地指出:"当代儒家哲学相当复杂,其发展也还在继续进行,并还在以这样的速度激增,以致任何一套分类方式都不会是令人完全满意的。"[①]由此观之,想要清晰认知第三代新儒家的政治哲学无疑具有一定的难度。我们必须在他们数量庞大的著作中对其中具有政治意涵的论述进行剖析,从而为我们的研究框定一个可资操作的范围。第三代新儒家的政治哲学对于前辈学人有继承亦有超越,所以厘清当代新儒家政治哲学展开的基本逻辑,对于我们进一步分析第三代新儒家政治哲学的内容很有必要。

早在20世纪80年代中期,刘泽华先生就指出要把政治哲学纳入政治思想史的研究范围之中,其中需要重点关注的是政治思想中深刻且具有普遍性的内容。[②] 当代新儒家之所以被视为一个具有同质性的学术群体,就在于他们所普遍呈现的学术共性,也就是在学术思想的展开过程中遵循了相同或类似的逻辑过程。当然,在政治哲学的层面亦是如此。我们如果追溯政治学的本源,就会发现亚里士多德早就指出政治学的最终目标就是追求至善,即在公共领域实现正义。[③] 当代新儒家关于政治中至善的思考,因其立足于儒家传统,努力实现传统儒学与现代勾连的学术旨向,而呈现出独特的理论品格,即所谓"内圣外王之道"。

传统儒学普遍认为,"内圣外王"是理想的人格类型。"中国哲学讨论的问题就是内圣外王之道;这里的'道'是指道路,或基本原理。"[④]传统儒家讲求"内圣外王"之道,认为"外王"之道可以由"内圣"修养直接推导和延伸而来。正如《大学》所言:"古之欲明明德于天下者先治其国,欲治其国者先齐其家,欲齐其家者先修其身,欲修其身者先正其心,欲正其心者先诚其意,欲

---

① [美]安靖如:《论当代儒家政治哲学中的"综合儒家"》,载杨永明主编:《当代儒学》第7辑,广西师范大学出版社2015年版,第144页。

② 参见刘泽华:《中国政治思想史研究对象和方法问题初探》,载《天津社会科学》1985年第3期。

③ 参见[古希腊]亚里士多德:《政治学》,吴寿彭译,商务印书馆1965年版,第152页。

④ 冯友兰:《中国哲学简史》,生活·读书·新知三联书店2009年版,第9页。

诚其意者先致其知，致知在格物。格物而后知至，知至而后意诚，意诚而后心正，心正而后身修，身修而后家齐，家齐而后国治，国治而后天下平。”[①]由“内圣”的道德理想，到“外王”的政治追求，儒家总结出了从“格物”到“平天下”这样一条清晰的逻辑线索，也构成了儒家政治哲学实践的基本路径。而这一切，都是由“内圣”直接推延出去的，对于伦理道德的强调成为传统儒家政治哲学的根本出发点。

对于儒家传统确立的这一政治哲学的致思逻辑，当代新儒家基本上是认同的，他们继承了“内圣外王”的话语表述。“当代新儒家肯定以儒学为主体的中国文化，并以由孔孟至宋明心性之学为儒学的主流。此一儒学主流，立基于性善论，作为道德实践之基础，形成一由道德实践而证成的形上学。”[②]围绕着儒家的心性之学，以道德形而上学为基础进而展开政治哲学论说的路径方向，是由当代新儒家的开创者熊十力奠定的。在熊十力看来，政治哲学的发展必须有坚实的形而上学作为基础，否则就会流于浅薄。[③] 他的这一观念，不仅仅决定了他自己的理论品格，也深深影响了当代新儒家后辈学人的研究进路。只不过他们认为，民主与科学并不是由“内圣外王”直接推导出来的。“外王是由内圣通出去，这不错。但通有直通与曲通。直通是以前的讲法，曲通是我们现在关联着科学与民主政治的讲法。我们以为曲通始尽外王之极致。”[④]牟宗三的这一认知很具有代表性，当代新儒家学者普遍强调道德理想在政治建设中的作用，即道德伦理虽然不能必然推出自由民主政治，但是没有德性的助力，断然难以建设完善的现代民主政治。那么如何才能从德性的“内圣”推出民主的“外王”？牟宗三认为需要经过“道德理性之自我坎陷”，即“从‘主体活动之能’方面说，却必须转为‘观解理性’（理论理性），即由动态的成德之道德理性转为静态的成知识之观解理性”[⑤]。牟宗三的这一思想，不仅在学术界招致了诸多批评，即便是新儒家后辈学者对之也多有反思。但是作为新儒家政治哲学的典型体现，确实具有极强的

---

① 王文锦译注：《大学中庸译注》，中华书局2013年版，第3页。

② 何信全：《儒学与现代民主——当代新儒家政治哲学研究》，中国社会科学出版社2001年版，第5页。

③ 参见《熊十力全集》第5卷，湖北教育出版社2001年版，第306页。

④ 《牟宗三文集：政道与治道》，吉林出版集团有限责任公司2010年版，第55页。

⑤ 《牟宗三文集：政道与治道》，吉林出版集团有限责任公司2010年版，第56～57页。

代表性，新儒家同辈学人关于政治哲学内在逻辑的表述大致与之类似。正如任剑涛所指出的那样，当代新儒家政治思想的展开大致延续了牟宗三的这种致思逻辑和进路。①

当代新儒家的新“外王”学，充满了对道德理想主义的追求，德性在其政治哲学的构建中始终处于核心地位。“‘理想’的原意根于‘道德的心’。一切言论与行动，个人的或社会的，如要成为有价值的或有理想意义的，皆必须依据此原意的理想而成为有价值的，成为具有理想意义的。”②对道德和心性之学的重视，在第三代新儒家身上也得到了传承，只是他们不再像前辈学人那样去努力实现道德理想与政治实践之间的“曲通”，而是更加注重开放理性的习得和学习经验的积累。但是无论如何，他们在展开政治哲学论说时对伦理道德的重视没有改变。他们坚持认为，“人类不能用权力和个人的欲望代替社会对道德的需要”③。据于道德理想的追求，他们努力构建一种人与天地互动的和谐关系。他们努力超越西方文化内在与外在的二元对立，实现人与天的“生存与弘扬的关系”，进而在这一基础之上辨析人性，解释历史，认识当下，建构未来。

三、新儒家政治哲学展开的双重路径

分析新儒家政治哲学发展的双重路径，不得不从历史上的“科玄论战”说起。在这一著名论战中，张君劢因重视伦理道德和哲学思想，而被不无轻蔑地称为“玄学鬼”。如果我们从宏观的角度来审视张君劢的思想，会发现在当代新儒家阵营中他的主张远远谈不上高深玄远。面对熊十力、牟宗三和唐君毅等人在哲学体系建构层面所做出的努力，张君劢更为突出和被人称道的也许是民国“宪法之父”的称号。所以，唐君毅在回顾这一论战时也为张君劢感到委屈和不平：“君劢先生的主张，在五十多年前被人称为‘玄学鬼’，然而在今天，即使是最主张科学主义的人，也无人会认为科学可以解决

① 参见任剑涛：《中国政治思想史“接着讲”的两种路向——以梁漱溟、牟宗三为例》，载《天府新论》2015年第4期。

② 《牟宗三文集：道德理想主义》，吉林出版集团有限责任公司2010年版，第17页。

③ 成中英：《新觉醒时代：论中国文化之再创造》，中央编译出版社2014年版，自序第9页。

人生的态度问题，君劢先生当年的主张，可说完全胜利。当年胡适之、吴稚晖和丁在君等几位先生，提倡民主和科学，过于强调科学主义，这实在是一种很大的偏见。”[①]虽然唐君毅和张君劢同为新儒家学人，但唐氏之论称得上客观理性，即便多年之后再看这一争论，张君劢对科学主义的反思仍然富有见地。

我们在此提及“科玄论战”，并无意于在多年以后分析论战双方孰是孰非。然而，从科学派对张君劢的称谓可以看出时人对当代新儒家学派的整体印象。而这一印象恰恰在某种程度上反映了当代新儒家注重形而上学建构、注重道德理性阐发的学术旨向。然而我们必须注意到，新儒家诸学者的政治哲学理论虽然具有很大的共性，但是他们政治哲学展开的方式和论说重点却也充满了差异。[②]

正所谓“花开两朵，各表一枝”，熊十力和梁漱溟被共同尊为当代新儒家开宗立派的学者。比较当代新儒家两位开创性人物，熊十力的人格和学问都显得更“狂”。相较之下，梁漱溟的学问和品格则比较温和，当然这种平和中亦有所“执”。熊十力注重建言立说，其弟子众多，传承也较为顺畅，熊氏的努力和门内弟子的继承共同构建了恢宏的哲学体系。梁漱溟常年在社会政治环境中奔走，其学生弟子也多从事实务，其中有多人丧生于战乱与冲突之中，所以在晚年时鲜有人继承他的学术，他对于弟子多在他生前离世也多有悲凉之感。梁漱溟和熊十力过从甚密，二人相交40余年，熊十力去北京大学任教得益于梁漱溟的引荐。熊十力早年撰文，站在儒家的立场上批评佛教。梁漱溟当时笃信佛学，认为熊氏尚未理解佛学的高深之处，推荐熊十力去支那内学院学习佛家文化。梁漱溟在北京大学教书期间，最早讲授印度哲学，后来讲儒学和佛学。但是，在他看来，讲古人的哲学一定不能失掉它本原的意思。由于对自己理论功底的不自信，于是唯识论一课就请了在支那内学院学习唯识学的熊十力来讲授。但是熊十力治学的方法和梁漱溟预想的大不相同。熊十力意欲开创新局面，于是按照自己的想法开授了“新

---

① 唐君毅：《从科学与玄学论战谈张君劢先生的思想》，载《中华人文与当今世界补编》，广西师范大学出版社2005年版，第988页。

② 参见黄俊杰：《东亚儒学视域中的徐复观及其思想》，（台北）台大出版中心2009年版，第45页。

唯识论”，在讲授前人的学问时加入了许多自己的主观解读。[①] 由此一事，可见梁、熊二人的学术性格之不同。

就当代新儒家第二代学人的代表人物唐君毅、牟宗三和徐复观三人而言，作为当代新儒家的学术重镇，他们对于儒学的基本义理和中国传统文化都有精深的研究。但是，三人的学术品格却也有很大的差异。徐复观由军旅出身，后跻身政坛高层，转而为学，在政治思想的批判和阐发方面多有深刻见解。而唐君毅和牟宗三受新儒家前辈熊十力的影响更多，更注重哲学方面的探讨。唐君毅借鉴了黑格尔的思想，牟宗三则从康德处汲取了思想资源，他们注重形而上学的阐发，构建出了当代新儒学宏大的哲学体系。

关于当代新儒家政治哲学研究进路的不同，学界有学者已经注意到这一问题。关于新儒家政治哲学理论品格的差异，郭齐勇在《现当代新儒家研究丛书总序》中指出，当代新儒家“在政治诉求上并不保守，在民主政治的理念与制度建设(例如宪政)上，在以德抗位，批评权威方面绝不亚于自由主义者(例如胡适)。梁漱溟、张君劢、徐复观就是其中的佼佼者，熊十力、唐君毅、牟宗三在理论上也有不少建树”[②]。郭齐勇虽然没有明确指出他们政治哲学展开路径的不同，但对于他们在民主政治建设过程中发挥的作用的划分恰恰凸显了他们学术旨向的差异。对于这一问题，任剑涛亦有所察觉，他对比了梁漱溟和牟宗三的学术研究风格后指出：“梁显然更趋向于以行的也就是实践的方式激活中国传统政治思想的现代价值。而牟明显趋向于以知的也就是理论的方式重构中国传统政治思想的现代知识样式。”[③]梁漱溟注重政治思想或政治哲学在现代社会的实践，而牟宗三更在意是否能够建构一套恢宏的思想理论体系，以应对来势汹汹的西学的挑战。前者注重学术史的还原，着重考察政治思想史中各类史料之间的历史关联。而后者致力于超越单纯的历史陈述，在尊重基本价值准则的基础上努力融合理论和当

---

① 参见[美]艾恺采访，梁漱溟口述，一耽学堂整理：《这个世界会好吗——梁漱溟晚年口述》，天津教育出版社 2011 年版，第 57～58 页。

② 颜炳罡：《整合与重铸：牟宗三哲学思想研究》，北京大学出版社 2012 年版，《现当代新儒家研究丛书总序》第 3 页。

③ 任剑涛：《中国政治思想史“接着讲”的两种路向——以梁漱溟、牟宗三为例》，载《天府新论》2015 年第 4 期。

下的社会政治实践，试图开拓政治思想研究的新格局。

(一)哲学解释的导向

所谓哲学解释的导向，是指新儒家政治哲学的整体研究方向，偏向于哲学建构和道德理想主义的阐发。韦政通以《民主评论》杂志为例指出，作为新儒家学者发声的主要阵地，它"重扬儒家道德与人文的理想，并在儒家学(原文如此，疑似有误——引者注)系统化方面获得进展"[①]。他同时指出，包括传统儒家和新儒家在内，其问题在于道德本位。关于这一问题有多重表述，泛道德主义、道德本位主义、伦理本位主义，大致说的都是这个概念。当代新儒家在这一解释路径上的代表人物为熊十力、牟宗三和唐君毅。

就哲学解释的导向而言，首先要说的是作为当代新儒家开山人物之一的熊十力。在他看来，政治哲学的建构必须有形而上学的基础。就哲学体系的原创性这一点而言，熊十力的贡献不容忽视，他援佛入儒，构建出了自己独特而又宏大的思想体系。熊氏所建构的哲学体系极富玄思，为当代新儒学奠定了学术基调，也开辟了一条极富个性的发展道路。据牟宗三回忆，他当初第一次见到熊十力的新书《新唯识论》时，书上署名"熊十力造"。牟宗三当即注意到，"造"这一表述并不常见，是熊十力从佛经中借鉴而来的。[②]而"造"之一字，也凸显了熊十力对自己哲学开创性和原创性的肯认和自觉。

熊十力援佛入儒，早年学习佛学。熊氏理论体系陈义甚高，深奥玄远，多有佛学的影响，但最终仍然归宗儒家。他"弹正其短，未尝不融摄其长，区区一隙微明，实自佛法启之，否则不能有悟于儒"[③]。一言以蔽之，"体用不二"及其发展构成了熊十力哲学思想的核心所在。用牟宗三的话来说，他"绝对忠于形而上学，绝对忠于道体"[④]。牟宗三认为，熊十力学术研究最大的意义并不在于建立客观的学术，更没有提出解决实际社会问题的方案，而是致力于在主观层面为中国哲学和中国文化的生命开辟出一条道路，指明

---

① 韦政通：《儒家与现代中国》，上海人民出版社1990年版，第230页。

② 参见牟宗三：《时代与感受》，载《牟宗三先生全集》(23)，(台北)联经出版事业公司2003年版，第276页。

③ 熊十力：《新唯识论》，商务印书馆2011年版，第137页。

④ 牟宗三：《时代与感受》，载《牟宗三先生全集》(23)，(台北)联经出版事业公司2003年版，第292页。

一个具有生命活力的发展方向。①

林安梧曾仔细研究熊十力的哲学理念，他认为“熊十力是以‘唯识’作为其本心论的基底，从‘唯识’的识心之执（妄心）转而为本心，这是一个辩证的升进过程。熊氏所谓‘辨妄正所以显本，妄之不明，本不可见’。值得注意的是，这里所谓‘显本’即是探究一存在的绝对与真实，他已与佛教的缘起性空之基本论点相违”②。基于林安梧的这一解读，我们可以把握熊氏的哲学体系与佛教思想的差别所在。熊氏正是从佛学的基本理念出发，借鉴了诸多佛学的概念表达，进而创立了自己的一套哲学体系。“熊氏根本上是要从他原来所熟悉的唯识学翻转而上，造就一新的唯识学，这样的唯识学不只停留在知识论的层次，而且更而进至一本体论及宇宙论的层次。”③在林安梧看来，熊十力所提出的“体用合一”的哲学模型，不仅仅是中国哲学现代化的典型体现，更是中西哲学会通极为重要的“一个要道”。就熊氏哲学的具体内容而言，它的性质也许是前现代的，但其哲学的模式和样态却呈现出一定的后现代性。熊十力的哲学思想，“第一个以系统性的哲学语言提出一整体而根源性的探问。这样的一种探问使得中国哲学进入到一新的可能性”④。

传统儒家衡量贤者、士人的标准在“立德”“立功”“立言”三个层面。有学者指出，当代新儒家的开创者熊十力的成就不在“立德”“立功”，而仅限于“立言”一项，即在“哲学上的不朽”⑤。对于这一判断，刘述先表示赞同。刘述先的这一态度也向我们透露出了新儒家诸学者普遍的学术性格，即重“立言”，而在“立德”“立功”层面则远为逊色。陈荣捷曾对梁漱溟和熊十力做如是评价：“梁给予儒家仁的概念以力动直觉的新释，但他没有造一个自己的哲学系统。熊则做了这一件工作……最重要的是，他在一九四九年之后，把他的整套哲学重述在一部书内，没有用任何政治术语，也没引证马克思、斯

① 参见牟宗三：《时代与感受》，载《牟宗三先生全集》(23)，(台北)联经出版事业公司 2003 年版，第 290～294 页。

② 林安梧：《当代新儒家哲学史论》，(台北)明文书局 1996 年版，第 66 页。

③ 林安梧：《当代新儒家哲学史论》，(台北)明文书局 1996 年版，第 66～67 页。

④ 林安梧：《当代新儒家哲学史论》，(台北)明文书局 1996 年版，第 55 页。

⑤ 翟志成：《长悬天壤论孤心——熊十力在广州(1948～1950)》，载(台湾)《当代》1992 年第 76 期。

大林或毛泽东，在他之外还没有第二人能做到这一点。”[①]在新儒学展开的方法上，新儒家的后辈学人虽然没有人再走熊十力援佛入儒的道路，但是熊氏对心性的重视和对“乾元性海”的体证却极大地影响了新儒家后学。

牟宗三则是顺着熊十力呈现出的“内容真理”，以此为据建立起一个形而上学体系，并有所发展。他援康德哲学入儒学，概念化、系统化地阐释了儒家传统的心性之学，为中国哲学建立了一个现代哲学的架构和规模。西方哲学的概念构成了他分析中国传统文化的框架和工具，而中国哲学才是他理论学说的核心内容和重点所在。牟宗三是当代新儒家哲学的集大成者，其理论不仅恢宏庞大，而且充满了原创力。谈及治学的方向，牟宗三认为，儒家前贤“对于义理系统之确解与评鉴则稍感不足……然处于今日，则将为初学之要务，未可忽也”[②]。由此足见牟宗三学术努力的方向在于形而上学层面，建构完整的义理系统，以弥补传统儒学的不足。他一再强调，对于中国哲学的发展而言，他的努力只在于“辩示”而已，至于实践环节的落实，并不在他的考虑范围之内，“庄生有云：‘圣人怀之，众人辩之以相示也。’吾所作者亦只辩示而已”[③]。牟宗三过度追求哲学理论的高深玄远，而忽视了对现实社会的关注，以至于招致诸多批评。其中最为大家所熟知也最为学界诟病的，莫过于“良知坎陷”一说。对于这一理念，有学者将相关理论视为缺乏实际意义的“概念的游戏”[④]。牟宗三作为当代新儒学理论的集大成者，同时也是中国哲学在近现代发展的集大成者，他在形而上学领域的成就值得我们钦佩，这与他倾心于理论建构而不太关注现实生活的个性有很大关系。韦政通就曾撰文指出：“牟先生就不怎么关心具体的社会……他完全在书本的世界里活动。他对现实社会没有兴趣，也不去思考。所以他没有

---

① Wing-tsit Chan (tran. and comp.), *A Source Book in Chinese Philosophy*, Princeton: Princeton University Press, 1963, pp.764-765.转引自刘述先：《文化与哲学的探索》，吉林出版集团有限责任公司2011年版，第221页。

② 牟宗三：《心体与性体》第1册，载《牟宗三先生全集》(5)，(台北)联经出版事业公司2003年版，序言第5～6页。

③ 牟宗三：《心体与性体》第1册，载《牟宗三先生全集》(5)，(台北)联经出版事业公司2003年版，序言第6页。

④ 韦政通：《感恩与怀念：唐君毅、牟宗三、徐复观和殷海光四先生对我的影响》，载《深圳大学学报(人文社会科学版)》2011年第3期。

这一方面的表现。”[①]

刘述先对牟宗三的思想品格做如是评价：“牟先生在基本上是哲学家，不是思想史家。他所要探究的是一个思想的义理规模，把它的实义展示出来，并加以哲学上的论断与评价。”[②]可见，牟宗三的研究“并不特别措意于促成时代思想改变的那些助缘因素，所以他的分析也还不够全面。……由哲学家的立场看，只要指出后人之缺乏智慧，发为感伤之言，他的责任便已尽了。但哲学与世运的关联究竟如何呢？这些都是需要作进一步探索的问题”[③]。牟宗三解释儒学的方向，源于他对儒学本质的认知。在他看来，儒家思想作为一个庞大的文化系统，只是决定了一个基本方向。虽然儒学在国人的日常生活中发挥着功用，但是这种发挥作用的方式却是潜移默化式的。可见，对儒学本质的这种判别，决定了他诠释儒学的形而上学路径。

作为当代新儒家的又一位学术重镇，唐君毅也沉浸于哲学体系的会通和建构之中。他对于中国传统哲学、西方哲学和印度哲学都有很深的了解。他会通诸家，最终完成了自己的恢宏大作《哲学概论》。他的思想注重体验与思辨。唐君毅长期置身象牙塔内，专注于哲学思想的探究，从未涉及实际政治活动。他在和张君劢的交往过程中，也不赞成张君劢参与实际政治活动。唐君毅论述中国文化，并没有直接铺散开来说，而是注重阐发文化背后的道德理性基础，分析中国哲学的内涵与源流。在刘述先看来，这一方法路径，“由内圣以至于外王，由宋明儒一直到当代熊先生，所继承的正是这一脉相承的线索”[④]。唐君毅曾受教于熊十力，其哲学思想的根本观念也源自熊氏。正是在熊氏的指引之下，唐君毅从伯格森等人的西方哲学回归了儒学传统。他自陈“于人生道德问题有所用心……遂知人之有其内在而复超越的心之本体或道德自我……同时对熊先生之形上学，亦略相契会。时又读友人牟宗三先生《逻辑典范》，乃知纯知之理性活动为动而愈出之义，由此益

① 韦政通：《感恩与怀念：唐君毅、牟宗三、徐复观和殷海光四先生对我的影响》，载《深圳大学学报（人文社会科学版）》2011年第3期。

② 刘述先：《黄宗羲在思想史上的贡献与地位》，载景海峰编：《儒家思想与现代化——刘述先新儒学论著辑要》，中国广播电视出版社1992年版，第151页。

③ 刘述先：《黄宗羲在思想史上的贡献与地位》，载景海峰编：《儒家思想与现代化——刘述先新儒学论著辑要》，中国广播电视出版社1992年版，第151～152页。

④ 刘述先：《文化与哲学的探索》，吉林出版集团有限责任公司2011年版，第231页。

证此心之内在超越性、主宰性。十年来与牟先生论学甚相得，互启发印证之处最多”[①]。从唐君毅的这一番话可以看出，在他的自我认识中，他的学问继承了熊十力的方向，与牟宗三极为相像。唐君毅思想的基础是道德理性的建立，进而扩展到整个人生命存在的各个层面。在比较文化的视野中从世界其他文化传统中不断汲取灵感，总结出了存在于心灵由浅入深的九种境界，遂而建立了一套深奥贯通的哲学系统。[②]

（二）社会实践的导向

通观新儒家学者的思想言说，就其政治哲学而言，在这种哲学解释与建构导向的背后同时还存在一个社会实践的导向，也许他们意识到，“形而上学的迷恋无法通约于政治领域，最后还可能被排斥在政治领域之外”[③]。这一研究进路由梁漱溟和张君劢开启，经由徐复观传承，并且得到了第三代新儒家的继承和发展，其思想理论呈现出别样的风采。

梁漱溟并不反对形而上学的进路，在他看来唐君毅关于当代新儒学的“所见还正确”[④]。他常常向人们表示自己不是一个学者，坦陈自己缺乏古典学术的功底，因为不认识外文，科学知识方面也有所欠缺。他“承认自己是一个有思想的人，并且是本着自己思想而去实行、实践的人”[⑤]，是一个能够做到独立思考、表里如一的人。梁漱溟有思想，但是他并没有努力去建构一个宏大的哲学体系，而是在文化比较研究的视域中表述自己的思想，然后在行动中付诸实践。艾恺将梁氏称为“最后的儒家”，而这一称呼因为梁氏的

---

① 唐君毅：《中国文化之精神价值》，广西师范大学出版社 2005 年版，自序 2～3 页。

② 唐君毅阐述的生命存在与心灵的九种境界依次为：作为对客观世界认知的觉他境的前三境——万物散殊境、依类成化境和功能序运境，作为对主体自我认知的自觉境的中三境——感觉互摄境、观照凌虚境和道德实践境，超越主客之分和超自觉的后三境——归向一神境、我法二空境和天德流行境（又名“尽性立命境”）。详细内容参见黄克剑编校：《中国现代学术经典·唐君毅卷》，河北教育出版社 1996 年版，第 36～42 页。

③ [英]提摩太·贝维斯：《犬儒主义与后现代性》，胡继华译，上海人民出版社 2008 年版，第 23 页。

④ [美]艾恺采访，梁漱溟口述，一耽学堂整理：《这个世界会好吗——梁漱溟晚年口述》，天津教育出版社 2011 年版，第 53 页。

⑤ [美]艾恺采访，梁漱溟口述，一耽学堂整理：《这个世界会好吗——梁漱溟晚年口述》，天津教育出版社 2011 年版，第 95 页。

自我肯认被学术界广为接受。梁氏的风骨、学问品格和人生实践无不彰显了这一点。“在近代中国，只有他一个人保持了儒者的传统与骨气。他一生的为人处事，大有孔孟之风：他四处寻求理解和支持，以实现他心目中的为人之道和改进社会之道。”[①]

梁漱溟的一生从事过很多职业。参加过革命，在国民政府司法部也曾任职，奔走于社会当过记者，独处书斋做过居士，更为我们熟知的是他曾经是著名的大学教授，而且发起了轰轰烈烈的乡村建设运动。然而，梁漱溟审视自己的人生经历，认为“实际上比较重要的是做社会运动，参与政治”[②]。梁漱溟搞乡村建设运动，起初在河南，然后转战山东。他试图从农村入手，建设一个新的中国。梁漱溟概括他的乡村建设运动，最重要的是把散漫的农民力量发动起来，其工作重点包括两个方面：一是建设社会组织团体，实现基层社会结构的重构；二是引进科学技术，推动农业和工业的现代化发展。他曾积极为国是奔走，促进国内党派团结抗日，先后成立了“统一建国同志会”和“民主同盟”。而梁漱溟建立党派的本意并不是在两党之外再树立另外一支力量，而是“想推动两大党团结抗敌，合作建国”[③]。国共和谈时期，他和居中调停的马歇尔有很多接触，试图推动国共两党达成妥协，进而促使中国的政局走向和平。所以，在他自己看来，他实实在在参与了许多政治活动，包括乡村建设运动在内的社会政治活动占据了他人生的很大一部分。[④]

梁漱溟一生都积极投身社会政治实践，除了他在新中国成立之前从事的乡村建设运动之外，新中国成立之后他也保持了这种一贯的作风。他经常和毛泽东见面、会谈，虽然这种会谈没有固定的话题，以“家常话”为主，梁漱溟还是很乐意参与。在他看来，通过这种交谈，他有两方面的收获。第一

① [美]艾恺：《最后的儒家——梁漱溟与中国现代化的两难》，王宗昱、冀建中译，江苏人民出版社1993年版，序言第4页。

② [美]艾恺采访，梁漱溟口述，一耽学堂整理：《这个世界会好吗——梁漱溟晚年口述》，天津教育出版社2011年版，第113页。

③ [美]艾恺采访，梁漱溟口述，一耽学堂整理：《这个世界会好吗——梁漱溟晚年口述》，天津教育出版社2011年版，第115页。

④ 参见[美]艾恺采访，梁漱溟口述，一耽学堂整理：《这个世界会好吗——梁漱溟晚年口述》，天津教育出版社2011年版，第103页。

是了解共产党的想法和做法，观察他们执掌国家政权之后的思路。第二，基于这种近距离的事实观察，洞察彼此之间的差异，为自己的进言、献策做些准备工作。[①]

在梁漱溟看来，宋儒更好地传承了孔孟之学，他自己也以陆王一派自居。提及陆王一派，他毫不掩饰自己对于王艮的好感。王艮出身低微，是一名工坊中的工人，其门人也多是一些出身普通的农工。他们讲授儒家文化，其中包含了更多的生活实践和对生命的感悟，而不仅仅是拘泥于经典中的道理。这种为学的方式，在梁漱溟看来，反倒是离儒学的本质、离孔孟之道的初心更近了。[②] 孔子所开创的并不是仅仅限于书本的学问，而是致力于实现生命自主自如的生活之学。

作为当代新儒家代表性人物之一，张君劢不仅仅是一位著名的学者，他作为民国重要的制宪者，参与起草宪法。1946 年，他成立了中国民主社会党，因此也是一名政党领袖。国民党兵败大陆之后退居台湾，只有两个在野的政党随国民党政府一同前往，其中一个是中国青年党，而另一个便是张君劢领导的中国民主社会党。1949 年之后相当长的一段时期内，岛内以“战时戡乱”为由实行“党禁”和“报禁”，这两个政党成为和国民党竞争仅存的政治力量。

从青年时期开始，张君劢就有志于中国的制宪事业。一方面，他广泛阅读有关宪法与民主政治的专著书籍，及时翻译其他国家最新制定的宪法并介绍到国内。另一方面，积极参与讨论或拟定“宪草”的社会活动。抗战时期，时局动荡，他明知制宪活动多数可能都是“有头无尾之局”，依然参加了宪政期成会和宪政实施协进会。抗战胜利之后，他参加政治协商会议，并参与起草宪法。[③] 张君劢考察了世界宪法史，总结出宪法的类型包括两种，即以人民为基本的宪法和圣君贤相之宪法。前者以英美宪法为代表，而后一种圣君贤相宪法的代表作有俾斯麦制定的德国宪法和伊藤博文制定的日本帝国宪法。[④] 两种类型的宪法相比较，特别是经过第一次世界大战的洗礼，张

---

① 参见[美]艾恺采访，梁漱溟口述，一耽学堂整理：《这个世界会好吗——梁漱溟晚年口述》，天津教育出版社 2011 年版，第 89 页。

② 参见[美]艾恺采访，梁漱溟口述，一耽学堂整理：《这个世界会好吗——梁漱溟晚年口述》，天津教育出版社 2011 年版，第 113 页。

③ 参见张君劢：《中华民国民主宪法十讲》，商务印书馆 2014 年版，自序第 1 页。

④ 参见张君劢：《中华民国民主宪法十讲》，商务印书馆 2014 年版，自序第 2 页。

君劢认为圣君贤相式的宪法未能经受住历史的考验，而以人民为基本的宪法因民众对政府的有效监督而实现了民众与政府的团结，反而有效地抵御了时代的冲击。基于历史的前车之鉴，张君劢认为制定以人民为基本的宪法，才能为国家和社会的长治久安奠定牢固的基础。刘述先视张君劢为新儒家哲学前辈，却坦陈与熊、牟和唐等学者比起来，张氏的哲学并不如他们深入。相反，张君劢的“作用是用到另外一面去”①，他接续了梁启超一派，创办并主持中国民主社会党，以知识分子的身份参与到政治活动中，其贡献亦不容忽视。

在第二代代表人物中，徐复观作为置身“学术与政治之间”的新儒家重镇之一，前半生纵身宦海，后半生提笔为学论政针砭时弊，成为新儒家学者群体中性格特显的人物。与同时代的牟宗三等新儒家学人相比较，徐复观的学术品格颇为不同。他坦陈，“我不是弄哲学的，根本无意形成自己的哲学系统”②，且其学问也没有什么哲学系统可言。他努力的目标在于重新认识中国文化，以挺立中国人的精神世界。

徐复观认为，注重现实生活世界而轻形而上学，历来是中国传统文化的一贯特征。他以《中庸》为例指出，《中庸》所开启的形而上学思考，最终却落脚在现实中人的身上。“《中庸》并不重视天的问题，而仅重视‘性’的问题。到孟子才明确指出道德之根源乃是人的心，‘仁义礼智根于心’……这不是逻辑推理所推出的结论，而是‘内在经验’的陈述……以后，程明道、陆象山、王阳明等都是从这一路发展下来的。”③在他看来，中国传统儒家文化虽不乏有关形而上学的思考，但是其最终落脚点都会回归客观的生活世界。基于个体生命内在的体验，对心性之学的感悟，成为个体生命挺立的基点。立足于心学的研究路向，徐复观指出：“中国文化最基本的特征，可以说是‘心的文化’……中国的心的文化，乃是具体的存在，这与信仰或由思辨所建立的某种形而上学的东西，完全属于不同的性格。”④

---

① 刘述先：《从学理层次探讨新儒家思想本质》，载景海峰编：《儒家思想与现代化——刘述先新儒学论著辑要》，中国广播电视出版社 1992 年版，第 275 页。

② 徐复观：《无惭尺布裹头归·交往集》，九州出版社 2013 年版，第 323 页。

③ 徐复观：《心的文化》，载《徐复观文集》第 1 卷，湖北人民出版社 2002 年版，第 35 页。

④ 徐复观：《心的文化》，载《徐复观文集》第 1 卷，湖北人民出版社 2002 年版，第 31～33 页。

就儒学义理而言，在当代新儒家阵营中，徐复观在哲学阐释和建构方面的造诣并不太高。但是，与其师友相较，他的考据能力却是最强的，他是当代新儒家学者中难得的既娴熟义理又精通考据的学者。对于徐复观的研究方法，牟宗三曾如此评价："有关于西周、春秋战国时代发展关键之诸大文，疏通致远，精辟入里，且有存在之实感，皆不朽之杰作，非徒泛泛无谓之考据也。其为考据也，必详核史实，即事以穷理，通理以解事。故观其文大体皆浃洽顺通，如情如理，而无刺谬不经之谈。"[①]徐复观尊重熊十力等人在开创哲学体系上所做出的努力，但他认为若以这种方式解读或重建儒学，毕竟对于儒学注重实践的本质有所歪曲，"凡是以阴阳的间架所讲的一套形而上学，有学术史的意义，但与孔子思想的性格是无关的"[②]。徐复观此处所谓"孔子思想的性格"，指代的就是传统儒学的学术品格。在他看来，由孔子开创的儒学，自其发端伊始，就始终关注现实生活，充满了实践的特征。

学术界已经有人注意到了徐复观思想的这一特质。徐复观消解形而上学的思想，走的是一条文史诠释的道路，他对熊十力和牟宗三等人重建形而上学提出了批评。李维武指出："徐复观这一思想实体现了现代新儒学的开展的另一种方向，即力图改变重建形上儒学所导致的现代新儒学与生活世界越来越远的疏离，开辟现代新儒学由抽象的形而上学走向现实的生活世界之路。"[③]徐复观没有脱离新儒家政治哲学整体的学旨，但是在研究方法和路径上却和熊十力、牟宗三等具有浓重哲学体系建构色彩的学者大不相同，为新儒家政治哲学的研究展现了一条新的路径。正如林安梧所总结的那样，当代新儒家诸学者都致力于"对中国文化传统的厘清及重新树立自家文化的伦理精神象征（ethicospiritual symbols）"，但是理论风格却有所不同，"张氏、徐氏强调经由政党政治去落实这个工作，梁氏则强调经由乡治运动去达成这个目标，而熊、唐、牟诸人则较着重理论的构造及创发"。[④]

---

① 牟宗三：《时代与感受》，载《牟宗三先生全集》(23)，（台北）联经出版事业公司 2003 年版，第 310 页。

② 徐复观：《儒家思想与人文世界》，载《徐复观文集》第 2 卷，湖北人民出版社 2002 年版，第 102 页。

③ 李维武：《开辟现代新儒学走向生活世界之路——关于徐复观消解形而上学思考的再思考》，载《孔子研究》2013 年第 2 期。

④ 林安梧：《儒学革命：从"新儒学"到"后新儒学"》，商务印书馆 2011 年版，第 42 页。

(三)第三代新儒家政治哲学的社会实践品格

就当代新儒家政治哲学的发展而言,无论是哲学解释的导向还是社会实践的导向,都得到了第三代新儒家学人的继承与发扬。虽然在哲学建构和分析上第三代新儒家学人也在做出自己的努力与贡献,但是总体而言,已经将研究的主旨放在社会政治实践层面。如果说前两代新儒家学人致力于"生命的气魄承当",那么第三代新儒家学人则更注重"理性的探求"。我们着重强调第三代新儒家政治哲学的社会实践导向,并不是说新儒家前辈学人的学问或者社会活动就完全缺乏实践性格。新儒家前辈学人对于儒学的践行也得到了极大的认可,林安梧就指出:"像牟宗三、唐君毅、徐复观三位学者,他们都是很好的学者,除了作为很好的学者,他们的实践性格其实比我们作为后起者都更显强烈。更早一点的梁漱溟、张君劢那就更明显了。"①

需要指出的是,新儒家前辈学人在诠释和发扬儒学时表现出的实践品格,多带有一定的宗教性,即通过自己的理想持守和价值遵循来发展儒学。而第三代新儒家在更为多元的理论视域下,他们在对儒学做出新诠的基础上更加注重传统儒学在现代社会的落实和践履。这是一种与自我坚守不太相同的社会实践的取向,他们在个人信念层面对儒学的崇奉比之前辈学人少了一些"教"的色彩,但是在推动传统儒学的现代发展时将更多的目光放在总体的生活世界之上。

牟宗三的去世,代表着当代新儒家一个哲学高峰的结束。对于新儒学而言,也意味着一个时代的结束。但是,这只是时代的转换,而不是终结,开启一个"后牟宗三时代"成为当代新儒家后学的责任所在。超越熊十力、牟宗三等人在哲学体系建构层面做出的努力,致力于社会政治实践层面儒学的发展,就成为新儒家政治哲学发展的关键。对此,刘述先指出:"当代新儒家哲学始于熊十力的形上学与宇宙论,这相当于濂溪之'元'。唐君毅、牟宗三似二程,奠定了这一门学问的基础,或者可以说是'亨'的阶段。能否有朱子、阳明一类的人物使之大行于天下呢?这里最关键的就是当代新儒家能

① 林安梧:《儒学革命:从"新儒学"到"后新儒学"》,商务印书馆 2011 年版,第 220 页。

否解决新外王的问题，而成功地应对现代西方文化的挑战。”[①]对于当代新儒家学术研究取向的变化，刘述先颇为认同余英时的看法，即由“尊德性”转往“道问学”的倾向。[②]

刘述先在《当代新儒家的探索》一文中选取了熊十力、方东美、唐君毅和牟宗三四位学者作为代表，对当代新儒家的思想要旨进行了概述。很显然，他所选取的四位新儒家学者在学问风格和研究路径上都比较偏重道德理性的阐发和哲学体系建构。刘述先在肯定了他们思想的意义与价值之后，也进行了一定的批评。作为第三代新儒家的代表性人物，刘述先自然认为儒家的心性之学在当代社会仍有其不可忽视的价值。但是，“心性之学一类的生命的学问历来缺乏善解，各凭主观体验，混说一通”[③]。无论是熊十力、唐君毅还是牟宗三，都未能避免这一问题。牟宗三立足道德理想主义所建构的哲学体系，不可谓不宏大，其所取得的成就值得肯定。但是，毫无疑问，“另外一方面也有一些瓶颈，他们还要突破，还要往前面走。我个人感觉，唐、牟他们关于致曲的过程，已经感受到这个问题，但应该怎么‘曲’，曲得够不够，恐怕很多地方照顾不到”[④]。所谓“曲通”，就是道德理性落实的问题，刘述先认识到了在社会政治实践的环节牟宗三等人的理论明显缺乏实际操作的可能性。总体而言，面对熊十力开辟的当代新儒家政治哲学中哲学建构的取向，刘述先认为他们在儒家道德理性和心性哲学的建构方面做出了巨大的贡献，但是在“外王”的层面，也就是在心性哲学如何落实到社会实践的环节，却存在巨大的缺陷。

林安梧对于当代新儒家政治哲学社会实践导向的思考，更加深入和系统。他对于新儒家的思想，从很早的时候就颇有“微词”。“尽管那时已经有些人将我视为新儒学派的承继者之一，但我对新儒学之特重‘形上理由的追溯’，而忽略‘历史发生原因的考察’一直是有所疑虑的；对于新儒学之特重

① 刘述先：《黄宗羲心学的定位》，浙江古籍出版社2006年版，第131～132页。

② 参见刘述先：《儒家思想的转型与展望》，河北人民出版社2010年版，第242页。

③ 刘述先：《文化与哲学的探索》，吉林出版集团有限责任公司2011年版，第237页。

④ 刘述先：《从学理层次探讨新儒家思想本质》，载罗义俊编：《评新儒家》，上海人民出版社1989年版，第220页。

‘意义的生发’，而忽略‘结构的契入’一直是期期以为不可的。”[1]他不太认同最初由牟宗三提出的儒学三期说，认为这一儒学的分期仍然“陷溺在宋明理学以道德本心论为主”的系统之中。他认为儒学三期说所暗含的道德本心论只是“一套诠释方式”，并不能构成一个完整的儒学，也很难说是儒学正宗。秉着对本质主义思维一贯的反对，林安梧认为这种对所谓“儒学正宗”概念的追求并不合理。单纯强调道德本心论的良知学，不仅忽略了儒学的经学和史学传统，“也忽略了整个中国经济史、社会史、政治史、文化史的整体理解”[2]。所以，林安梧认为对儒学的诠释和发展应该回归到历史社会总体之中去。

林氏认为，新儒家前辈试图通过对儒学的深入诠释实现“转化的创造”。但是这种转化以诠释的主体为核心，充满了主体主义和道德主义的意味，故将之称作“主体转化之创造”。这种“主体转化之创造”重点探究的是道德理想的意图，相较而言其在社会政治实践上的努力就弱了很多。“当代新儒学这一步的转出是真正面对道德主体之为何，而让出客观的知识世界也。”[3]基于这种反思，林安梧在《当代新儒家哲学史论》一书中总体概括并论述了当代新儒家诸学者的哲学思想，指出他努力的目标在于，经由理解、诠释乃至批判重建，“更进一步思有以落实的缔造；笔者希望这样的一个尝试能为当代的新儒学找到一崭新而可能的方向……惟愿当代新儒学之志业不只停当于形而上之保存，更有进一步之实践的开启也”[4]。因为，在林安梧看来，“任何一个道德或伦理都不只是抽象的原则，它必须在具体的生活中表现出来”[5]。由此可见林安梧思想的总体走向，他批判地继承了新儒家前辈的思想，并没有执着于在形而上学的道路上往前推进，而是试图在由形而上学到实践的环节上有所突破。在对当代新儒家进行批判的基础上，林氏提出了“后新儒学”的设想。他对当代新儒家前辈政治哲学的批判，可谓切中要害。

---

① 林安梧：《道德错置——中国政治思想的根本困结》，（台北）台湾学生书局 2003 年版，序言第 3 页。

② 林安梧：《儒学革命：从“新儒学”到“后新儒学”》，商务印书馆 2011 年版，第 283 页。

③ 林安梧：《儒学革命：从“新儒学”到“后新儒学”》，商务印书馆 2011 年版，第 261 页。

④ 林安梧：《当代新儒家哲学史论》，（台北）明文书局 1996 年版，序言 8～9 页。

⑤ 林安梧：《论语——走向生活世界的儒学》，（台北）明文书局 1995 年版，第 109 页。

他指出:“当代新儒家的方法学仍有‘独我论’(solipsism)的倾向,它往往忽略了外在客观制度结构,或者将此外在客观制度结构收摄到个人内在心灵领域去处理。更简单地说:它太注重了‘意义’(meaning)而忽略了‘结构’(structure)……从当代新儒家面对问题、思考问题的各个面向看来,可知它极为注重‘形上理由的追溯’,而忽略了‘历史发生原因的考察’。”①所以林氏在其“后新儒学”的构想中更注重社会政治实践环节的展开。他反对经由形而上学的建构推演出民主政治,而主张在一个自由多元的民主政治框架下实现儒学的现代转化。

杜维明作为第三代新儒家最为知名的学者,近年来一直致力于儒学阐扬和传播。他对于儒学的诠释,不重体系的建构,而是大力推动儒学与其他文明的对话和交流。杜维明宽阔的国际视野为新儒学的发展开拓了更广阔的领域,因而也被视为儒家的“宣传者”“扬声器”②。他对于“工业东亚”的重视和研究,更是扩展了当代新儒学的论域,也代表了新一代新儒家学者对现实社会挑战的回应。杜维明之所以被视为当代新儒家的代表,是因为他仍然在继承和坚守前辈开创的心性之学,只不过他所提出的实现心性之学的路径与其前辈多有不同。他认为,儒家关于社会发展的“最高理想并不是脱离现实的乌托邦。相反地,儒家心性之学的起点和终点,都必须落在当前的凡俗世界(secular world)……通向心性之学的道路决不能跨越这些具体的层面”③。对于近年来当代新儒学发展所取得的成就,成中英指出:“自2006年来儒学从各种方向进行复苏,所立名目,不一而足。我认为最大的成就就是儒学的平民化与民间化。”④对儒学民间化发展方向的肯定,体现了成中英对于新儒学实践导向的认同。

总而言之,在第三代新儒家的观念中,儒学不应该仅仅停留在形而上学的义理层面。正如杜维明所言,“儒家论学的重点不在思辨而在实践,这虽然并不表示儒学没有思辨性,但却明显地指出儒者的思辨绝不是独立于内

① 林安梧:《儒学革命:从“新儒学”到“后新儒学”》,商务印书馆2011年版,第26页。
② 杜维明:《体知儒学:儒家当代价值的九次对话》,浙江大学出版社2012年版,第6页。
③ 杜维明:《儒家心性之学》,载《杜维明文集》第1卷,武汉出版社2002年版,第168页。
④ 成中英:《新觉醒时代:论中国文化之再创造》,中央编译出版社2014年版,第84页。

在体证之外的哲学戏论"[①]。儒学在新时期的发展应该更多地融入民间社会,在社会实践中不断拓展新的生存和发展空间。当代新儒家的前辈在形而上学层面多有贡献,他们重塑了道德主体,以对道德理想主义的追求来克服时代转折导致的意义危机。这种通过"形而上保存的方式"发展儒学的方法,得到了第三代新儒家的肯认。他们在此基础上指出:"非常重要的是它必须要落实在整个历史社会总体间,作为一个实践的开启,这方面当代新儒学到目前为止,虽然意识到这个东西的重要性,但没有恰当展开。"[②]而这一广阔的社会政治实践领域,就成为第三代新儒家努力的方向所在。

---

① 杜维明:《体验边缘的问题》,载《杜维明文集》第1卷,武汉出版社2002年版,第158页。
② 林安梧:《儒学革命:从"新儒学"到"后新儒学"》,商务印书馆2011年版,第286页。

第二章　对儒家传统政治观和新儒家政治思想的认知

"如要解决政治问题，便要根据政治的传统，要解决科学的问题，便要根据科学的传统，其他一切皆然。"[①]当代新儒家向来是一个注重传统的学派，对于中国传统政治的认知，构成了当代新儒家学者思考中国政治发展的历史起点。基于对传统君主政治的批判和反思，他们辨析了君主政治对儒学精神的扭曲，进而对所谓"儒学真精神"和被君主政治异化的政治化儒学进行了区分。第一代和第二代新儒家学者对于中国政治传统和政治现代化转型的研究，构成了第三代新儒家学者进一步思考的基础。一方面，从第三代新儒家学者对前辈学人政治思想的研究中，我们能看到明显的继承痕迹。另一方面，第三代新儒家对于前人批判式的超越，才是我们更愿意看到的儒学的新发展。

一、对中国传统政治的认知

如果说当代新儒家前辈学人对中国传统政治多少还怀有一些温情和敬意的话，第三代新儒家对传统君主政治的认知则更加冷静、客观。他们毫不犹豫地将传统君主政治视为"专制独裁""专制政体""皇帝专制""宰制性政治"，并对之展开了深刻的批判。其中，林安梧认为中国传统政治的根本困

① 牟宗三：《时代与感受》，载《牟宗三先生全集》(23)，(台北)联经出版事业公司 2003 年版，第 293 页。

结在于“道的错置”，这一观念不仅系统，而且深刻，在第三代新儒家对中国传统政治的批判中颇具有代表性。

（一）“道的错置”

林安梧将中国传统政治的根本困结总结为“道的错置”，这构成了林安梧审视中国传统政治的核心概念，他从这一概念出发对中国传统政治思想和专制政治制度展开了深刻的批判。

林安梧指出，中国传统社会的性质是乡土性的，所以构成这种乡土社会结构的是“血源性的自然连结”①，即共同生活在一个乡土社会中的个体凭借自然繁衍生成的血缘关系而建立社会连结。以“血源性的自然连结”作为基本构造方式的中国社会，它的伦理当然是从家庭开展出去的，儒家将这种伦理道德深化为仁义之道，就在“血源性的自然连结”基础上建立了“人格性的道德连结”②。这两种连结代表了一种社会关系的两种不同表达，“血源性的自然连结”停留在生物学及社会学的层次，而人格性的道德连结所强调的是心性论和存在论的层次。在先秦儒家先贤看来，“血源性的自然连结”和“人格性的道德连结”二者结合在一起所形成的实践，足以抗衡现实政治运作。但是，“以‘血源性的自然连结’为最基本的样式，并没有一独立个性的个人，而且一切存有亦无一彻底而孤离开来的客观性；一切都在主体的互动与消融之下，连结为一体，无可分，亦不可分”③。而儒家所着重强调的“人格性的道德连结”的作用又十分有限，于是“宰制性的政治连结”成为控制一切的核心，而政治权力的强大功用，也把“人格性的道德连结”异化为一切宰制之合理化即合法化的基础。至此，父、君和圣，构成了传统政治文化的核心概念和具有最高价值位阶的政治符号与象征。秦汉施行帝制以后，“君父”“圣君”就成为中国政治文化传统惯常使用的表达。“君父”意味着中国人最基本的自然连结网络已经彻底被专制政治权力异化，而失去了基本的独立性。而“圣君”则代表了君主代替圣人而成为体现道的载体，专制政治将道收入

① 林安梧：《道的错置：中国政治思想的根本困结》，（台北）台湾学生书局2003年版，第47页。

② 林安梧：《道的错置：中国政治思想的根本困结》，（台北）台湾学生书局2003年版，第50页。

③ 林安梧：《道的错置：中国政治思想的根本困结》，（台北）台湾学生书局2003年版，第51～52页。

自己的"庭院"之内而为自己的政治统治提供合法性与合理性证明,"因而使得所谓的'圣君'异变成'君圣'……在这种情况之下,'人格性的道德连结'不但未能成为主导性的优位地位,而且成了'宰制性政治连结'的阶下囚"[①]。儒家王道政治的理想目标是"道高于君",即在价值层面君主政治的一般原则高于君主个人。[②] 但是君主政治的现实运作却表现为君体现道,甚至是君高于道,君主及其掌控的绝对政治权力凌驾于道义之上,而在运行中难以受到实质性约束,这就是所谓"道的错置"。林安梧将其总结为,"以'宰制性的政治连结'为核心,以'血源性的自然连结'为背景,以'人格性的道德连结'为工具而形成了一个庞大的一体化结构"[③]。在这一结构中,君主成为一切价值的依归和根源。

那么,如何才能走出这种"道的错置"所导致的宰制性的政治连结困境呢?林安梧认为,社会经济的发展,尤其是现代工商业的发展,会改变传统的自然社会连结,"血源性的自然连结"及其带来的小共同体内的种种限制都将不复存在,继之而来的是现代市场经济条件下催生的"契约性的社会连结",它将法治而非伦理道德视为社会发展的基础。林安梧指出,台湾地区历经改革,在这一方面已经有了极大的改变。如此,"才可能瓦解长久以来作为整个中国人心灵的金字塔顶那个'宰制性的政治连结'体的最高权力的掌控者,才可能建立起一'委托性的政治连结',如此才可能进到所谓的民主政治"[④]。在这一解构的过程中,"血源性的自然连结"并不会完全瓦解,而是被有效地限制在家庭领域内。而"人格性的道德连结"所阐发的"道德思想的意图"则会在政治转变的过程中扮演"接榫的过渡"的角色。林安梧强调,这种道德意图只是一种过渡阶段的存在,一旦建立新的社会结构,就会确立新的"心源动力",即新的伦理道德规范。

对于儒家政治文化中"圣王"这一人格存在在现实中的颠倒,杜维明也有类似的看法。在儒家思想的话语体系中,一个在伦理道德修习层面获得巨大成就的人,才能获得民众的广泛支持和认可,以此获取政治权力而引领

---

① 林安梧:《道的错置:中国政治思想的根本困结》,(台北)台湾学生书局 2003 年版,第 53 页。

② 参见葛荃:《权力宰制理性》,南开大学出版社 2003 年版,第 234 页。

③ 林安梧:《道的错置:中国政治思想的根本困结》,(台北)台湾学生书局 2003 年版,第 54 页。

④ 林安梧:《道的错置:中国政治思想的根本困结》,(台北)台湾学生书局 2003 年版,第 60 页。

天下苍生百姓。这个论证逻辑很清晰,“圣在王先”。只有先在伦理道德领域成为圣贤,才构成执掌权柄以王天下的前提。然而,历史事实却并不是按照这种理想展开的,“他们把‘圣王’的理想颠倒过来,歪曲成了‘王圣’的理念”①。杜维明将儒学本质精神发生的这种转变描述为“政治化”,是它脱离了道德伦理和学术应有的逻辑而被政治权力扭曲,以至于在以君主为最高权威的政治权力面前,儒学走向了无奈的矮化。②

面对这种中国传统政治观念,林安梧毫不讳言,“父权意识,家长制的高压与垄断及其所伴随之道德崇高,造就了一个‘拟上帝的宰制型伦理’,它深入到每一个人的生命之中,成为迫压他人及被迫压的奇怪组合”③。林安梧从“道的错置”这一概念出发,对中国传统“宗法封建与君主专制”④的社会结构展开的批评激烈而深刻。启良作为学术界较早对新儒学展开批判的大陆学者,对这一问题的认知与林安梧可谓有异曲同工之妙。他指出,儒家政治哲学的悖论在于,本想要用文化秩序规范政治秩序,但是最后却变成了政治制约规范文化秩序。所以,其严重后果主要表现为以下几个方面:“有德者王”变成了“王者有德”,“以道压势”变成了“道势一体”,“以民为本”变成了“以吏为师”,贤人政治变成了吏治腐败。⑤ 当代新儒家一向主张对中国历史文化抱持一种温情的态度,但是面对传统君主政治,第三代新儒家批判的态度非常明确。在批判传统君主政治这一点上,林安梧、杜维明的观念能够和批判当代新儒家的学者站在同一个角度和立场,实则体现了当代新儒家对传统政治观念认知的巨大进步。

(二)缠绕的权利与义务观念

林安梧所抨击的“道的错置”,是从宏观的视角出发来考察儒家道德理想与君主政治的关系。而刘述先指出,就儒家思想传统本身而言,“传统儒

---

① 杜维明:《新加坡的挑战:新儒家伦理与企业精神》,高专诚译,生活·读书·新知三联书店2013年版,第38页。

② 参见杜维明:《儒学第三期发展的前景问题:大陆讲学、答疑和讨论》,生活·读书·新知三联书店2013年版,第10页。

③ 林安梧:《儒学革命论:后新儒家哲学的问题向度》,(台北)台湾学生书局1998年版,第74页。

④ 林安梧:《儒学革命:从“新儒学”到“后新儒学”》,商务印书馆2011年版,第225页。

⑤ 参见启良:《神圣之间:中西政治哲学比较研究》,湘潭大学出版社2010年版,第43～57页。

家的另一个严重的问题是，过分强调道德伦理的单项发展，以至压抑了其他方向发展的可能性”[①]。第三代新儒家认为，当这一问题投射在政治领域，就表现为个体政治权利难以彻底彰显。成中英指出，在儒家德性政治的规定性之下，个体的权利和义务完全缠绕在一起，个体的主体性被共同体湮没。传统君主政治就这样在儒家政治思想的影响之下扼杀了人权的概念，以至于中国传统社会自始至终没有产生独立的人权观念。

成中英认为，孔子虽然肯定基本的人权，但是在事实上并未建立全面的人权观念，而且孔孟也没有提出“一套具体实践人权的方法”。[②] 他们都是通过人性来肯定人权，认为人不仅在本性上而且在道德修习层面上都是平等的。所以，礼由统治者对自我的约束逐渐普及于全体人民，成为规范各阶层基本人际关系的准绳。这其中隐含了对人的价值和潜能的肯定，也就是对人权的尊重。但是，对于人权观念的具体内容，孔子并没有确定一个清晰的观念秩序。从这一基本人权观念出发，孔子将人权落实的目光投向了政府，认为只有德性高尚的君子掌管的政府才能给民众带来良好的社会秩序和生活。成中英指出，在孔子的观念中，人权实现的关键在于庶民、富民和教民。孟子对这一问题的认知并没有超越孔子，无非是在孔子的基础之上提出了一个相对较为详细的福利国家理想。显然，鼓励或者要求君主通过道德修习提升自己的德性，以所谓“仁政”保障人民的生活水平，并不能算作实践人权的有效手段。所以据此观之，“孔孟的政治理论，其内涵虽然求得保证民生的权利，但仍不能言其必是民主思想。人民并非自觉地从行动或文字上去肯定人权。如果人权要被承认，人权仍有待具有良知的君主去承认”[③]。

在成中英看来，原始儒家的政治理想兼顾了君主和人民的平衡，而后世以“法”代替“礼”、主张加强社会控制的法家代表了一种倒退的逆流。对于这一问题，刘述先也持类似的观点，他指出在法家思想影响下确立的儒表法里的局面，实在是中国政治思想的一大恶劣转折。春秋战国，百家争鸣，儒

① 刘述先：《论儒家“内圣外王”的理想》，载景海峰编：《儒家思想与现代化——刘述先新儒学论著辑要》，中国广播电视出版社 1992 年版，第 12 页。

② 参见成中英：《新觉醒时代：论中国文化之再创造》，中央编译出版社 2014 年版，第 465～467 页。

③ 成中英：《新觉醒时代：论中国文化之再创造》，中央编译出版社 2014 年版，第 467 页。

家思想因其难以实现的人文理想在和法家的竞争中遂而失败，后者获得了争夺和指导政治权力的胜利。“更可惜的是当儒家在汉代公元前136年终于正式成为统治意识形态之时，又被君主基于私益所采纳利用，人们却亦不之(知。此处疑误，故改——引者注)何故地，没有组织起来去找寻新的‘政府传承’(governmental succession)的模式。”①从秦朝建立大一统帝国一直到晚清，传统中国经历着漫长而又复杂的变迁。但是，在政治文化的层面却始终没有跳脱出君主政治的窠臼而有本质上的变化。无论朝代如何更替，无论设计得多么美好的王道政治或“仁政”，最后都将立足点和祈盼放在了圣君明主身上。人民的个体权利不仅湮没在群体之中，即便这种群体权利也有待圣君、清官或儒家士大夫的肯认。

成中英首先总结了传统社会阻扼个人权利彻底觉悟的种种社会因素。在一个以农业为主历史悠久的社会中，生性驯服的农民为主体的民众对于君主政治权威持一种被动接受的态度，他们早已习惯了专制政治的压迫，以至于逆来顺受而难以“架构批判和抗辩的理由”②。同时，时常存在的外族入侵，让中原政权时时处于危机之中，这种不正常的紧张状态赋予了专制君主及其官僚更大的权力和自由，而人民的权利自然就被压抑。就经济基础而言，“这种以仁君贤士去关心人民幸福的信念，假定了人民个人无权拥有土地，土地为公家所主并由公家分配之理念……自然阻止了或最低限度减弱了个人土地私有权作为个人人权的基础”③。即便是后世出现了诸如黄宗羲和王夫之等颇具抗议精神的儒家士大夫，他们所秉持的人权观念仍然属于和前人类似的集体人权(collective rights of people)，而很难说是现代意义上的个人的人权(rights of individual)。

除了社会和经济原因，为什么在儒家思想漫长的影响之下中国的政治文化中“仍然没有一种独立意义上的人权观”④？成中英从思想观念的角度辨析了儒家思想中权利与义务的缠绕。儒家关于人的本质界定是道德的不断发展和实现，所以为政者统治的目标就是为个人和社会的道德发展提供

① 成中英：《新觉醒时代：论中国文化之再创造》，中央编译出版社2014年版，第467页。

② 成中英：《新觉醒时代：论中国文化之再创造》，中央编译出版社2014年版，第469页。

③ 成中英：《新觉醒时代：论中国文化之再创造》，中央编译出版社2014年版，第469页。

④ 成中英：《新觉醒时代：论中国文化之再创造》，中央编译出版社2014年版，第478～479页。

有力的支持。一方面，对于统治者而言，移风易俗提升民众的道德水平是他们不可推卸的责任，而劝课农桑发展生产作为富民的手段也是题中应有之义，这些都构成了统治者的义务。另一方面，“统治者根据统治来界定他的身份，这意味着他的义务也是权利”[①]。当统治者的利益和普罗大众的利益相一致的时候，在道德使命的感召下，统治民众的责任同时也就被视为一种理所当然的权利。而对于深受儒家文化影响的广大民众而言，一旦其道德自我实现的需求进入统治者的视野，在如何实现自我道德发展这一问题上，因为有统治者的倡导和支持，个体所要关心的就不再是自身的权利何在，而更多地去思考自己应该尽怎样的义务，才能与官方的政治行为相匹配。“由于社会与共同体的集体经验已经淹没了个人的经验，所以，个体生命的实在已经被这些关心所统治，即维护人与人之间的关系以捍卫人在社会和共同体中的地位……自我首要的、直接的关心的美德，因为美德被认为是人的内在和谐（精神态度）与外在和谐（制度）的动力，所以，它们以义务的形式而不是以权利的形式呈现出来。”[②]在儒家“修齐治平”的理想中，道德修习作为整个活动的起点，所有关于美德的追求都被内化为心灵深处的义务。美德成为一种义务，并不仅仅是为了保护个体的权益，而是在不断塑造个体以调适其与社会的关系，进而实现社会的和谐。所以，不论是对于统治者还是普通人而言，在儒家文化笼罩下的政治情境中，权利和义务始终纠缠在一起，甚至美德作为义务的观念完全取代了个体权利的诉求，独立意义上的个体权利观念自然无从谈起。

因此，面对传统文化中个体权利的窘境，成中英又对比了欧美国家历史上出现的诸多大宪章和人权宣言，继而坦陈：“在传统中国历史中，从未产生过明确的‘西方式人权宣言’。”[③]辛亥革命虽然推翻了帝制，建立了共和政体，但是由于时局波动和根深蒂固传统观念的影响，对于个体权利的确立也没有太多实质性的举措。成中英认为，一直到 1947 年国民政府颁布《中华民国宪法》之后，才清晰地规定了人权的具体内容，也确立了中国可以与西方人权宣言比肩的人权法案。

---

① 成中英：《新觉醒时代：论中国文化之再创造》，中央编译出版社 2014 年版，第 478 页。

② 成中英：《新觉醒时代：论中国文化之再创造》，中央编译出版社 2014 年版，第 479 页。

③ 成中英：《新觉醒时代：论中国文化之再创造》，中央编译出版社 2014 年版，第 458～459 页。

儒家文化较早萌生和发展的道德理性，经由诸子的阐述，达到了相当高的水平，不可置疑的是其中蕴含了对人的主体性的彰显。儒家文化较早地摆脱了原始宗教精神的束缚，将天道与天命由神秘莫测的宗教领域降落到人的心灵当中，人取代神而成为社会认知和人类价值建构的主体。但是，在一个注重社会网络建设的社会，个体的存在由复杂的人际和道德连结来界定，人的个体性却并没有得到应有的显现。在一个缺乏对个体主体性保障的政治环境中自然无法建立完善的个体权利观念。显然，这一观念在传统中国社会传承日久，其影响极为深刻，一直到共和时代民主政治制度的建立，伴随着社会政治经济的逐渐发展和演变，才将其逐渐打破。

（三）传统专制政治批判

通过第三代新儒家对中国传统政治的分析可见，他们认为传统君主政治在宏观层面走不出独裁专制的窠臼，在微观层面亦陷溺于道德理想的追求而发展不出个体权利的观念。所以，对中国传统政治只有加以深刻批判，才有可能在“破”的基础上而有所“立”。第三代新儒家对传统君主政治的批判，可以总结为以下几个方面。

第一，传统君主政治扭曲了儒家民本政治的构想，在现实中逐渐走向皇权专制。刘述先认为，先秦时期诸子构想的是一套民本政治的理念，诸学派的理想多有相似，其中以孟子最具代表性。他们祈盼“圣君贤相以身作则，教化庶民，上行下效”[①]，以达成理想治世。作为一种政治理想，民本思想虽祈向美好，却在现实操作中遭遇曲折。后世儒家思想发展，至荀子提出“性恶”一说，“开启了一条走向专制独裁的线索”[②]。如果说荀子只是为这种“专制”政治提供了理论线索的话，那么其弟子韩非提出的法家思想则确立了“统治者至高无上的权威”。刘述先认为，后世经过两次关键转折，中国的现实政治最终由民本政治构想演化成权谋政治。中国政治思想发展的转折首先表现在，在法家思想的助力之下，秦朝建立大一统政权并确立“秦政”。从此，刑赏成为统治者控制天下的手段，人民也就成为其实现统治利益的工

① 刘述先：《文化与哲学的探索》，吉林出版集团有限责任公司2011年版，第267页。

② 刘述先：《文化与哲学的探索》，吉林出版集团有限责任公司2011年版，第268页。

具。中国政治思想的又一次转折，是在汉代独尊儒术之后。董仲舒提出的“三纲”之说，为君主政治提供了合法性证明，明确了“君臣大义”，为后世沿袭。从此，在中国传统政治中，“‘天王圣明，臣罪当诛’一类的奴才思想深入人心，伦理对待的思想式微”[①]。至此，民本的政治构想因现实的扭曲终究难以落实，儒表法里的政治思想牢牢确立。

林安梧以“血缘性纵贯轴”为核心概念，对中国传统社会政治结构展开了深刻的哲学反思。他首先分析了“血缘性的纵贯轴”的缘起。从生活世界所涵盖的五伦开始阐释，他将五伦的父子、君臣、夫妇视为三个基元，而将兄弟、朋友关系视为两个辅元。经由这一分析框架，他指出血缘性的纵贯轴是由血缘性的自然连结、宰制性的政治连结、人个性的道德连结构成。这三个不同面向的连结，构成了中国传统社会的三个主要部分。从儒学的角度加以审视，它们相互交织，难以分离。就历史进程而言，林安梧指出，中国社会由部落王权而发展到普遍王权，再由普遍王权转而为绝对皇权，中国历史悠久的皇帝专制指的就是这种绝对皇权。儒家的政治理想曾希望通过对普遍王权的约束和调适而发展出一种相对完善的道德王权，并因之而实现民本的政治理想。可惜的是，由于历史社会总体从秦汉走进了绝对皇权的阶段，因此道德王权只能无奈地沦为一种向往与理想的追思而已。[②]

由于君主专制高张，宰制性的政治连结为社会连结的首位，儒家所强调的人格性的道德连结反而成为工具，这便造成严重的扭曲与异化，即是前文所谓“道的错置”。在儒家的政治理想中，道之为道，原是社会群体所共享的，它构成了存在、价值的最后根源与最高归趋。但是在君主专制统治之下，由于宰制性的政治连结独大控制了整个社会的方方面面，这便使皇帝成了“道”的实际握有者。道一旦掌控在专制君主手里，血缘性的纵贯轴便成了宰制性的纵贯轴，原来根源性的伦理便转而为顺服的伦理，民众在专制政治掌控之下除了顺从之外别无选择。[③]

---

① 刘述先：《文化与哲学的探索》，吉林出版集团有限责任公司 2011 年版，第 269 页。

② 参见林安梧：《儒学与中国传统社会之哲学省察——以“血缘性纵贯轴”为核心的理解与诠释》，学林出版社 1998 年版，第 13 页。

③ 参见林安梧：《儒学与中国传统社会之哲学省察——以“血缘性纵贯轴”为核心的理解与诠释》，学林出版社 1998 年版，第 13～14 页。

第二，传统君主政治因其统治结构而带来的稳定性，使其在千百年的历史中处于停滞状态。刘述先指出，中国传统政治表现出一种极为稳定的均衡状体，但是在消极意义上来说，也可以将其理解为一种停滞状态。中国传统政治结构延续的基础之一，是一套完备的官僚政治系统，它具有极强的社会整合能力。一方面，它能够有效地从社会上汲取各种社会资源，为君主政治统治提供物质基础；另一方面，它能够经由儒家的教化之道将君主政治的统治意志充分贯彻到基层社会，实现对大一统国家的掌控。儒家一方面被塑造为维护王权统治的政治意识形态，另一方面也形成了自己的"一套制衡的机括"①。所以，传统君主政治在历史上的大多数时期内都表现为一种"均衡状态"，故有很多学者将其称为"开明君主制"。传统政治表现出的这种均衡状态，其积极的一面在于为民众的生活提供了基本的制度保障，创造了悠久的农业文明。而其消极的一面在于，在传统君主政治的框架内，儒家始终"没能成立一个完成其道德理想的政治结构，而又不能冲破专制政体所造成的枷锁，因而只能在业已完备的官僚结构中进行有限的转化"②。在两千多年的历史上，传统君主政治始终逡巡不前，处于一种停滞的状态，直到西方列强用武力叩开国门才被迫有所转变。这种社会政治结构的长期停滞状态，对于一个民族的发展而言，实在是极大的不幸。

第三，从秦汉确立一直延续至清代的传统君主政治，不仅仅塑造了与其匹配的政治文化，也固化了民众的精神和心灵。对于专制政治在历史上长期的延续，成中英认为它会影响并塑造民众的政治心理。两千多年的专制政治轮回让普通民众接受了君主政治的文化价值理念和制度架构，而很难在任何超越的层次对其展开批判。正如王亚楠先生所指出的那样，"社会心理学告诉我们，同一社会事象的反复，会使我们的反应牢固地变成我们的第二天性"③。在传统的官僚君主政治结构之下，统治阶层通过对政治和文化资源的掌控而获得的巨大优越感，以及普通民众匍匐在王权之下形成的卑微的社会地位，经过长期的强化而附着、固定在精神和心理的层面，成为一

① 刘述先：《文化与哲学的探索》，吉林出版集团有限责任公司 2011 年版，第 271 页。

② 杜维明：《儒家的抗议精神——谈政治化的儒家》，载《杜维明文集》第 5 卷，武汉出版社 2002 年版，219 页。

③ 王亚楠：《中国官僚政治研究》，中国社会科学出版社 1981 年版，第 45 页。

种集体无意识。

第四，第三代新儒家对传统君主政治的批判，还表现在努力推崇和张扬儒家士大夫的批判和抗议精神。在杜维明看来，历代大儒早就展开了对中国传统君主政治的批判。只是这一政治传统，在一个由来已久的专制政治体制中难以得到广泛的尊重和认可。在他看来，无论是程颢、程颐、朱熹、陆象山为建立文化学统做出的努力，还是王阳明、王艮、李贽或者何心隐所代表的王学，都代表了儒家的抗议精神。[①] 正是有感于传统儒家学者对专制政治的批判，即便是在强权的压力之下也没有放弃对道德理想主义的追求，尽可能地发挥批判的功能。杜维明强调："真正的儒者是一个有道德勇气而且能发扬批判精神的知识分子。"[②]

不论是对专制政治的批判，还是对儒家潜在批判精神的一再肯认，第三代新儒家对君主政治的批判不可谓不深刻。对于中国古代传统政治，第三代新儒家已经摒弃了过往的浪漫想象和幽思怀古之情，他们的认知往往极为客观冷静。刘述先就认为，对于上古三代不必要有过分的赞誉。对于上古三代的历史，只是儒家学者的共识而已，其中多半掺杂了太多想象的成分。汉代之后依靠儒学作为官方意识形态而确立的政治统治，其本质无非是"阳儒阴法，王霸杂之"，实在是不宜过度美化。在刘述先看来，中国传统政治的本质，就是典型的君主专制统治，对于这个层面要展开严肃的批判。所以，面对中国传统政治，必须要分清楚理想的层面和现实的层面。在刘述先看来，"在朝廷政治的规模之下，一切的枢纽点在人君"[③]。第三代新儒家对中国传统专制政治的认知，与刘泽华先生提出的王权主义思想颇有类似之处。[④] 在王权主义的笼罩之下，整个社会政治生活的一切都在王权和官僚机构的掌控之中。和这种专制政治结构相伴而生的，是中国传统政治文化

---

① 参见杜维明：《三年的蓄艾——为纪念一位泪干丝尽的知识分子而作》，载《杜维明文集》第1卷，武汉出版社2002年版，137页。

② 杜维明：《三年的蓄艾——为纪念一位泪干丝尽的知识分子而作》，载《杜维明文集》第1卷，武汉出版社2002年版，137～138页。

③ 刘述先：《朱子哲学思想的发展与完成》，(台北)台湾学生书局1984年版，第545页。

④ 具体论述参见刘泽华：《中国的王权主义：传统社会与思想特点考察》，上海人民出版社2000年版，第2～3页。

的价值结构:君权至上、父权至尊和伦常神圣。[1] 儒家伦理向度的追求,最终却被政治权力所扭曲。

二、儒学基本精神与政治化儒学的判别

与新儒家的前辈学人相同,在第三代新儒家看来,儒学是一个复杂的理论体系。正如刘述先所言,“孔子思想中具备普遍性的成分和受时代局限的成分”[2]。杜维明就从历史和哲学两个角度来辨析儒学。他认为儒学作为一种历史现象,从“江湖之远”到“庙堂之高”都扮演着极为重要的角色。而在哲学的维度,“它又是一种生命形态、一种精神方向、一种哲学的人学,它有它内在的逻辑性,有它自己独特的范畴”[3]。这种不同层面,映射在政治领域亦表现为政治哲学的不同层面。一方面,儒家思想和传统君主政治互相缠绕,成为维系大一统帝国的主流意识形态。另一方面,儒家也强调对君主权力的规范和约束,总不乏秉持儒学理念的士大夫以德抗位展现出傲人风骨。所以,面对君主政治权力,儒学“表现出来的一方面是保守、妥协、不进步,但同时又不失其创建与向前突破”[4]。杜维明的这一认知并非个例,第三代新儒家对于儒学精神的判别基本上秉持了类似的看法。

(一)生活化与批判性的儒学

林安梧认为,传统是复杂的。在表层上它由一系列的言说论述构成,而在底层还存在着一个具有超越意义的维度,构成了传统的灵魂。因此,在他看来,“传统是多层次、多面向的;不是单层次、单面向的;当传统被误认为是单面向、单层次时,传统的诠释观点便出了问题”[5]。由这一观念延伸开来,他将儒学大致分为三个面向,即生活化的儒学(Lively Confucianism)、批判

① 参见葛荃:《中国政治文化教程》,高等教育出版社2006年版,第29页。

② 刘述先:《文化与哲学的探索》,吉林出版集团有限责任公司2011年版,第275页。

③ 杜维明:《儒学第三期发展的前景问题:大陆讲学、答疑和讨论》,生活·读书·新知三联书店2013年版,第7页。

④ 杜维明:《儒家的抗议精神——谈政治化的儒家》,载《杜维明文集》第5卷,武汉出版社2002年版,219页。

⑤ 林安梧:《儒学革命:从“新儒学”到“后新儒学”》,商务印书馆2011年版,第240~241页。

性的儒学(Critical Confucianism)和帝制式的儒学(Imperial Confucianism)。其中,生活化的儒学注重将儒家基本理念和精神融入社会日常生活之中,帝制式的儒学则强调维护皇权及其专制统治的最高权力地位,而批判性的儒学则主要针对"皇帝的心灵状态及专制成员的道德考察",在传统专制政治结构中,作为一种"伏流"而基本处于隐而不彰的状态。①

刘述先也持有这种观点。他指出,传统儒家思想极其复杂,只有在概念上进行分疏,才能展开有意义的讨论。他习惯性地将传统儒家一分为三:精神的儒家(spiritual Confucianism),即孔孟、程朱、陆王所代表的大传统,也是新儒家学者力求复兴的传统;政治化的儒家(politicized Confucianism),指董仲舒以来发展成为官方政治意识形态的传统;民间的儒家(popular Confucianism),是指在草根层面依然发生作用的信仰与习惯。② 在此之外,历史上还出现了所谓"制度的儒家"(institutional Confucianism)③,只不过它伴随着清朝的灭亡而走向了终结,已经不复存在。

对于儒学包含不同层次的问题,杜维明也有类似的论述。他认为儒学包括两个层面:第一个层面是作为"封建意识形态"的价值和观念。④ 第二个层面是社会共同体凝聚的文化认同,即代表着民族优秀传统的思想资源。而这一文化精神,有待作为群体的当代知识分子,通过批判地继承发掘其被历史隐藏的真知,而在当代社会重现它们的价值和意义。面对现实政治生活中的君主统治,儒家倡导道德理想显得空泛而乏力,一方面缺乏制度支持,另一方面在理论上始终逡巡于历史的长河中而难以前进。

批判性的儒学,即试图以儒家的道德理想来转化现实政治。在当代新儒家看来,儒学的这一面向虽然力量微弱,但是其精神源远流长,未曾断绝。杜维明认为,"先秦儒学的基本精神是政治抗议,是转化政治,不但独立于现实政权之外,而且以直接和间接的方式对现实政权提出批判"⑤。这一政治

---

① 参见林安梧:《中国近现代思想观念史论》,(台北)台湾学生书局1995年版,第2~4页。

② 参见刘述先:《儒家思想的转型与展望》,河北人民出版社2010年版,第198页。

③ 参见刘述先:《理一分殊与全球地域化》,北京大学出版社2015年版,第3页。

④ 参见杜维明:《儒学第三期发展的前景问题:大陆讲学、答疑和讨论》,生活·读书·新知三联书店2013年版,第5页。

⑤ 杜维明:《儒家的抗议精神——谈政治化的儒家》,载《杜维明文集》第5卷,武汉出版社2002年版,第215页。

抗议和批判精神，在孔子确立之后，经由历代大儒传承，构成了儒学不可忽视的本质主线。而这种抗议精神的传承，并不依赖置身官场的官僚，而主要是靠处于政治边缘的“独立自主的知识分子”。在杜维明看来，从先秦的孔孟，到汉代的董仲舒，魏晋的世家大族，宋代的周敦颐、朱熹、陆象山，明代的王阳明和王艮，清代的康有为、梁启超，无不用自己的思想和行动践行着儒家的抗议和批判精神。这其中争议较大的董仲舒，在杜维明看来，并非有意为汉代专制政权张目，而只是从自己的认知出发，构建了一套完整的政治形而上学。而这一套政治形而上学被君主利用而成为帝王之学，实非他的本意。对于后世传承的抗议精神，特显如宋儒者，在杜维明看来，“北宋的儒学是圣贤之学，是身心之学，是性命之学，而不仅仅是帝王之学”[①]。而历史上真正对儒学造成恶劣影响的，是那些阳奉阴违的法家，以及那些打着“儒家”旗号在实际政治运行中却推行法家政策的专制帝王。如汉武帝在表面上定儒学于一尊，但实际上却施行法家权术，断然不是真正尊重儒学。杜维明敬佩的是张载这种顶天立地的大儒，认为他们才代表了儒学的真精神。[②] 从杜维明的字里行间，我们不仅能读出他对先贤大儒抗议精神的敬佩，也能体会到他对儒学被君主政治扭曲而生的悲愤之情。

林安梧也认为应该将先秦儒家的真精神和专制政治扭曲下的儒家区别对待，他对这一问题的认知深受王夫之的影响。王夫之认为中国历史上“儒者之统”与“帝王之统”是并行的，它们之间是一种对列而存在的关系，并不是一种隶属关系。二者对列而存在，彼此相互独立，但是却有极为重要的关联。“其合也，天下以道而治，道以天子而明；及其衰，而帝王之统绝，儒者犹保其道以孤行而无所待，以人存道而道不可亡。”[③]即儒者之统不但可以独立于帝王之统而存在，而且可以为帝王之统提供政治合法性证成，它构成了帝王之统的超越指导原则。[④] 如果王权统治不能遵从道的基本原则，不能体现道的内涵，那么势必会导致严重的统治危机，即帝王之统的衰绝。但是，帝

---

① 杜维明：《儒家的抗议精神——谈政治化的儒家》，载《杜维明文集》第 5 卷，武汉出版社 2002 年版，第 221 页。

② 参见杜维明：《三年的蓄艾——为纪念一位泪干丝尽的知识分子而作》，载《杜维明文集》第 1 卷，武汉出版社 2002 年版，第 137 页。

③ 王夫之：《读通鉴论》卷十五，清《船山遗书》本。

④ 参见林安梧：《中国近现代思想观念史论》，(台北)台湾学生书局 1995 年版，第 57 页。

王之统的失败并不会影响儒者之统的存在，它作为一个独立的存在，会成为沉稳历史之流的道统。在林安梧看来，“儒家的原型是一孝亲的血缘式弱控制的家庭封建主义；而后来被法家化的儒家则成为一忠君型的宗法或强控制的父权帝国主义，这是极为不同的，这一点要区分开来，儒家才有新的希望”[①]。在君主政治所造成的“宰制性的政治连结”控制之下，儒学就丧失了自我发展的主体性，它的思考和论说结构就“转向了一个隶属性格局的思考结构”[②]。

在传统君主政治统治之下，儒家所倡议的批判性儒学精神往往难以实现而处于隐而不彰的状态，在刘述先看来，这有其原因。在一个君主政治时代，严格的君尊臣卑政治伦理结构之下，儒家政治理想有其难以化解的死结。在儒家学者的政治构想中，一切政治理想的实现都寄托在君主身上。但是现实政治生活残酷地向我们表明，明君圣主实在是少之又少。即便是政治环境再恶劣，儒家也要尊重君主的地位，面对“识量短隘”的君主，也要尽到自己劝谏的义务。这样一来，据理力争不仅不会在人君面前讨得欢心，而且往往会受到围绕在君主周围的既得利益集团的猛烈抨击。如此，在现实政治生活中，儒家学者势必沦为失败者，而被排除在主流政治结构之外。他们往往赢得了清誉，但却与现实政治权力渐行渐远。“传统知识分子之命运亦惨矣，而终不免于迂阔之讥……而心中信持理想主义的大儒，无论其实际能力如何，其命运必被摒弃在现实政治的主流之外，只能够抒发其思古之幽情，临风陨涕而已！”[③]在刘述先看来，也许传统儒家士大夫明知这一套真正的政治理想难以实现，但是他们在价值上还是选择坚守，这种对王道政治理想的追求对于现实政治确实会有一定的约束功能，即便是比较微弱，但是也不容忽视。“在朝廷政治统治下，只有维持一超越的理想，才能对现实政治产生一规约制衡的力量。如果在政治论上完全肯定出之于私心的家天下，则人君自可以为所欲为，而知识分子随着现实政治一路滚下去，真不知要堕落到怎样的田地。”[④]可见，对于儒门批判精神之所以隐而不彰，刘述先

① 林安梧：《儒学革命：从“新儒学”到“后新儒学”》，商务印书馆 2011 年版，第 267 页。

② 林安梧：《儒学革命：从“新儒学”到“后新儒学”》，商务印书馆 2011 年版，第 285 页。

③ 刘述先：《朱子哲学思想的发展与完成》，(台北)台湾学生书局 1984 年版，第 545 页。

④ 刘述先：《朱子哲学思想的发展与完成》，(台北)台湾学生书局 1984 年版，第 544 页。

的解读充满了同情和理解。

宋明儒学被视为儒学发展的一个高峰，但是在林安梧看来，这种只谈心性修养而回避社会实践的论说方式，在抗争君主政治时并无力量可言。它不仅仅是无力的，在某种程度上其义理结构与君主政治亦是同构的。“宋明理学之谈心性修养，正是在一强控制、父权的、高压的、宗法帝国主义下的同构、另一对立面的表现。这样的途径看起来是发掘了中国族群的心性根源，但骨子里其实是内敛(退避)到一形而上的玄奥之境中。”[①]显然，不同于新儒家前辈对宋明理学的高度推崇，从社会政治实践的角度出发，林安梧对于宋明儒者这种面对君主强权“退避”的态度和治学路径颇为不满。在他看来，儒学如果不对君主专制政治展开严厉的批判，不对自身的理论体系进行深刻的反思，就无法从“法家化”的状态中转折出来，也就无法寻找到自己的真精神。

如今伴随着时代的变迁，君主官僚政治解体，儒学的政治意识形态已然失去了它赖以依凭的制度基础。但是，杜维明认为，这并不代表着儒学的政治意识形态的彻底消亡，“在以农业为基础的经济、以家庭为中心的社会结构以及以新的形式改现的家长式政体中，仍然保持了它的根基”[②]。伴随帝制的消亡而趋于消散的只能是作为意识形态的儒学，而其背后所隐含的生活化和批判性的儒学则会迎来新的转机。这本身也反映了生活化儒学的活力所在，儒学的一些基本精神经过了时代的淘洗依然保持了一定的生命力，这也为儒学在当代社会的复兴提供了可能。

(二)政治化与宰制性的儒学

当代新儒家大都试图通过对儒学的重新诠释，发掘出历史之流中潜涵的儒学真精神。所以，他们对于传统儒学中和君主政治紧密依附的一部分毫不犹豫地加以批判。刘述先认为，“儒家的终极理想与民主政治并不互相违背”，只是面对君主政治的高压统治，历经转折而失去了自己的本来面目。

① 林安梧：《儒学革命：从“新儒学”到“后新儒学”》，商务印书馆2011年版，第267页。

② 杜维明：《多种现代性：东亚现代性涵义初步探讨》，载[美]塞缪尔·亨廷顿、劳伦斯·哈里森主编：《文化的重要作用——价值观如何影响人类进步》，程克雄译，新华出版社2002年版，第378页。

面对政治权力对儒学的扭曲，刘述先不无感慨地指出："中国传统的理想是要建造一个德化开放的社会，其实际却造成一种奴化封闭的思想，这真是一个莫大的讽刺。"[①]

对于中国传统社会儒学的异化，林安梧总结出这样一个环环相扣的"谱系"："由'道德的社会实践意识'滑转而为'道德的自我修养意识'，再滑转为'道德自我的境界追求'，而后再异化为'道德的自我矫饰'与'道德的自我休闲'，终而堕到以'道德的精神胜利法'而转为一'道德自我的蒙欺'。"[②]由是，中国人实现了从孔子到阿Q的转变，在精神上由坦荡的君子转而变为猥琐不堪的破落户，这实在是传统儒学的悲惨遭遇。儒学本身所具有的三个面向——生活化的儒学、批判性的儒学和宰制性的儒学，它们的地位和存在样态也发生了巨大的变化。自秦汉专制政治确立以来，宰制性的儒学就压抑了批判性的儒学，同时使生活化儒学走向异化。[③] 对于帝制传统下儒学呈现出的这一形态，林安梧认为从意识形态的角度出发，有必要展开深刻的反思。在林氏看来，儒学是"官方所依赖的、所立国的一个基础"，"它是跟整个官方的皇帝专制的政体，跟整个宗法封建的社会，跟整个小农经济的组织结构，它是结合在一块儿的……在这状况底下，儒家它依循着这样一个体制，在体制里展开它的力量"。[④] 显然，面对中国传统社会漫长的君主政治，儒学与专制政体相互纠缠在一起，自然难逃干系。

杜维明也一再强调，儒学有两条路线。一方面，儒学是一种生活方式，一种系统的伦理道德的形式。另一方面，儒学也曾作为政治化的意识形态而存在。在历史上，儒家思想不仅仅向我们描绘了一幅"玫瑰色画卷"，而且也呈现出极为阴暗的一面。儒家思想虽然是一个伟大的伦理道德构想，但是在政治权力的影响之下也曾"堕落到一种强制性的控制术"[⑤]。生活化的儒学和批判性的儒学，在很大程度上只不过沦落为一种理想的存在。在传

---

① 刘述先：《文化与哲学的探索》，吉林出版集团有限责任公司2011年版，第273页。

② 林安梧：《孔子与阿Q：一个精神病理史的理解与诠释》，载（台湾）《鹅湖月刊》1997年第4期。

③ 参见林安梧：《儒学与中国传统社会之哲学省察——以"血缘性纵贯轴"为核心的理解与诠释》，学林出版社1998年版，第161页。

④ 林安梧：《儒学革命：从"新儒学"到"后新儒学"》，商务印书馆2011年版，第220页。

⑤ 杜维明：《新加坡的挑战：新儒家伦理与企业精神》，高专诚译，生活·读书·新知三联书店2013年版，第37页。

统政治运作中，真正发挥影响和作用的是政治化与宰制性的儒学。儒学应该本着对道的遵从、对道德理想的追求，去转化和影响社会现实政治，但是，它没有充分发挥自己的批判性，却成为专制政治的附庸和帮手。

被政治化的儒家，失去了原始儒学的根本精神，遂而成为专制政治的统治工具。董仲舒基于“天人感应学说”而建立的政治形而上学，最后成为君主政治统治的“御用神话”。儒学一再标榜的圣贤“性命之学”，最后却变成了帝王之学。而纵观中国的考试科举制度，可以看到，儒家的学术在现实政治的压迫之下也沦为为专制政治服务的工具。杜维明认为，儒学能被政治化，依附现实政权而成为统治工具，并与政治权力形成一种微妙的关系，要从两个方面来理解。从正面和理想的角度而言，“许多以儒学为基本信念的知识分子，依附政权，甚至深入政治体系，目的是希望从内部来转化政治”①。但是，在现实层面不容否认的是，许多儒家士人怀抱着“学而优则仕”的理念，为了追求政治权力在官僚政治体系中投机钻营，而摒弃了圣贤理想和文化追求。历史上确乎存在的小儒、陋儒、迂腐之儒在实际政治生活中的斑斑劣迹，也极大地抹黑了儒学的形象。

杜维明深深意识到了作为意识形态的政治化儒家对现实政治的恶劣影响。“在高度政治化的儒家文化里，一旦圣王的政治观念得不到实现，整个社会实际上便被一个不受大众尊崇的领导阶层所垄断……当强制性的政治实体同时垄断了意识形态和道德控制的时候，其政治化对于社会和文化的创发力可能会造成极大的危害。”②杜维明这种批判，是和他对集权主义政治的批判相联系的。面对这一问题，杜氏提出的解决办法是实行社会专业分工，掌握政治权力的人行使权力的范围应该受到法律和道德的约束，如此才能合理控制他们对社会施加影响的范围。至于文化、宗教等社会领域，应该尽量地独立于政治权力而存在，只有在一个相对自由的环境中发展，才能获得生机。

儒学能够被政治化而成为一种宰制性的意识形态，到底遵循了怎样的

---

① 杜维明：《儒家的抗议精神——谈政治化的儒家》，载《杜维明文集》第5卷，武汉出版社2002年版，第217页。

② 杜维明：《新加坡的挑战：新儒家伦理与企业精神》，高专诚译，生活·读书·新知三联书店2013年版，第38～39页。

内在逻辑呢？成中英指出，古代中国人将天与人的关系视为一种近乎血缘的关系，并由此形成了关于人的形而上学。这种信念从中国社会政治秩序生成的早期开始就构成了中国政治父权制社会的基础。其发展的逻辑过程表现为，“首先产生了家庭的父权制，然后是父系氏族，最后是由许多异姓组成的父权制国家”①。庞大的父权制政治之所以成为可能，是因为礼代替了约束范围较小的家庭道德，进而使统治范围不断扩大，得以在更大的群体内建立稳定的政治秩序。在中国传统哲学中，德代表了天与人之间的形而上学统一，而礼则体现了统治者和广大民众之间形而上学的统一。所以，“无论在中国历史或中国哲学中，一个统治者所考虑的或者认为他自己首要的义务是，对天的义务而不是对人民的义务。天就是政治统治唯一的基础；在儒家看来，事实上的统治基础总是人民”②。这一传统在尧舜时期就早已确立，经过周文化和儒家文化的传承，构成了中国传统政治文化的深层基因而影响深远。所以在礼的体系中，君主政治统治社会的关键无非两点：一是践行美德，捍卫上至公卿贵族下至普通百姓都尊崇的礼仪规则；二是在物质生活层面为民众提供基本的生活保障。做到了以上两点，君主政治的统治秩序一般而言会十分稳固。所以，在中国传统政治思维中，民众福祉的达成有赖于统治者的积极表率和勤勉理政，圣王的统治是最佳的政治模式，因此民众的个体权利向来不是思考的出发点，也未曾占据突出的位置。

在成中英看来，立足于天与人的形而上学关系，从德与礼的角度出发，君主依天命而统治的政治行为充满了宗教的神秘色彩。虽然从孟子开始儒家关于治国理政就一直在思考，如何内在践行德性的同时实现它的外在制度化；但是君主政治并没有很好“传达儒家根据礼与美德管理国家事务的本领”③，却凭借着政治权力的强大威力影响了儒学发展的方向。汉朝“独尊儒术”而建立起的大一统帝国，“其政治统治是建立于儒家、道家、法家微妙结合的基础上，这种结合一直延续到今天，成为隐含的中国政治思维方式的组成部分”④。所以，在成中英看来，经过这一历史的转折，儒学终究在现实政

---

① 成中英：《新觉醒时代：论中国文化之再创造》，中央编译出版社 2014 年版，第 474 页。

② 成中英：《新觉醒时代：论中国文化之再创造》，中央编译出版社 2014 年版，第 475 页。

③ 成中英：《新觉醒时代：论中国文化之再创造》，中央编译出版社 2014 年版，第 475 页。

④ 成中英：《新觉醒时代：论中国文化之再创造》，中央编译出版社 2014 年版，第 477 页。

治的影响之下走向了自己理想的反面。“儒家本站于理性立场,不支持专制,但自汉以后,却被君主利用来论证其统治和官僚系统的理论基础。”[①]

五四运动以来,对于儒家思想作为政治意识形态的一面,学术界进行了彻底的批判和反思,对于这种批判和反思,杜维明十分认同。作为政治意识形态的儒学,没有做到对政治权力进行有效的限制和约束,而正如阿克顿勋爵的名言指出的那样,不受约束的绝对权力一定会导致绝对的腐败。而和政治权力纠缠甚深的儒学意识形态难逃其咎。儒学的政治化与现代民主政治的价值理念背道而驰。“因此,我们必须唾弃它。把它拉下马。与此相反,我们需要把儒家理解为一种生活方式。”[②]杜维明的这一观点在第三代新儒家中具有很大的代表性,这和我们的基本立场也是相吻合的。作为政治意识形态的儒学必须批判和抛弃,而作为生活方式指引的伦理道德体系,儒家思想在个人生活的选择中仍然是一种值得我们重视、挖掘的文化资源。

总而言之,对于儒家文化传统,第三代新儒家的认知比较客观。他们不仅仅能够辨析出儒学传统的多个维度,而且对于传统儒学作为官方意识形态和君主政治互相缠绕的事实亦不讳言。面对现代民主政治,他们意识到,不论是现代法律体系还是个体权利观念,都是长期斗争和博弈的产物。中国在近代历史上没能顺利地走上民主与科学的道路,固然有传统文化的原因在内;但是,如果一股脑儿地将责任都扣在历史文化传统之上,却也不是明智之举。[③]

三、对新儒家前辈学人政治哲学的评析

当我们去探寻第三代新儒家政治哲学的思想渊源时,不仅仅要注意到中国传统君主政治和儒家政治思想这一历史悠久的宏观文化传统,还要注意到,当代新儒家政治哲学自其发端之日起也确立了属于自己学术流派的政治哲学特质。而这一属于当代新儒家学派自身的政治哲学传统,也构成

① 成中英:《新觉醒时代:论中国文化之再创造》,中央编译出版社2014年版,第469页。

② 杜维明:《新加坡的挑战:新儒家伦理与企业精神》,高专诚译,生活·读书·新知三联书店2013年版,第39页。

③ 参见刘述先:《文化与哲学的探索》,吉林出版集团有限责任公司2011年版,第271页。

了第三代新儒家政治哲学发展的背景。我们所选取的第三代新儒家学者对于所谓“护教”心态都保持了应有的警惕，“吾爱吾师，吾更爱真理”的求知品格基本成为他们的共识。

（一）肯定前人民主政治的价值取向

当代新儒家自其诞生之日起，在政治的层面上，始终都走在追求现代民主政治的发展方向上。这是从第一代新儒家起就奠定的基本性格，新儒家前辈学人的政治理念也对第三代新儒家产生了深远的影响。对新儒家前辈学者政治思想的评析，是第三代新儒家将新儒家政治哲学向前推进的起点，同时也是必经之途。在价值层面，第三代新儒家普遍认同前辈学人对自由、民主和法治的追求，同时也指出了他们在落实民主政治理念时是存在差异的。其中，林安梧和刘述先对当代新儒家前辈的政治哲学有相对详细和全面的分析。

林安梧指出，当代新儒家都认同民主政治的基本理念，而且其政治论说对现实政治的阴暗面亦表现出鲜明的批评与抗议精神。他们拒绝向现实政治妥协，这与其他附庸于政治权力的保守主义者颇为不同。但是，总体而言，他们“仍相承于儒家原具的政治理念——认为道统必须指导政统”[①]，这构成了他们政治思想的底色。林氏尤其指出，当代新儒家第一代和第二代学人的政治理念表现出一定的差异性。在林氏看来，梁漱溟和熊十力更多地继承了传统民本的政治理念，他们强调一种并不与西方民主政治同调，又不同于马克思共产主义，而是以德化及民本思想为基础的社会主义。[②] 梁、熊二人对这一政治理念落实和实施的方法虽有差别，但都突出了儒家的士大夫政治抗议精神，值得激赏。而继之而来的徐复观和张君劢，被林氏视为当代新儒家在政治上的代表人物。徐、张二人虽然在理念上仍然表现出道德理想主义的色彩，但因具有丰富的社会政治活动经验，故而他们的政治思想“深含经验论及实用主义的性格”[③]。他们更加关注政治权力根源问题，更加肯定法律和客观政治制度的力量。而牟宗三继承了熊十力政治哲学的系

---

① 林安梧：《当代新儒家哲学史论》，（台北）明文书局1996年版，第11页。

② 参见林安梧：《当代新儒家哲学史论》，（台北）明文书局1996年版，第11页。

③ 林安梧：《当代新儒家哲学史论》，（台北）明文书局1996年版，第13页。

统建构性，试图通过道德形而上学的建构融通传统儒学与现代民主政治的关系。

刘述先认为，熊十力对于“乾元性海”有极为深刻的体认，并在此基础上阐发了高尚的“内圣外王”的社会政治理想，其政治价值取向值得肯定。然而，熊氏对于儒家思想传统的认知却并不那么高明。他认为儒学本质在于孔子，而后世所流传的思想都是“奴儒”对孔子真知的扭曲。对于熊氏的认知，刘述先认为“许多看法都是以意逆之，得不到大多数学者的支持。所谈社会理想，也不出空想乌托邦的范围”①。而当代新儒家的另一位开创人物梁漱溟对于现代民主政治也持有坚定的信念，只不过在刘述先看来，梁漱溟在讨论传统文化和民主政治的关系时过分强调了文化中的主观因素，而忽略了民主政治的制度保障。

刘述先直陈，他对中国历史和传统政治的理解，深受新儒家前辈徐复观的影响。徐复观前半生置身宦海，后半生读书为学，他对中国现实政治状况的体贴和认知自然异常深刻。他由此生发出的对专制政治的批判，对自由民主的理解，以及他在日常生活中表现出的刚猛的抗议精神，都深深影响了新儒家后辈学人。在刘述先看来，徐复观对于中国历史中的专制政治的分析极为透彻。一方面，徐复观对中国传统专制政治展开了毫不客气的深刻批判，并以此接引现代民主政治秩序；另一方面，对于将传统文化全盘西化的主张，徐复观也以一个斗士的姿态予以坚决回击。得益于他波澜的人生经历，徐复观对历史的观察和解读总是能注意到政治制度在其中所发挥的作用，故他对政治权力的认知分外清晰。刘述先对于徐复观的这些见解很是赞同，认为“既不能简单化，也不能理想化过去中国的历史，更不能把中国过去历史就一笔抹煞”②。

徐复观不仅仅和当时的自由主义者有很多学术交锋，而且他本人也深受自由主义政治理念的影响。韦政通总结他“以传统主义卫道，以自由主义

---

① 刘述先：《文化与哲学的探索》，吉林出版集团有限责任公司 2011 年版，第 225 页。

② 刘述先：《论儒家“内圣外王”的理想》，载景海峰编：《儒家思想与现代化——刘述先新儒学论著辑要》，中国广播电视出版社 1992 年版，第 275 页。

论证"[①]，他的政论文章不仅仅在理论上而且在政治实践上都在台湾产生了很大影响。在徐复观逝世一周年之际，杜维明曾撰文对他做如此评价："他曾是政坛的决策者、舆论的促成者和知识大众感情生活的寄托者。他可以运筹帷幄之中，可以创造政治气候，也可以让顽石点头，让麻木不能的趋时者落泪。"[②]在杜维明看来，儒家的一系列基本理念，与社会主义的构想是有契合之处的。所以，儒学与现代自由民主并不矛盾，与社会主义也可以有所融通。他认为，梁漱溟是"毫无疑问的儒家社会主义"，而熊十力的思想也有浓重的儒家社会主义的意味。对于徐复观自我称谓的"儒家社会主义"，他表示赞同。他指出："徐先生所说的自由是'有血有肉的自由'，是根植于孔孟德教以'己欲立而立人，己欲达而达人'的形式所展现的自由，而不是从个人出发漠视共识的自由，更不是捡西方自由主义之牙慧而甘愿靠拢现实权威的自由。"[③]虽然杜维明对于新儒家前辈学人政治思想性格的认知略显粗糙，但是毫无疑问，对于他们自由民主的政治取向非常赞同。

（二）批评与实践向度的超越

前文我们已经指出当代新儒家政治哲学发展两种路径，对于注重社会政治实践的梁漱溟、张君劢和徐复观等人，第三代新儒家倾向于更为赞同，故而在价值层面予以更多肯定。而对于熊十力、牟宗三等人开辟的注重形而上学建构的哲学解释的导向，因为他们忽略了社会政治实践这一环节，而多有批评。这一理论态度成为第三代新儒家的共识，其中又以林安梧的反思最为彻底、最为系统化。林氏对当代新儒家前辈政治哲学的超越主要体现在两个方面：在实践向度的超越和对以马克思主义为代表的其他文化系统开放的态度。

对于新儒家前辈学人的政治理念，林安梧指出，早期当代新儒家学者梁

---

① 韦政通：《感恩与怀念：唐君毅、牟宗三、徐复观和殷海光四先生对我的影响》，载《深圳大学学报（人文社会科学版）》2011年第3期。

② 杜维明：《为往圣继绝学》，载曹永祥编：《徐复观教授纪念文集》，（台北）时报文化出版事业有限公司1984年版，第241页。

③ 杜维明：《为往圣继绝学》，载曹永祥编：《徐复观教授纪念文集》，（台北）时报文化出版事业有限公司1984年版，第243页。

溂溟和熊十力的政治论说采取的还是传统儒家的方式。他们将道德与政治等量齐观，以道德涵融政治，在当下社会寻求建立道德乌托邦的可能。而新儒家的后继学者，如牟宗三、唐君毅、徐复观和张君劢等人，相对于梁、熊而言有了崭新的发展。大体来说，他们虽然还在强调道德的理想主义，但是他们已经能够清楚地认识到道德与政治二者的界分。[①] 对于牟宗三诠释和发展儒家政治哲学的方法，林安梧颇不赞同。他指出牟宗三"较为忽略'道'开显的'场域义'，他大体着重的是'道'之作为万有一切存在的根据……这样的形而上学就不是客观实有型态的形而上学，而是主观境界型态的形而上学"[②]。林氏指出，当代新儒学的发展要超越牟宗三，超越"护教的新儒学"，而努力发展出一种"批判的新儒学"。"'批判的新儒学'不同于'护教的新儒学'之以'主体性'为核心的思考，而特别强调'生活世界'一概念……关联着'生活世界'这个概念，批判的新儒学强调'历史社会总体'的全面理解与诠释，并以为惟有如此，才可能对于人有一深化之理解与诠释；如此才能开启一面向历史社会总体之道德实践，而免于以'心性之修养'替代'社会实践'。"[③]

林安梧指出，新儒学的发展要走进"生活世界"，关注社会政治实践，其中有两层含义。其一，就是要逐渐告别单一的形而上学建构的研究进路，走进社会政治生活的现实当中，关注实际问题，关注具体的社会实践，以修正陈义过于玄远的哲学建构论说方式带来的弊端。其二，作为个体的人要生活在具体的社会情境中，因此也就无法摆脱社会的影响。在社会秩序和习俗面前，个体的生活方式和选择很容易受到群体的影响，进而导致随波逐流的情形。所以，面对社会政治实践，政治哲学的发展要始终保持一种批判的态度。只有坚持对社会政治生活的批判心态，才能在纷繁复杂的实践活动中维持理性的判断和发展。

对于儒学传统与社会政治的关系，"批判的新儒学"也给出了不同的解

---

① 参见林安梧：《儒学革命论：后新儒家哲学的问题向度》，（台北）台湾学生书局 1998 年版，第 136 页。

② 林安梧：《关于老子哲学诠释典范的些许省察——以王弼〈老子注〉暨牟宗三〈才性与玄理〉为对比暨进一步的展开》，载洪汉鼎、傅永军主编：《中国诠释学》第 11 辑，山东人民出版社 2014 年版，第 8 页。

③ 林安梧：《儒学革命：从"新儒学"到"后新儒学"》，商务印书馆 2011 年版，第 79 页。

释。传统儒学和历史上的专制政治的关系，只是“发生学”意义上的，而并不能代表儒学的本质规定性。一旦整体社会结构发展改变，宰制性的政治与儒学的压抑将不再存在。在一个崭新自由的社会环境中，儒学就会迎来新的发展。基于此，林安梧在超越当代新儒学的基础上，从社会实践的向度提出了“后新儒学”的构想。“后新儒学强调的是以‘社会正义为核心的儒学’，不再是以‘家族宗法为核心的儒学’，是以‘意义治疗为核心的思考’，不是以‘心性修养为核心的思考’，是以‘文化批判为核心的儒学思考’，不是以‘人文建构为核心的儒学思考’；这是以‘万物并作、多元互动、儒道佛及其他东西文明互动’的‘交谈性思考’，不是以‘一统江湖、儒家主流、道家支流、佛教为外来’的‘主宰性思考’。”①显然，在一个更为广阔的视域范围内，林安梧的政治哲学是围绕“历史社会总体”和社会政治实践展开的，这也凸显了当代儒家政治哲学发展的生机。

另外，就对待马克思主义的态度而言，第三代新儒家比其前辈学人更加具有开放性和包容性。一方面，他们延续了前辈学人对“马克思主义中国化”的思考；另一方面，他们开始摆脱政治意识形态的束缚，从政治哲学的角度分析儒家思想和马克思主义的关系。对于这一论题，熊十力早年已经有所涉及。在其向共和国领导人建言的《论六经》一文中，他指出：“余以为马列主义毕竟宜中国化。毛公思想固深得马列主义之精粹，而于中国固有之学术思想似亦不能谓其无关系。其遥契于周官经者似不少。”②熊十力所谓“马列主义的中国化”，是在马列主义和中国传统文化之间建立其言之有据的内在联系，虽然他没有明确指出意欲实现马克思主义的儒家化，但是“遥契于周官经者不少”，似乎也指明了这种中国化会与儒家文化传统有所关联。

林安梧对马克思主义与儒家文化的思考就更加直接和深入。他指出，通过文化的融合可以努力建构一种“儒家型马克思主义”。林安梧认为，马克思哲学的核心不是历史唯物论，也不是人性论，而是实践，面对资本主义社会所产生的异化，开启了马克思主义式的革命实践。后继的法兰克福学

① 林安梧：《儒学革命：从“新儒学”到“后新儒学”》，商务印书馆2011年版，第13页。

② 熊十力：《论六经》，载《熊十力全集》第5卷，湖北教育出版社2001年版，第772～773页。

派所面对的当代社会异化的情形有增无减，他们重新发掘青年马克思所倡导的人道主义情怀即批判理论线索，提出了社会批判理论。[①] 从马克思主义的革命实践到法兰克福学派的社会批判理论，虽然有了发展，但是林安梧认为这是不够的，“他们于人性的价值根源之反思似乎都不够切当”[②]。而可能救治这一弊病的，只有“人性的乌托邦”，即中国儒家传统对道德的省察。据于此，林安梧指出：“‘革命的实践’与‘社会的批判’必须植根于‘道德的省察’……而中国儒家传统所强调的‘道德省察’亦必须接受马克思主义哲学的考验。”[③]由是，革命的实践才能保持在一个合理的限度之内，同时儒家对道德理想的追求也能由内省走向开放的生活世界。而“革命的实践”、“社会的批判”和儒家“道德的省察”，正好构成了中国近现代文化传统的不同面向。林安梧认为，三者的有机结合有可能构想一种“儒家型马克思主义”。林安梧对马克思主义的理解正确与否、是否全面，我们暂且不论，他在实现马克思主义和儒家文化传统二者的融通方面做出的努力值得我们肯定，他对马克思主义相对客观、冷静的态度也凸显了新儒家新一代学者进步的观念和开放的心灵。

成中英认为，当代新儒家政治哲学在社会政治实践的环节较为薄弱，有其历史根源所在。包括儒、道、法在内的中国传统政治观念，“缺乏政治和思想的综合，只强调治国思想而不讲为政哲学”[④]。在成中英看来，所谓“政”即是指正义，就是在公共空间的治理中达成一种普遍性和群体性的公正。因此，“政”是一个“使大家认同的行为标准、制度准则、组织结构，它是一个体制”；而所谓“治”，是指“在政的基础上实现符合政的标准的具体工作和目标，是为了达到政的整体目标的手段、方法和过程”。[⑤] 可见，在社会治理的过程中二者不可偏废。但就中国传统政治而言，统治者往往对治理的具体方式和途径关心有加，但是对于政体、体制的思考却显得尤为匮乏。无论是成中英从知识与价值的维度对文化传统做出的界分，还是林安梧对客观实

① 参见林安梧：《儒学革命论：后新儒家哲学的问题向度》，（台北）台湾学生书局 1998 年版，第 120～132 页。

② 林安梧：《儒学革命论：后新儒家哲学的问题向度》，（台北）台湾学生书局 1998 年版，第 119 页。

③ 林安梧：《儒学革命论：后新儒家哲学的问题向度》，（台北）台湾学生书局 1998 年版，第 120 页。

④ 成中英：《新觉醒时代：论中国文化之再创造》，中央编译出版社 2014 年版，第 497 页。

⑤ 成中英：《新觉醒时代：论中国文化之再创造》，中央编译出版社 2014 年版，第 498 页。

践的强调，都指出以儒学为代表的中国传统文化缺乏一种主体直指客体的精神，即“一种执着性的、对比的、分别说的传统”①。正如林安梧所言，“东方的，特别是就我熟知的中国，其调节性的机制则在于一根源性、浑沦未分、无分别说的传统，这是以气的感通（而不是言说的论定）所形成的传统。这样的调节机制一方面看起来是直透本源的，但却也是较缺乏一客观论域结构的”②。所以，传统中国文化一直长于辩证和谐，而在对比分析处则多有不足，这也就限制了直指客观对象的实践精神和实践活动的展开。加之传统社会政治“专制之压缩”，本应指向社会政治实践的政治思考就转而退缩至道德修习的领域逡巡不前。

如果说成中英关于“政”和“治”的思考还能看到牟宗三“政道”与“治道”二分说影子的话，那么他对因传统哲学主观思维过于浓重而湮没了客体思维展开的思考则直指了新儒家政治哲学的要害。新儒家前辈受传统思维方式的影响，一直致力于从道德理性精神中转化出自由民主的理念。他们对西方二元对立的思维方式展开了批判，认为这种对立的思维方式割裂了家国天下的情怀，而缺少一种和谐的融通。但是他们没有看到，这种二元对立的观念产生了客观的科学精神和对自我的突破与超越。③ 相较之下，中国哲学忽视了主客体的二元性。体现在当代新儒家的政治理念上，过分追求道德精神的转化、良知的坎陷，甚至陷入批评者所谓的“良知的傲慢”，而对于政治体制、制度或政策都疏于思考。成中英从主客体二元关系的角度展开的思考和批评，不可谓不深刻。

在新儒家前辈学人所处的时代，中国文化遭遇了前所未有的危机，他们为了维护中国文化道统而在学术思想上多有过激的反应。正如艾恺所言，“‘中国（或印度、日本及其他）的精神同西方技术相结合’这种陈腐思想的千万种形式都来源于那种对精神和文化灭绝的恐惧”④。这种观念的产生，与近现代资本主义压迫之下后发国家民族主义思想的产生和传播有极大的关

---

① 林安梧：《儒学革命：从“新儒学”到“后新儒学”》，商务印书馆2011年版，第242页。

② 林安梧：《儒学革命：从“新儒学”到“后新儒学”》，商务印书馆2011年版，第242～243页。

③ 参见成中英：《当代新儒家与新儒家的自我超越：一个致广大与尽精微的追求》，载《成中英文集》第2卷，湖北人民出版社2006年版，第421页。

④ [美]艾恺：《最后的儒家——梁漱溟与中国现代化的两难》，王宗昱、冀建中译，江苏人民出版社1993年版，第12页。

联。第三代新儒家所面临的时代际遇与前辈已经不同,他们不再有强烈的文化危机感,而是心态相对平和地致力于多元文化的交流与融合。所以在政治哲学建构的过程中,对于文化传统的认知也趋于理性。第三代新儒家普遍认识到,只有通过制度建设而形成的政治智慧和遗产才能得到有效的继承和延续,而由道德理想人格所带来的影响则会随着个体的消失而趋于消散,很难得到有效的延传。现代政治文明的建构,有赖于在现代政治文化的影响和引领之下建设能够推行和保障自由、民主和法治的现代政治制度。

第三章　多元现代性视野下第三代新儒家的政治哲学

有学者指出，20 世纪中国绝大多数知识分子都在苦苦思索中国文化向何处去的问题，而问题的核心就在于“民族的”与“民主的”如何实现有机融合。[①] 第三代新儒家也试图通过对传统儒家思想的重新诠释和解读，解构传统政治文化体系，努力实现儒家政治思想的现代转化。他们需要在多元文化社会中，以现代政治价值为基准，建构崭新的儒家政治哲学。但是，当代新儒家对于“政”的理解与现代政治学有很大的区别。正如林安梧所言，“‘道、学、政’这个‘政’不只是 political，包括放在整个 society 里面……就是‘经世’，‘经世儒学’”[②]。一方面，第三代新儒家继承了其前辈心性儒学的研究取向。另一方面，他们更加重视儒学在社会政治生活中的落实和践履，“经世儒学”这一表述很大程度上向我们揭示了第三代新儒家政治哲学的总体性格。结合政治哲学的论域，在政治价值层面，我们主要考察其自由、权利观念；在政治制度的层面，主要分析其有关民主宪政的论述；而关于他们的基本政治理想，主要考察其有关现代化和多元文明对话的思考。我们试图从这三个方面，揭橥第三代新儒家政治哲学的大致面貌。

---

① 参见黄俊杰：《东亚儒学视域中的徐复观及其思想》，(台北)台大出版中心 2009 年版，第 3 页。

② 林安梧：《儒学革命：从“新儒学”到“后新儒学”》，商务印书馆 2011 年版，第 234 页。

一、自由观念

法学家博登海默曾指出："要求自由的欲望在人类中是根深蒂固的……整个法律正义哲学都是以自由观念为核心而建立起来的。"[①]而自由的理念在现实政治运作中，多表现为各种具体的权利。在刘述先看来，"民主的基石是权利观念与多元主义"[②]。第三代新儒家关于自由和权利的认知构成了他们政治哲学的基础，也就成为我们研究其政治哲学不得不考察的首要内容，而其中以成中英关于人权观念的考察最为系统。

（一）人权思想：从传统到现代

成中英纵观人类历史上出现的各宪章或人权宣言对人权的界定，指出人权的基本特质，也就是关于人权宣言的基本内涵大致可以概括为三个方面：人权往往以宣言或条文的形式出现，多在反抗政治独裁和压迫的过程中颁布；人权规定个体的自由活动和思想主要包括"行为活动的自由"（free done-to）和"自束缚解放的自由"（free done-from）；人权是民众通过抗争迫使政治权威对民众自由与权利的认可。[③] 欧美国家诞生于革命中明文规定的人权宣言，是反抗独裁和专制的记录，体现了政治意识中个人尊严的觉醒，也是人类从专制权力夺回个体权利的奋发行动。与西方的人权观念相比较，纵观中国的政治和社会现实，传统中国的历史和哲学中缺乏清晰明确的个体权利观念。

成中英并未将"人权"视为一个具有独特规定性的现代政治概念，而是在一个较为宽泛的意义上使用这一表述，他首先梳理了中国政治思想中所谓"人权"的演变。成中英认为，商周时期开始形成和发展的政治意识和政治制度对后世传统社会影响深远。检视周初人权的特征，他认为民作为被统治的对象并不必然是奴隶。而天子的德性体现在保庶民，这一点在敬天

---

① [美]博登海默：《法理学——法哲学及其方法》，邓正来、姬敬武译，华夏出版社 1987 年版，第 272 页。

② 刘述先：《文化与哲学的探索》，吉林出版集团有限责任公司 2011 年版，第 242 页。

③ 参见成中英：《新觉醒时代：论中国文化之再创造》，中央编译出版社 2014 年版，第 458 页。

祭祖的天帝信仰中多有强调，甚至民在解释卜筮时可以参与国家决策。由此，成中英认为，“向来的研究，都没有足够证据证明周代的‘民’或‘庶民’缺乏大幅度的自由和人权……他们是同时被保护和控制中”①。之后礼、法分别，诸侯贵族以礼规范自身行为与德性，而以刑、法约束庶民的社会行为，其中等级鲜明，“压制了人民及其相互之间的权利和义务感”②。待后世封建制度礼崩乐坏，诸侯专权，贵族制度解体，“庶民才开始有人权的自觉，要求通过德性修养而与统治者有同等道德”③。

在成中英看来，孔孟思想在人权方面的主张，其本质在于“通过人性去肯定人权”④。在一个急剧动荡和变革的时代，孔子倡议在整个社会将“礼制”普及开来，以承接周制并对其有所损益。显然，夫子的这一主张“求新颖进步而又具革命性”⑤。根据成中英的总结，孔子对人权的建树表现在三个方面。首先，将礼转化为普及全人类的普遍道德，进而超越各个阶级的限制，上升为对基本人际关系的界定。礼的普及，通过德性修养的过程明确个体的责任和权利，规范各种社会关系，可以在人性和社会规范两个层面实现有序的安定。因此，“任何以‘礼’作内容的规范可统赅全人类德性，因人人有人性，故人皆基本平等，人人都可同样的获臻完全的德性。由此言之，若人有人权的话，孔子对人道德价值的肯定，已把人权隐涵其中”⑥。其次，孔子阐发的“仁”的观念，认为在修养本性的层面人人平等，故以仁爱摄众生于其中。所以从这一角度出发，“自必独立于阶级与名位之外，且能从哲学上肯定人的价值和潜能，构成一种人权观”⑦。最后，孔子的人权观念确有偏颇，其多着眼于政府构建社会秩序以达成良善生活，指出政府的目的在于庶民、富民和教民，即君主政治应当保证人民享有“生存有序”“丰足生活”“良好教育”等基本权利。⑧ 在孔子人权基本观念的基础上，孟子进一步阐发了

① 成中英：《新觉醒时代：论中国文化之再创造》，中央编译出版社 2014 年版，第 460 页。
② 成中英：《新觉醒时代：论中国文化之再创造》，中央编译出版社 2014 年版，第 463 页。
③ 成中英：《新觉醒时代：论中国文化之再创造》，中央编译出版社 2014 年版，第 463 页。
④ 成中英：《新觉醒时代：论中国文化之再创造》，中央编译出版社 2014 年版，第 463 页。
⑤ 成中英：《新觉醒时代：论中国文化之再创造》，中央编译出版社 2014 年版，第 463 页。
⑥ 成中英：《新觉醒时代：论中国文化之再创造》，中央编译出版社 2014 年版，第 465 页。
⑦ 成中英：《新觉醒时代：论中国文化之再创造》，中央编译出版社 2014 年版，第 465 页。
⑧ 参见成中英：《新觉醒时代：论中国文化之再创造》，中央编译出版社 2014 年版，第 466 页。

民本的思想,即君主政治应该努力建构福利国家,通过对民众提供生活保障而肯定人权。在成中英看来,传统儒家政治哲学对于人民的权利始终都是肯定的,是由人性规定的,二者不可分离。孟子在孔子思想基础上所追求的“民为贵,社稷次之,君为轻”[①]的终极理念,不仅要求君主政治确保人民的基本福祉,而且赋予他们“诛一夫”的权利。在成中英看来,这其中所蕴含的精神与美国的《独立宣言》并无二致。

成中英认为,如果说以《人权法案》为代表的“西方模式的人权观念”突出的是特殊个人权益的“狭义性人权”的话,中国传统政治哲学则是在“实践一种关心全民权益的‘广义性人权’”,而这构成了一个“中国模式的人权观念”(Chinese model of human rights)。[②] 关于“中国模式的人权观念”,成中英认为它的性格及要义主要包括以下几点。

第一,人权是关系性的(relational),而非实体性的(substantial)。即在传统儒家文化所规定的伦理社会中,个人因其与社会发生关系而定义其价值,对人本质的认知不能脱离人际和时空的道德要求。

第二,人权是独特性的(particularistic),而非普遍性的(universalistic)。即在中国传统文化中,并没有具体规定人权的条目,而是因时制宜、因地制宜依照事件、关系和具体的时机去权衡,这就是所谓“独特性的道路”。成中英强调:“人权之所以有善义和力量,全在乎能在各独特内容上关涉到人的感受和全体性的‘善’,而非明确而必然存在地专注在逻辑性的理由与标准。”[③]可见,在成中英看来,就这一特性而言,中国传统的“广义性的人权”所具有的独特性和灵活性,比西方社会人权价值观念更具有温情,更能体现“善”意。

第三,人权是整体性的(collective),而非个人性的(individual)。成中英认为这一点构成了中国式人权的“领导性”特征。中国传统政治哲学虽然没有完全摒弃个体性,但是对个体性的关注远不如对群体性的强调,而且对个体性的关注自始至终都湮没在群体和各种社会关系之中。所以,“人权的人民整体性,是中国社会伦理的原则,其表现则为由君主保证人民全体利益,

---

① 杨伯峻译注:《孟子译注》,中华书局 2012 年版,第 364 页。
② 参见成中英:《新觉醒时代:论中国文化之再创造》,中央编译出版社 2014 年版,第 471 页。
③ 成中英:《新觉醒时代:论中国文化之再创造》,中央编译出版社 2014 年版,第 471 页。

也表现在个人以家庭为生活的目的的事实上”[①]。这一观念源远流长，成中英指出，即便是在当前社会，对人权认知和感受也大体类似。

第四，人权是由权威所承认的（recognized by authority），而非由个人所要求（claimed by individual）。这一性质也是儒家政治理论和行动的典型体现，个体对人权状况的不满足，一般认为是政治权威未能践履社会公义，而不会去反思现行社会政治制度。[②]

如前所述，成中英在批判中国传统政治文化中缺乏独立、清晰的人权观念时指出，传统儒家个体的经验完全湮没在共同体的经验之中。在“修齐治平”的理想中，对美德的追求成为一种没有止境的义务，而个体的权利则始终被忽略。那么，经由怎样的努力，才能实现个体权利观念从传统到现代的转变呢？

成中英提出了这样一种理论构想：美德应当被视为一种权利，而不是义务。人的行为需要德性的辅助和规范，所以在社会交往中，个体不仅仅可以是美德的践行者，也可以构成美德的接受者。在一个充满各种社会连接的环境中，“某个个人可能期望他人对他尽这种义务，这样就可以把这些义务看做是个人的权利。如果可以把它看做是共同体成员之间的相互义务论，那么，就可以把一种明确美德的理论转变为一种暗含权利的理论”[③]。成中英认为，如果这种理论创设能够成为现实，将会给社会和政治发展带来革命性的进展。面对中国文化这一不断自我更新的文化价值体系，在人权问题上简单粗暴地引进西方的观念断然不是合适的做法。所以，他非常赞同麦金泰尔的观点，认为必须“从儒家美德中推断出现代的权利伦理学”，而在此基础上建立的具有中国特色的人权，“将是一种基于儒家人性理论和人的美德基础之上的人权理论”。[④]

显然，在成中英的观念中，个体权利表现的形式具有多样性，西方人权观念绝不是唯一的选择。“没有任何理由要求理性自由只能采纳一种独一

---

① 成中英：《新觉醒时代：论中国文化之再创造》，中央编译出版社2014年版，第471页。

② 参见成中英：《新觉醒时代：论中国文化之再创造》，中央编译出版社2014年版，第471～472页。

③ 成中英：《新觉醒时代：论中国文化之再创造》，中央编译出版社2014年版，第480页。

④ 成中英：《新觉醒时代：论中国文化之再创造》，中央编译出版社2014年版，第480页。

无二的形式，只要把平等、自尊、尊重人的尊严作为重要的基础，就应该容纳甚至尊重不同的理性自由形式，这是因为人权与民主在不同国家和文化之间具有普遍性。”①所以，成中英认为，我们在现代社会谈论具有中国特色的人权，就一定无法绕开儒家的人性论和对德性的追求。人权的目的不应仅仅停留在平权，而应该是使民众获得人格的独立尊严，它应该扩展其范围而将所有有助于提升人类发展的德性包括在内，以促进整体社会道德的发展。从这一意义出发，在新的社会形式之下，中国文化传统中关于美德的人本主义界定和西方文化中关于人权的理性传统更应该合作，而不是对抗。关于儒家美德向人权转化的过程，成中英有如下描述：“共同体中个人对美德的培育将唤醒个人对共同体和公众的义务意识，这又随后唤醒了个人参与公共事务(任何个人都不能与公众隔离开来)的合法可能。但是，站在个人的立场，个人对这种参与的要求也需要参与到对公共利益独立而合理的论述中。这进一步要求统治权要遵守公共利益。如果统治者没有遵守公共利益，就会随之发生对统治和压迫的抗议和革命，用与人民的权利伴随的要求反抗政治压迫。这种抗议或革命的结果将最终产生一个积极的、清晰的以文字形式出现的对个人人权的宣言，包括自由权和美德权。”②

在第三代新儒家中，与成中英一样强调公民个体权利的还有刘述先。正如刘军宁所言，刘述先对于自由主义的政治理念颇为认同，尤其强调英美政治哲学传统中对个体自由的尊重。③ 正因为注重对个体自由和权利的保护，英美政治哲学拒绝把“国家观念绝对化理想化”，“国家的存在是为了个人……人人享有不可让渡的人权”。④ 所以在刘述先看来，个体的发展是国家的目的所在，只有个体享有充分的自由和权利，才能造就民主政治和创新文化的健康发展。但是，中国传统政治文化中自来就缺乏对个体权利的尊重，尤其是宋明之后儒学走向了内在体证的道路，对于个体自由和权利的发展而言，完全走错了方向。⑤ 所以，他强调现代民主政治的发展，“必须站在

① 成中英：《新觉醒时代：论中国文化之再创造》，中央编译出版社 2014 年版，第 481 页。

② 成中英：《新觉醒时代：论中国文化之再创造》，中央编译出版社 2014 年版，第 485 页。

③ 参见刘军宁：《自由主义与儒教社会》，“爱思想”网，https://www.aisixiang.com/data/3680.html。

④ 刘述先：《文化与哲学的探索》，吉林出版集团有限责任公司 2011 年版，第 271 页。

⑤ 参见刘述先：《文化与哲学的探索》，吉林出版集团有限责任公司 2011 年版，第 277 页。

个人自由自觉的立场上"[1],重新审视儒家传统的道德理想追求。但是,新儒家前辈学人虽然有了重视个体权利的观念,却不明了政治权利的保障的核心。刘述先认为梁漱溟讨论中国传统文化时尤喜欢强调一个"情"字,就忽视了西方民主政治"最中心的根源之所在","凡真正深于现代西方民主思想的,莫不了解私有财产乃是人权的最佳保障"。[2] 在政治层面,明确的物质基础和完善的制度保障是现代民主政治不可缺失的核心所在。如果从个体权利的物质保障说起,孟子所谓"无恒产者无恒心"的论说比梁漱溟举凡论"情"之一字更贴合社会政治发展的实际。显然,刘述先对个体权利的论述已经注意到了制度和经济基础的因素,比之成中英的伦理论说更能凸显新一代学人对当代新儒家政治哲学的发展和推进。

(二)儒学与政治自由

就其基本性格而言,由于第三代新儒家也秉承了新儒家一贯的传统,对心性之学有高度的体认,所以他们对自由的认知就包含着儒家心性论的色彩,即由心性修养出发往上贯通,认为只有获得了心性的自由才能达至真正的自由状态。在新儒家学者看来,这种天人融为一体,由心性自由而实现人与道涵融的境界,才是我们应该超越西方的个体自由而努力追求的境界。林安梧所论述的自由,就是这种儒家式理想的自由,即人"是一自觉的存在。由此自觉,人而要求自由,要求解脱来自自然生命的限制与束缚,并寻求在人生命内在的自我确定性"[3]。虽然如此,第三代新儒家对于重新诠释传统儒学以接榫现代政治自由理念问题的认知还是表现出了一定的发展和突破。第三代新儒家不再简单地认为儒学就内在包含着科学与民主的因素,也不认为经过所谓"自我坎陷"或"曲通"就能实现由道德理想主义向现代民主与科学的转变。他们强调儒学必须在现代社会完成自己的现代化,必须以现代价值理念为依归完成自我理论重构。正如成中英所强调的,儒学首

① 刘述先:《文化与哲学的探索》,吉林出版集团有限责任公司 2011 年版,第 283 页。
② 刘述先:《文化与哲学的探索》,吉林出版集团有限责任公司 2011 年版,第 246 页。
③ 林安梧:《论语——走向生活世界的儒学》,(台北)文海基金会,1995 年,序言第 7 页。

先要实现“自身的现代化”①。

成中英尤其关注当代儒学发展的时代背景，认为应该由时代发展规训儒学，而不是以传统的“道统”指导社会政治实践。“所谓新时代的政经发展指的是政治的民主化、经济的自由化。”②政治民主化和经济自由化作为两个庞大的时代论题，涉及的问题很多。但是成中英认为，就其本质而言，不外乎发展人性中的创造力以谋求人类社会整体和个体的福利，并在此基础上逐渐实现人类社会的和平永续发展。就这一发展愿景而言，儒学的内在精神不仅与政治民主化和经济自由化不冲突，而且在当前社会还能为这一愿景的达成提供可资借鉴的资源。传统儒学虽然也有类似的发展目标，但不论是在理论层面还是在方法层面都没有进行严密的探讨，也就缺乏相应的开展。为了更好地发展民主政治和自由市场经济，同时也为了在当代发展儒学新的生命力，势必要以此为规范，“用此一价值认知来进行理论的重建更新与具体的实际应用”③。

林安梧对政治自由认知的基础在于他更多地强调了人性之中阴暗和容易堕落的一面，这显然与宋明儒者及当代新儒家前辈学者有所不同。他视孟子的性善论为文化的产物，其不过是孟子在应然层次上对人价值根源的探讨，并由此总结出的一套理论学说。在他看来，孟子的这一总结只看到人性的一个面相，而忽略了另一种“往下堕落”的可能。据此，林安梧确立了他理解个人自由的根源：“‘人是一个可堕落的存在’，他的‘可堕落性’正是隐含了他的‘可超升性’，他的‘可受诱惑性’正隐含了他的‘自由自觉的可能性’，也就是觉醒的可能性。”④正是由于人内在心性发展存在多种可能，并且很容易受到社会政治秩序的影响，所以林安梧提出的实现个人自由的路径与其前辈学人完全相反。他认为，不应该将心性修养作为社会正义的基础，而应该调转方向，将社会正义作为心性修养的基础。质言之，林安梧有关自由的认知不再陷溺于“内圣外王”的窠臼。论及政治自由，他并没有像他的

① 成中英、麻桑：《新新儒学启示录：成中英先生的本体世界》，商务印书馆2008年版，第14～15页。

② 成中英、麻桑：《新新儒学启示录：成中英先生的本体世界》，商务印书馆2008年版，第14页。

③ 成中英、麻桑：《新新儒学启示录：成中英先生的本体世界》，商务印书馆2008年版，第14页。

④ 林安梧：《儒学革命：从“新儒学”到“后新儒学”》，商务印书馆2011年版，第238页。

前辈那样执着于内在心灵自由而止步不前，而是倡导华人世界要“打开公共论述”，真正在公共政治生活的话语体系中认识和解读个人自由。新儒家前辈学人往往注重讨论心灵秩序的建构，而林氏则将论说的重点转移到了社会政治秩序的建构层面之上。经由对比可见，林安梧对于儒学与自由民主关系的认知又往前进了一步。他指出，当前建设自由民主政治，不是由“内圣开出外王”，而是要由“外王开出内圣”。在当前自由民主政治发展的过程中，儒学不见得必须要发挥正面的建设作用。但是，只有在一个自由民主的社会政治环境中，儒学才能获得真正的发展。

对于这一民主自由的发展路径，林安梧认为其中透显的是“实践理性”。所谓“实践理性”，即“‘我与你’的刚性表现，是纵贯而立体建构的，虽亦仍强调关联与脉络，但它是混主客为一个整体，而不是撤销，不是瓦解。其民主自由当是上透于道的”[①]。而综观中西方文化，这种实践理性的代表有两种。一种是以孔、孟到陆、王的“以气的感通为根源”的类型，另一种是“以言说的论定为标准”的类型，以卢梭、康德和哈耶克为代表。儒学的传统强调的是通过德性的修养和上贯而发掘深处根源性的实践动力，而以卢梭为代表的西方学者则更重视“道德的无上命令”。[②] 这种实践理性在西方社会走出了一条民主自由的道路，但是它的缺陷在于，它带来现代化的同时也导致了明显的异化。而中国的实践理性并没开拓出一条民主自由的道路。究其原因，林安梧认为“中国之实践理性未经民主自由之路走(而其未悖于民主自由之路)，而是往一道德之浑合与开出说，如阳明之‘一体之仁’为是。此所缺乃是一分别说的决定性原则，而不是一非分别说的调节性原理”[③]。林安梧所强调的“分别说的决定性原则”，落实在现代政治学领域的话，就是在公共治理的范畴内展开系统的公共论述，经由思想碰撞、融合而达成政治共识，进而确立现代民主政治秩序和思想秩序。

对于这一问题，杜维明也秉持了类似的看法，并从发生学的视角展开了论述。对于为何在中国传统社会没有发展出类似西方的政治自由，杜维明认为“需要区分两种理由：一种是‘发生学的理由’(genetic reason)——这件

① 林安梧：《儒学革命：从“新儒学”到“后新儒学”》，商务印书馆 2011 年版，第 241 页。

② 参见林安梧：《儒学革命：从“新儒学”到“后新儒学”》，商务印书馆 2011 年版，第 241 页。

③ 林安梧：《儒学革命：从“新儒学”到“后新儒学”》，商务印书馆 2011 年版，第 242 页。

事情怎么样发生的；另一种是'结构学的理由'(structural reason)——这个物件的结构是什么"[①]。传统君主政治压迫之下的社会没有产生自由的观念体系，是一种"发生学"层面上的缺陷，对于这一缺陷，我们要直面承担。而如何在当前的社会环境下建构完善的民主，实现儒学精神与自由理念的融通，则是需要在"结构学"层面上思考的问题。传统社会没有产生自由民主的理念，并不妨碍在当前社会儒学经由自我批判和改良，以学习和渐进试错的方式实现与自由民主理念的契合。

二、民主与宪制思想

"从人类历史的长期经验看来，要成就任何事都必须依靠两个重要的因素：具备才能远见的个人与良好的制度的规模。"[②]所以，在第三代新儒家看来，社会进步不仅要倡导自由理念以实现个体发展，还要积极追求民主，从而确立一个良善的政治制度架构。当代新儒家一贯具有膺服现代民主政治的传统。在他们看来，儒学之所以在漫长的君主政治统治之下难以凸显其真精神，正是由于缺乏"公共论述的传统"，而逐渐退缩至心性修养的领域之中。对于这种情形，林安梧指出："'心性修养'与'社会正义'其实都很重要，但是在一个不义的社会里努力地要去强调心性修养的后果，它其实是一个一直往内的收敛，最后常常是在整个社会正义方面就越来越少，社会正义越来越少，它就越强调心性修养的重要性。"[③]正是为了避免这种在心性修养上满口"仁义道德"但在社会公义上却不免自我矮化的矛盾情形，他们热忱地拥抱现代民主政治，并将民主宪政视为政治领域现代化的代表。

(一)论民本与民主

第一，第三代新儒家辨析了民本的基本内涵，并指出传统民本思想与现代民主观念之间存在着巨大差别。刘述先指出："中国传统政治哲学的主流

① 杜维明：《体知儒学——儒家当代价值的九次对话》，浙江大学出版社2012年版，第31～32页。
② 刘述先：《文化与哲学的探索》，吉林出版集团有限责任公司2011年版，第284页。
③ 林安梧：《儒学革命：从"新儒学"到"后新儒学"》，商务印书馆2011年版，第237页。

是以民为本。”[①]正所谓“民为邦本”，这一精神由《尚书》流传而一以贯之。民本思想与儒家的德治传统相得益彰，孔子作为儒学宗师“把德治的理想发挥得淋漓尽致”[②]。孟子在孔子的基础之上将德治精神真正灌注到政治统治之中，而提出“仁政”的概念。孟子的观念，不可谓不激越。“贼仁者谓之‘贼’；贼义者谓之‘残’。残贼之人，谓之‘一夫’。闻诛一夫，未闻弑君也”[③]，以及“民为贵，社稷次之，君为轻”的论说，虽历经千年至今而能振聋发聩。即便如此，在刘述先看来，这都是不折不扣的民本思想。

第三代新儒家明确指出，中国传统社会萌生的民本理念和现代民主思想二者并不能等同。成中英指出，孟子所追求的“仁政”，虽着眼于民众生活水平的保障，但是与西方近现代理性政治的发展以及对自由平等的追求仍然大不相同。[④] 刘述先指出，传统儒家政治思想在本质上而言是一种民本思想。这种民本思想和民主思想不同，虽然儒家士大夫关于民本的阐述非常动人，但是在现实政治生活中却经常出现本末倒置的情形。故而刘述先坦陈：“民本思想离开民主思想毕竟还有一大段距离。”[⑤]由于中国传统政治中只有民本的理念构想，而缺乏相应的外在制度将其落实，所以在现实政治生活中造就的是对权威的崇拜和服从。这一文化心理对国人影响至深，刘述先认为直至今日，“民主的精神还没有在人们的心目中生根，领导者也还缺少彻底的觉悟，中国之走向民主的目标，还是一条漫长而遥远的道路”[⑥]。所以从民本思想和民主的分野来看，建设民主政治，“最重要是要建立制度，缺少了有效的选举与制衡的机括，徒托之于空言是无益的”[⑦]。

第二，民主政治是现代政治发展的方向所在，传统民本思想要积极向民主转化。在刘述先看来，民主政治是一个逐渐发展和演进的产物。究其源头，柏拉图所构建的政治理想也是难以实现的。亚里士多德在考察了种种

① 刘述先：《文化与哲学的探索》，吉林出版集团有限责任公司2011年版，第265页。

② 刘述先：《文化与哲学的探索》，吉林出版集团有限责任公司2011年版，第265页。

③ 杨伯峻译注：《孟子译注》，中华书局2012年版，第43页。

④ 参见成中英、麻桑：《新新儒学启示录：成中英先生的本体世界》，商务印书馆2008年版，第15页。

⑤ 刘述先：《朱子哲学思想的发展与完成》，（台北）台湾学生书局1984年版，第547页。

⑥ 刘述先：《朱子哲学思想的发展与完成》，（台北）台湾学生书局1984年版，第548页。

⑦ 刘述先：《朱子哲学思想的发展与完成》，（台北）台湾学生书局1984年版，第548页。

政治制度之后深切感受到,没有一种政治制度是完美的,现实政治生活中的政治制度,不论是君主政治、贵族政治还是民主政治,都有堕落的可能。之后,伴随着工业革命出现,经济发展文化进步,民众素质普遍提高,现代意义上的民主政治才得以真正实施。但是,即便如此,放眼全球,民主政治的实施真正称得上成功的,也只有英美而已。欧洲大陆民主政治的推行和发展也遇到了很大的困难,如今普遍被视为成熟民主国家的法国、德国和意大利等,也只是在第二次世界大战之后才在民主政治建设上取得了明显的进展。

第三代新儒家普遍认为,历史上我们没有建立西方式的代议民主制度,但是这并不能说明现代中国不宜推行民主政治。对民主政治的追求,自五四运动以来始终是中国近现代政治发展的主要目标。对于五四运动的这一政治主张,当代新儒家自然是赞同的。刘述先指出:“五四对于科学与民主的提倡,大方向是正确的,到今天为止,只能说是做的不够,没有别的话说。”[①]他还指出,在当前社会环境下,民主政治是实现公民个体发展的制度保障。“政治的民主,经济机会的平等,在不妨害他人的限度之下每个人可以享受自己最大的自由,这样自然而然会造成一个多元的社会。每个人尽量追求自己的兴趣,发挥自己的创造力,不受到外在的干涉,这是现代西方民主社会最大的好处。”[②]基于对民主价值的肯认,他甚至曾经预言,民主政治一定会在全球范围内广泛传播。“西方的贡献是提供了民主政治架构,这样的大气候是不可能逆转的,远东的骨牌也终会一个个倒下。”[③]杜维明也认为,民族自觉和民主理想是五四运动以来社会发展和国家建设的两个主要目标。而且随着时代的发展和观念的进步,知识界对民族和民主现代化的认识越来越深刻、越来越客观。作为令人兴奋不已的两股思潮,“一股是取代中西文化之争而谈民族自觉,也就是跳出非复古即崇洋的二分心理,站在为中华民族前途设想的立场发言;另一股是超越传统与现代的对立,参与社会,以自由和人权的理想论政”[④]。第三代新儒家学者关于民主化和现代化

① 刘述先:《当代新儒家思想的批评的回顾与检讨》,载景海峰编:《儒家思想与现代化——刘述先新儒学论著辑要》,中国广播电视出版社 1992 年版,第 280 页。

② 刘述先:《朱子哲学思想的发展与完成》,(台北)台湾学生书局 1984 年版,第 548 页。

③ 刘述先:《理想与现实的纠结》,吉林出版集团有限责任公司 2011 年版,第 7 页。

④ 杜维明:《民族自觉与民主理想》,载《杜维明文集》第 5 卷,武汉出版社 2002 年版,第 209 页。

的思考，和20世纪50年代的中西文化之争相比较明显取得了巨大的进步，不仅仅有“气魄承当”，更多的是理性的思考与探索。

正是因为意识到，社会现代发展须建立在对传统的理解之上，人们普遍不再将民本传统放在民主的对立面，而是试图实现二者的融通。由于民主的产生和文化传统有密不可分的联系，所以在长期的演进过程中民主的运行方式规定了一系列的价值预设。“民主的实行是有一定的预设的……民主的背后是假定了一个根本的共识。”[①]所以，在政治哲学和政治文化的层面，发展民主政治的关键在于，在解构传统政治价值体系的基础上，以民主政治的基本价值预设为依归，建设符合时代发展的现代政治理念。因为悠久的历史和独特的传统，中国的现代化必然也会呈现出与欧美社会不同的特征，套用西方的现代化模式来分析中国的问题显然是行不通的。所以，杜维明指出，面对中国政治发展的民主化道路的“抉择既非中西又非古今，而是对当前中国的政治文化进行具体的分析，以作为个人和群体力行、实践的准则”[②]。

在成中英对民主思想的阐述中，知识与价值的关系构成了其思考展开的逻辑起点。价值凸显了人的自由意志世界，揭示了人类行为的可能性。知识决定了客体实现现实的条件和实践能力，它是一个可能的价值世界得以实现的外在手段。二者共同作用形成了“人的生活世界(life-world)”。从这一角度出发，成中英对于民主做如是界定：“民主乃是在主体存在的客观基础上克服客观的困难使主体个人能够无阻地表达其主体的意思，并集众人同等表达的意思，寻取至少多数的意思一致，作为行政管理和公共政策制定的根据。”[③]成中英对于民主的界定突出了两点：首先是知识层面，民主化问题不是单纯的价值选择问题，而且涉及知识学习的问题。在对民主观念的认识中，客观存在有其自身的缺陷，必须用客体的方式来解决，仅凭主观的良好意愿是不足的。其次是价值层面，民主的价值必须要尊重作为客体的个人的主体性(自由意志)，每一个社会主体都有充分表达自我意愿的自

---

① 刘述先：《理想与现实的纠结》，吉林出版集团有限责任公司2011年版，第8页。

② 杜维明：《民族自觉与民主理想》，载《杜维明文集》第5卷，武汉出版社2002年版，第210页。

③ 成中英：《当代新儒家与新儒家的自我超越：一个致广大与尽精微的追求》，载《成中英文集》第2卷，湖北人民出版社2006年版，第428页。

由和可能性。[①] 如果我们转换成政治哲学的术语来看，民主政治建设，一方面要树立对民主的价值追求，尊重社会成员的个体自由选择；另一方面，在民主价值的落实层面，要具备开放理性和学习经验，为民主价值的实践提供知识支撑和制度保障。

不得不提的是，成中英对民主的理解超越了民族国家的范围，他将民主的理念延伸到了国际政治的领域。他认为西方对待民主的态度是一种“两项论”，即国内民主和国外不民主。在他看来，这种对民主的理解没有体现民主所内含的社会正义的实质。在现代政治社会中，每一个国家和每一个公民一样都要享有民主，参与民主，以建立国际性的具有道德内涵的立法。因此，“在全球化的浪潮中，我们应该掌握国际民主和国际公平，在参与国际组织中要求民主。不能因为是强国就去强制弱国，所有国家都要参与民主，参与国际组织，以建立国际性的具有道德内涵的立法”[②]。

第三，在肯定民主价值的同时，第三代新儒家也看到了民主的缺陷，并展开了一定的反思。首先，在第三代新儒家看来，虽然现代民主政治是一种良善的政治制度设计，但是也只能在政治领域发挥其作用，而不宜僭越。刘述先以中国传统政治思想为例指出，本想以道德涵养政治，以道德约束政治，但最终的结果却是政治权威代替道德价值而在全社会无限弥散，道德理想主义的“圣君贤相”构想最后却异化为王权主义对整个社会的全面掌控。所以，他不无警醒地指出，政治应该被限定在一个合理的范围之内，而不宜被视为“决定真理、艺术、道德的标准”[③]。其次，民主政治虽然在限制专制权力、规范政治运作方面有其不可否认的价值和意义，但现代民主政治并不是完美的，它也存在各种缺陷。刘述先指出：“各种各样利益压力团体互相牵制，向各个不同的方向拉扯，同时也不能避免少数特权阶级运用金钱舆论的力量来操纵选票民意。”[④]所以，针对民主政治存在的弊病，我们要对民主政治有一个客观、合理的认知，要在现代法治的框架内展开。刘述先不仅仅强

---

① 参见成中英：《创造和谐》，东方出版社 2011 年版，第 192 页。

② 成中英：《道德自我与民主自由：人权的哲学基础》，载《成中英文集》第 2 卷，湖北人民出版社 2006 年版，第 372 页。

③ 刘述先：《文化与哲学的探索》，吉林出版集团有限责任公司 2011 年版，第 281 页。

④ 刘述先：《朱子哲学思想的发展与完成》，(台北)台湾学生书局 1984 年版，第 547 页。

调了制度的作用，而且从新儒学的基本理念出发，试图以心性之学匡正民主政治的弊端。“要真正解决真实人生的问题，永远必须双线进行。一方面要自己内在安心立命，另一方面要建立外在合理的社会制度，两方面缺一不可。……中国传统所谓内圣外王之道，实在指示了问题解决的一个正确的方向。”[①]能够认识到现代民主政治的局限性，表明了他们对民主思想的认知较为深刻。而刘述先以儒家心性之学匡正民主思想的论说，就从根本上向我们展示，第三代新儒家对民主思想的认知依然没有摒弃当代新儒家“内圣外王”的基本特质。

(二)民主宪制的价值与追求

通过前文分析，我们看到第三代新儒家继承并发扬了新儒学的传统，对传统君主政治展开了深刻的批判。由于“法律在本质上是对专制权力行使的一种限制，因此它同无政府状态以及专制政治是敌对的”[②]，所以从批判和约束专断政治权力、追求现代民主政治的角度出发，第三代新儒家积极地拥抱法治与宪政。

对于中国传统法律的认识，第三代新儒家并没有太多不切实际的幻想，或者不合时宜的生搬硬套。成中英认为，在礼、法初具分别之时，礼是统治阶层加诸自身的自律能力，而人民则整体为刑法所统治。刑似乎源自早期对待奴隶的方法，它最初只针对处于被统治地位的民众，而对于统治阶级则没有约束力。而且刑作为惩罚之法，并不鼓励正面行为。至于人民的正面权利，法律并没有涉及，“却由统治者的‘德’所容许，这是一种人格智慧重于政治法规的情况”[③]。所以，礼与刑的分立，是出于统治者实现社会统治的需要。“‘礼’代表了统治阶级对其自治权、拥有权及尊贵地位的政治觉察，‘刑’则暗指庶民自身的顺服及缺乏对人权的政治觉察。统治者划分礼与刑，并且以刑加诸庶民，看来是为了压制人民及其相互之间的权利和义务

---

① 刘述先：《文化与哲学的探索》，吉林出版集团有限责任公司 2011 年版，第 285 页。

② ［美］博登海默：《法理学——法哲学及其方法》，邓正来、姬敬武译，华夏出版社 1987 年版，第 224 页。

③ 成中英：《新觉醒时代：论中国文化之再创造》，中央编译出版社 2014 年版，第 463 页。

感。"[①]显然，这种礼与法对标不同社会阶层的做法，造成了一种极为恶劣的影响。在普通民众的观念中，"法"始终与严刑峻法相联系，法律的形象趋于负面。于是中国人"在政治上乃崇尚人治，轻视法治"[②]。

显然，在中国传统社会，法律的性质和其发挥的作用与西方现代法治有很大的不同。那么，这是否意味着中国传统政治文化中就没有任何关于宪法的精神？第三代新儒家看来实则不然，他们倾向于从广义的角度来理解宪法和宪政。成中英认为宪法的基本概念是人民、社会与国家的关系，其核心精神表现为"一个基本的应该遵守的规则概念……提出和建立一个基本原则与价值系统（也是一套大法）来引导与规范一个治理国家的权力"[③]，政治活动依照这一规范和原则来达成其目标。从这一认知出发，他认为先秦儒学关于政治的论述也包含了宪政的含义，只是隐而不彰，没有被发挥出来。所以，虽然中国传统的国家观念和源出西方的现代民族国家观念并不相同，但儒家思想中也"有一个很根本的宪政思想，这个思想是潜含在儒学对人的认识、对文化的认识、对社会的认识之中的，当然其中也有一个根本的由家到国的国家概念"[④]。对于这一点，杜维明也有类似认识：表面上看中国并没有与西方相同的宪法，但是，中国传统中却存在人人遵循的"大经大法"，即其所谓的"中国传统文化"的控制系统。[⑤] 中国传统君主政治的架构中，君主的地位虽然是至高无上的，但是却也受到各种不同的控制机制的约束。

在成中英看来，在政治领域，儒家思想展开的基本逻辑和西方传统大为不同。所以，在如何限制国家与君主权力方面，儒家宪政与西方的宪政发展出不同的道路。在西方契约论的传统之下，公民权与君权是相互对立的，于是西方宪政从维护公民权利的角度出发对君主权力做出限制。其最突出的表现是确定明确的基本法则或章程来约束君主统治，如英国的《自由大宪

① 成中英：《新觉醒时代：论中国文化之再创造》，中央编译出版社 2014 年版，第 463 页。

② 刘述先：《文化与哲学的探索》，吉林出版集团有限责任公司 2011 年版，第 276 页。

③ 成中英：《新觉醒时代：论中国文化之再创造》，中央编译出版社 2014 年版，第 486～487 页。

④ 成中英：《新觉醒时代：论中国文化之再创造》，中央编译出版社 2014 年版，第 486 页。

⑤ 参见杜维明：《儒学要开放、多元、自省》，"爱思想"网，https://www.aisixiang.com/data/80369.html。

章》就是典型。所以,在宪政理念的指导之下,统治者及其政府的权力从一开始就受到限制,分权与制衡的原则被广泛接受。而在中国德治论的儒学传统中,君主与人民的关系并不是一种对抗的存在,而是相互联合与支持,他们分享共同的道德理想和社会价值,以实现民众福祉和促进社会发展。因此,在中国传统的政治架构中,从开始就假设政治权力存在的目的就是实现人民的福祉和促进社会发展,而非为了统治者实现自己的私欲。所以,如果说西方的宪政理念突出了对公权力的约束和对抗,那么他们所谓"中国的宪政理念"只是从道德理想的宏观角度对政治运作进行引导。①

成中英从对宪政的特殊认知出发,将中国传统社会的发展划分为几个阶段。首先是自然法认识的阶段。这一阶段的认识对象主要是自然以及生活在自然社会中的人,在这一认识的基础上总结出了一套自然法,即"一套基于自然规则的人文规则"。对自然的认知表现为自然法,而自然法投射到社会中就表现为"礼乐法",继而他指出"《周礼》的发轫堪称是自然法中人的社会性与家国性的实现"②。在自然法的阶段之后,经由孔孟发展而进入道德法认知的阶段。人们经由伦理道德规范社会政治行为,协调个人与社会的关系。当儒学发展到宋明理学的时期,产生了儒家心性之学,由此心、性、礼和法四者相统一,形成一套礼法与法理。成中英认为,不同于西方法律思想所呈现出的基于契约论的义务论,中国传统儒学中蕴含的法统呈现了"一个崇高的目的论与方法论"③。所以,就政治统治的最终目的而言,是为了实现社会共同利益与和谐发展,而在方法论上尤其注重施政者个人的道德操守和道德实践。

那么在当代社会,如何才能实现儒学中理想的宪政理念?成中英指出,在理论上,儒学必须面对的一个问题是:"如何给儒家宪政一个理性的形式,一个合情合理的系统的表达方式。"④唯其如此,儒学才能在这个时代做出它应有的贡献,引导和约束政治权力,防止权力的滥用,进而推动社会发展。成中英从儒家传统出发,对所谓"宪政"的认识大大不同于西方契约论传统

① 参见成中英:《新觉醒时代:论中国文化之再创造》,中央编译出版社 2014 年版,第 487 页。
② 成中英:《新觉醒时代:论中国文化之再创造》,中央编译出版社 2014 年版,第 489 页。
③ 成中英:《新觉醒时代:论中国文化之再创造》,中央编译出版社 2014 年版,第 489 页。
④ 成中英:《新觉醒时代:论中国文化之再创造》,中央编译出版社 2014 年版,第 488 页。

的宪政观念。他并没有将目光仅仅停留在限制和规范政治权力上面，而是从儒家的人性论和道德理想主义出发，在学习西方宪政结构和宪政精神的基础上，试图更大程度地实现人类社会的整体价值。他认为，作为后发国家，面对西方较为完备的宪法与宪政，我们要积极主动学习。同时也要认识到，不论是英美还是欧洲大陆的宪政模式，都不能作为一个普遍、标准的法治范型直接照搬照抄，而是要尊重中国的历史与文化传统。成中英指出，宪法与宪政在根本意义上所要规范的是人民、社会与国家的关系。西方法治传统中的权力制衡或三权分立原则，只是实现了人民、社会与国家之间的相互节制和制衡。而传统儒家观念中，除了相互节制之外还讲求相生相成。所以，“中国宪政基本上的前提就是合而能分，分而能和，人民、国家、社会是三位一体，彼此是相生的，也是相制衡的”①。

成中英认为，当前学界关于儒家或儒学宪政的认知有三个误区需要澄清。第一是研究儒家治国理政，不能只谈作为管理活动的治道，而忽视作为根本政治价值的政道。第二，发展宪政一定要做到政教分离，它要求不仅仅是政治与宗教信仰的分离，还要实现教育与政治的分离。教育要保持其客观的独立性，“教育是要帮助政治，而不只是服务于政治”②。在中国这样一个缺乏深厚宗教传统的国家，成中英对教育摆脱政治控制的强调，无疑具有更重要的意义。只有独立于政治统治的教育，才能为知识的传播与发展创造自由、宽松的氛围。第三，对于蒋庆提出的“政治儒学”③，成中英认为他缺乏文献的基础和历史感。只有回归儒学理性的价值观，更好地认识《公羊传》，才能真正理解儒家宪政的实质。

对于以成中英为代表的当代新儒家学者试图从传统政治文化中发掘出潜涵的宪政思想的努力，笔者表示尊重。但是，宪法与宪政是有着独特规定性的现代政治概念。它以公民个体权利保护为目标，以根本大法的形式规定公民和社会与国家的关系。将中国传统政治运作中呈现出的一些基本原则或者“大经大法”解释为“宪法精神”，如果不是将现代政治概念主观投射在传统政治思想之上，那么至少在界定概念时犯了扩大其内涵的错误。而

---

① 成中英：《新觉醒时代：论中国文化之再创造》，中央编译出版社 2014 年版，第 492 页。

② 成中英：《新觉醒时代：论中国文化之再创造》，中央编译出版社 2014 年版，第 493 页。

③ 参见蒋庆：《政治儒学——当代儒学的转向、特质与发展》，福建教育出版社 2014 年版。

且，成中英认为中国传统政治思想中潜涵着宪法精神，只有在一个“理性的形式”下才能将其发展出来。这种认识，充满了浓浓的“中体西用”的味道，显然这种政治制度构想并不高明。成中英围绕宪法和宪政展开的分析，反倒不如刘述先基于自由政治理念展开的民主政治构想更贴近中国的政治现实。刘述先指出，他所向往的政治理想，是经由不懈的努力，在中国确立“一条适合中国国情的社会主义民主建国的道路”[①]。他赞同孙中山有关社会主义的理念，将“不患寡而患不均”视为社会主义政治理念的传统文化资源。他认为，在中国传统政治理念中虽然不赞同西方式的极端个人主义，但是亦不乏对个体尊重的观念。儒学自孔子开始就被视为“为己之学”，对个体内在觉醒的强调同样凸显了个体的价值。这些潜涵的思想资源都有赖于在民主政体中进一步转化。但是在西方社会，伴随着科技和资本主义的发展，自由民主政治也显露出它的弊病。因此，优良的民主政体要克服它的缺陷，“既不要资本垄断造成的剥削，也不要专制独裁造成的剥削。老百姓得有免于匮乏、受教育、发挥自己的创造力的自由”[②]。在他看来，中国未来理想的政治体制，就是要竭力避免“传统的威权主义”“苏联的统治技术”“西方买办心态”的结合，努力追求开放自由、民主法治，进而建设中国式的社会主义民主。

三、现代化与多元文明对话

当代新儒学经过将近百年的发展历程，虽然在当前学术研究中逐渐成为一门“显学”，但毋庸置疑的是它面对社会转型和发展依然有诸多问题和挑战。这些问题涵盖了儒学发展的诸多维度，从价值坚守、内涵边界、态度取向到载体依凭等多个方面都有所体现。那么，以新儒学为代表的当代儒学发展所面临的核心问题是什么？显然，上述问题都指向了现代化。关于社会政治的现代化发展和儒学理论形态的现代转化，是新儒家政治哲学在政治理想层面的集中表述。当代新儒学是儒学现代化乃至全球化的代表。

---

① 刘述先：《文化与哲学的探索》，吉林出版集团有限责任公司 2011 年版，第 287 页。

② 刘述先：《文化与哲学的探索》，吉林出版集团有限责任公司 2011 年版，第 287 页。

他们试图通过对儒学进行崭新的时代诠释，赋予儒学更多的现代价值，积极与世界其他文化、宗教交流和融合，进而实现儒学形态的转变，使儒学得以跻身世界思想学术之林，成为现代社会思潮的一个有机组成部分。笔者将从三个方面展开，系统分析第三代新儒家有关现代化的论述。

（一）现代化的意义："启蒙"与"再启蒙"

对于启蒙运动，以及在此基础上产生的现代性，新儒家学者普遍持一种主动拥抱的态度。虽然他们认为存在种种不足，但"启蒙运动的继续仍是必要的和可取的"①。

首先，第三代新儒家认为，对现代性和启蒙的价值必须加以肯定。尤其是从启蒙的原初意义上来讲，启蒙就是要摆脱束缚，走出愚昧，进而实现逐渐祛魅的过程，它的价值不容否认。如果说西方启蒙所走的是"将一切主体的对象化活动所置立而成的对象当成第一义而去探讨的存有学进路"②，那么这种执着于对象而忽视了存在本身的路径值得反思。但是，在林安梧看来，与此有所不同的中国的启蒙则值得我们探索和坚持。"中国的启蒙，则是由生命内在根源要求其迸发的一股力量，这样的力量是要归返其根源的；惟其归返根源，所以启蒙乃通向'自觉'；'自觉'而最后则融于'自然'。"③由此可见，他所不满的是西方式忽视了存在本身的启蒙，而对于启蒙本身的价值则持一种极为肯定的态度。他们希望在中国本土文化的基础之上，结合启蒙的价值追求，创发一种依于中国理论文化的启蒙。

在杜维明看来，启蒙心态所孕育的理性精神奠定了现代社会发展的价值基点。因此作为五四运动的传人，站在当代社会谈论社会政治问题，无论如何都无法回避启蒙精神的影响。无论是从什么立场出发，或者对传统文化持怎样的态度，我们都受惠于启蒙精神。毫无疑问，"理性精神业已成为当代中国知识分子文化传统中的主流思想"④。显然，对启蒙心态和理性精

① 杜维明：《多种现代性：东亚现代性涵义初步探讨》，载[美]塞缪尔·亨廷顿、劳伦斯·哈里森主编：《文化的重要作用——价值观如何影响人类进步》，程克雄译，新华出版社2002年版，第376页。

② 林安梧：《儒学革命——从"新儒学"到"后新儒学"》，商务印书馆2011年版，第254页。

③ 林安梧：《儒学革命——从"新儒学"到"后新儒学"》，商务印书馆2011年版，第255页。

④ 杜维明：《化解启蒙心态》，载《杜维明文集》第5卷，武汉出版社2002年版，第261页。

神的肯认，以及在此基础上对现代性的认同，构成了杜维明诠释传统文化和审视现代民主政治的理论前提。所以，作为启蒙的受惠者，要努力发扬它的创造转化功能，推动理性精神在中国文化大地上生根发芽。面对由启蒙精神催生的自由贸易、民主法治、科学技术和自由平等的现代价值理念，必须要继承"五四"前贤开放的心灵，虚心向西方社会学习，这种补课对于中国的现代化转型而言意义重大。

启蒙的意义在于开启了现代性话语表达。关于现代性的意义，林安梧指出："'现代化'几乎成了全世界所共同追求的目标，它从原先所具有的上帝选民性格，进而广布于全世界，而有一新的普世性格。"[①]现代化作为一种难以避免的趋势，是很难去否认的，因此只能积极拥抱现代化，在具体的社会历史情境中创造新的现代化社会。第三代新儒家讨论儒学的话语背景完全是现代性的，他们肯定现代性，反对盲从和迷信现代社会。他们认同不同的社会，由于拥有不同的历史文化传统积淀和视域，所以所形成的现代化的类型也不尽相同。但无论如何，现代化作为当前社会发展的基本趋势不可逆转，逆现代化而动的企图"简直有亡国灭种的危险"[②]。

其次，在肯定了启蒙的基本价值之后，第三代新儒家学者亦对之展开了反思和批判。刘述先认为，五四运动从民主与科学的角度追求现代化，在大方向上是正确的，值得肯定。而且以当初所追求的民主与科学的目标为标准审视当前社会，只能说做得还不够好，而别无他言。但是，"五四"一代对于现代化的认知，特别是对传统与现代关系的认知，是有偏颇的。刘述先指出："到了今日，我们察觉到由现代走向后于现代（Post-modern）所碰到的种种问题，就知道五四对于现代的了解也是不足够的。五四正像启蒙，有理想而不免失之浅薄。"[③]所以，如果从"理一分殊"的视角出发，就会对现代化和现代理性有一个崭新的认识："由现代走向后现代，不是要完全摒弃传统的理性，而是要理性变得更有弹性……另一方面乃必须努力追求多元的分殊

① 林安梧：《儒学革命：从"新儒学"到"后新儒学"》，商务印书馆2011年版，第72页。

② 刘述先：《时代与哲学》，载景海峰编：《儒家思想与现代化——刘述先新儒学论著辑要》，中国广播电视出版社1992年版，第194页。

③ 刘述先：《当代新儒家思想的批评的回顾与检讨》，载景海峰编：《儒家思想与现代化——刘述先新儒学论著辑要》，中国广播电视出版社1992年版，第280页。

的表现。”[①]其意在强调启蒙理性是浅薄的，如今我们需要的是一种多元解放的心态，不同文明的人们在交流和对话的过程中才能实现和谐的发展。

林安梧提出的“后新儒学”，基于他对于西方理性主义的泛滥和“现代化”的反思，他称之为“现代化的迷失”。在他看来，文艺复兴、启蒙运动和宗教改革都可以理解为一种解咒的历程。但是，“‘理性的解咒’，使得现代化陷入了一种‘理性的咒术’之中”[②]。如果启蒙理性被过度地强调，现代化就成为一种饱含理性主义精神的现代化，它呈现出的本质主义的强势扩张的特征就值得我们反思。在林氏看来，启蒙运动开启的不仅仅是理性的价值源泉，更是确立了理性和现代性的霸权。

于是，杜维明指出，要在启蒙的基础上努力化解启蒙心态。给欧美社会带来巨大发展的推动力，并不一定是“现代性的结构组成部分”，具有普遍适应性的启蒙价值观在其中也发挥了巨大的作用，自然应该被纳入亚洲的现代性之中。同理，东亚的迅速崛起，以及儒学传统在其中扮演的引人瞩目的正面角色，证明了某些“亚洲价值观”也可以成为欧美应对自己社会问题的思想资源。所以，杜维明指出：“不能只把现代化当作一个全球化的过程，也不能把现代化当作一个同质化的过程，更不能把全球化当作一个西化的过程。正是全球化的意识，使得根源性意识越来越强。也正是这一原因，我们不谈从传统到现代，而是特别突出现代性中的传统。”[③]所谓“化解启蒙心态”，就是面对启蒙，不是要全盘否定它，而是要在承认、接纳的前提下实现对启蒙心态的超越，在受惠的同时也要扮演批判者的角色。启蒙心态对于理性精神的过度推崇，带来了一系列理性主义的弊病。西方现代理性精神推动人类社会迎来了史无前例的繁荣和发展，但理性精神的膨胀和对自然环境的过度掠夺也带来了深刻的危机。所以，在向西方社会积极学习的同时也要认真辨析西方人文主义的内在矛盾，对于由人类中心主义和科学主义引发的社会危机，要从不同的文化传统中寻求更多的资源以求救治。在这一充满后现代意味的思考向度内，包括儒家文化在内的各种传统文化资

① 刘述先：《理想与现实的纠结》，吉林出版集团有限责任公司2011年版，第43页。

② 林安梧：《儒学革命：从“新儒学”到“后新儒学”》，商务印书馆2011年版，第66页。

③ 杜维明：《化解启蒙心态》，载《杜维明文集》第5卷，武汉出版社2002年版，503页。

源在现代社会的发展过程中又获得了重新诠释和发展的机会。面对启蒙心态，我们能明显感受到杜维明在现代性与后现代性之间游走的思绪。面对现代社会的压力，他坦陈："以学步慢行的态度，采取哀兵的策略，耐心扎实地下功夫，是向现代西方学习启蒙精神的惟一途径。"[①]而面对后现代的挑战，杜氏也展开了颇具前瞻性的反思，在反思西方文化弊病的同时发掘传统文化中蕴含的思想资源，是全球范围内各个民族和地区的共同任务。

最后，第三代新儒家指出，在批判启蒙心态的基础上，要结合社会政治发展状况，展开新的觉醒和新的启蒙。基于对社会发展的反思，成中英认为，"人的社会必须进入一个建立在改革自新、虚怀包容基础上的人类理性与良知的再启蒙时代"[②]。在成氏看来，人类新时代的觉醒主要包括以下五个方面。

就宇宙自然的认知而言，成中英最重视变化，认为世间唯一不变的事物就是变化本身。而中国传统哲学对宇宙自然变化之理有极为深刻的认知，其中易学中所蕴含的变化不已、生生不息的精神就是典型表述。变化会给人类社会招致压力，但同时也带来了一种创化精神和创造性的力量。针对宇宙自然认知上的觉醒，重要的是人的"参赞天地之化育"，即一个"成物成人以成己，成己以成人成物的过程"。[③] 对天与人，即宇宙与人的本体一致性的认知，有助于提升人们对生态环保的认知和拓展新的生存空间，也就为人类社会的未来发展开辟了更多的可能维度。

在生命与文化的发展层面，民族文化的发展要避免走向闭塞和固执，文化发展的开放和自信要超越"道德偏见和权力傲慢"[④]。成中英提出的警醒值得我们重视。近些年来，伴随着改革开放不断深入，我国在经济、文化和政治层面都取得了令人瞩目的成就。伴随着传统文化的复兴和民族自信心的提升、民族自豪感的逐渐提升，民族主义也逐渐泛起了苗头。特别是网络政治空间各种激烈言论和狂妄自大的情绪不断发酵，尤其值得我们注意。所以，成中英认为，对中国传统历史和文化的觉醒要在两个向度展开：第一，

---

① 杜维明：《化解启蒙心态》，载《杜维明文集》第 5 卷，武汉出版社 2002 年版，262 页。

② 成中英：《新觉醒时代：论中国文化之再创造》，中央编译出版社 2014 年版，自序第 13 页。

③ 成中英：《新觉醒时代：论中国文化之再创造》，中央编译出版社 2014 年版，自序第 4～5 页。

④ 成中英：《新觉醒时代：论中国文化之再创造》，中央编译出版社 2014 年版，自序第 6 页。

要深切反思两百年来的历史，走出蒙昧、闭塞和扭曲的心态；第二，在此基础上廓清传统文化的源流，不断扬弃、创新和进取，在新的时代情境下实现深度的文化自觉。

在社会与道德价值层面，成中英从《周易》所启发的儒家思想对道德感情的重视出发，强调道德智慧和道德良知。与天性相同的人性之德，只有在仁与智的扩充之下才有充分发展的可能。成中英指出，如果深究西方启蒙的源头，他们有些观念的源头可以追溯到儒家思想。比如，包括康德在内的德国理性哲学就受儒学的影响，看到人在道德层面上的实践理性。① 因此在"再启蒙"的话语体系中，"必须以道为本，以德为基，在识别与履行义务的基础上去谈权益"②。

在政治与经济层面，现代经济发展必须依靠市场经济制度下的自由市场和开放贸易。但是要超越西方资本主义的霸权与零和博弈，建立彼此合作的关系，实现可持续发展。具体而言，就是要依据儒家"不患寡而患不均"的基本理念，校正西方经济发展观念，"用宇宙性的道德眼光来主导政治，用公利天下的政治行为来补充经济"，据此而建立"道德政治经济学"。③

在中国哲学与科技发展关系层面，需要认识到，一个崭新的知识时代需要新的启蒙。一方面，要认识到科学技术在当前人类社会发展过程中的巨大作用，它是社会、政治、经济和文化进一步发展的基础和工具。另一方面，在强调科学技术的工具理性的同时还要关注"科技真正的实用性与其运用上的道德问题"④，努力实现科学技术与中国传统文化的结合，以科学弘扬文化传统，以中国传统哲学智慧促进科学发展。

第三代新儒家对充满专断色彩的理性主义展开了批判，而肯定理性本身的价值和意义。林安梧指出："理性之为理性有其纯理之在其自己，此是一切知识构成之规约性原则，是不容废弃的。若不了解此，而直接将理性之运用视为理性之自身，则瓦解了理性实亦不足以克服异化之问题。"⑤当代保

① 参见成中英：《新觉醒时代：论中国文化之再创造》，中央编译出版社 2014 年版，第 490 页。
② 成中英：《新觉醒时代：论中国文化之再创造》，中央编译出版社 2014 年版，自序第 8 页。
③ 成中英：《新觉醒时代：论中国文化之再创造》，中央编译出版社 2014 年版，自序第 10 页。
④ 成中英：《新觉醒时代：论中国文化之再创造》，中央编译出版社 2014 年版，自序第 11 页。
⑤ 林安梧：《儒学革命：从"新儒学"到"后新儒学"》，商务印书馆 2011 年版，第 253 页。

守主义大师哈耶克也反对理性主义者在运用理性时表现出的专断态度，他并不反对人们在合理的范围内正确地使用理性。在哈耶克看来，“所谓‘正确运用理性’，我是指那种承认自我局限性的理性，进行自我教育的理性”①。第三代新儒家对启蒙理性的反思与哈耶克的理念不谋而合，这也从另一个侧面印证了第三代新儒家的保守主义理念构成了全球保守主义复兴的一环。

（二）儒学与东亚现代化

阿里夫·德里克指出，一个世纪以来对儒学的抨击和贬黜之所以如此有效，是因为“其说服力建立在一种单一的根本假定上：以西方为模式的现代化是线性的，随着各个社会实行现代化（或者消亡），西方价值必将主宰全球”②。但在杜维明看来，历史的进程证明了现代性的发展并不是一个线性的过程，从传统到现代的转变并没有像黑格尔、马克思和韦伯所主张的那样，非西方国家或地区只能处于一种被动接受的地位。由于人们逐渐对现代化有了不同的理解，对待儒学的态度也悄然发生了变化，而这种变化首先出现在美国学术界。杜维明指出，早在20世纪50年代，美国学术界一般将儒学视为一种政治意识形态。而随着对儒学的了解逐渐深入，到了70年代则将之看作“身心性命之学”。伴随时间推移，当东亚的经济奇迹出现之后，人们开始将儒学视为东亚崛起的精神支持和动力源泉。当“工业东亚”这一概念被人们广泛接受的时候，儒学与现代化之间呈现出前所未有的亲和力。③ 成中英延续了韦伯著名的“新教伦理”的思考方向，从整体性和共生性的角度来阐释儒学与东亚经济发展和现代化之间的关系。他指出，一个地区的经济发展，绝不是因为某一个单一的因素，而是“各种具有整体与共生性的相关因素”共同作用的结果。在成中英看来，推动经济发展的原因不仅仅是理性的，更是结构性的。他从这一经济上升和发展的整体性和共生性

① ［英］哈耶克：《致命的自负》，冯克利、胡晋华等译，中国社会科学出版社2000年版，第3页。

② ［美］阿里夫·德里克：《后革命时代的中国》，李冠南、董一格译，上海人民出版社2015年版，第106页。

③ 参见杜维明：《儒学第三期发展的前景问题：大陆讲学、答疑和讨论》，生活·读书·新知三联书店2013年版，第17页。

原则出发考察东亚的经济奇迹，指出东亚工业资本主义的发展不仅仅是一种经济现象，而且在生活形式、政治结构和法律文化层面带来了巨大的变化。而在这些社会发展的动力因素中，儒家文化是非常重要的组成部分。①

在杜维明看来，“现代化”这一表述合理地替代了“西方化”，因为前者突破了地域性的限制，突出了人类社会发展的时态性。所谓“现代化”，向我们描述了一个一直持续到当下的发展过程，而不只是将这种发展的原初动力仅仅锁定在某一个固定的区域，因而这一表述呈现出更多的普遍意义。就现代化的模式而言，它在西方社会的表现本身就充满了多样性。欧洲和美国对待现代化的态度就不尽相同。即便是欧洲社会内部，在现代化过程中表现出的特点也多有差异。所以，在杜维明看来，欧美的现代化经验肯定不是唯一的模式，世界上后发国家的现代化过程也并不意味着重复美国或者欧洲的道路。传统的“欧洲中心主义的思考模式，已经逐渐被多元化的思考模式所取代”②。想要正确理解现代化的本质，以及全球化和地方化之间的互动关系，就必须要超越三种流行却又庸俗的二分法，即“传统与现代之分，西方与非西方之分，以及地方和全球之分”③。

在此基础上，谈及现代化背景下儒学的复兴，杜维明更倾向于将其放在东亚复兴的语境中加以考察。儒家学说在东亚诸国家和地区的再次兴起，不只表现为一种政治意识形态，更呈现出多种样态，比如学术思想、经商伦理、家庭价值观等。杜维明认为，在这一文化资源基础上成长而来的现代化形态，与西方社会迥然不同。东亚经济的强势发展证明，儒学作为这一地区历史悠久的共享文化背景，和东亚现代化存在某种紧密的联系。东亚地区的现代化，不论是在市场经济、商业伦理、思想文化还是家庭价值观念方面，都体现出鲜明的儒学特征。杜维明认为，无论如何，这都表明了儒学传统在东亚现代性中起改造作用的潜力，而把这种分析仅仅视为“后现代的辩解”

① 参见成中英：《整体性与共生性：儒家伦理与东亚经济发展》，载《成中英文集》第 3 卷，湖北人民出版社 2006 年版，第 86 页。

② 杜维明：《儒学第三期发展的前景问题：大陆讲学、答疑和讨论》，生活·读书·新知三联书店 2013 年版，第 13 页。

③ 杜维明：《多种现代性：东亚现代性涵义初步探讨》，载[美]塞缪尔·亨廷顿、劳伦斯·哈里森主编：《文化的重要作用——价值观如何影响人类进步》，程克雄译，新华出版社 2002 年版，第 373 页。

则太流于表面了。杜维明认为，受儒学传统的影响，东亚各国家和地区的现代化向人们展示了“一种连贯的治理观和领导观”，主要体现在以下几个层面。在市场经济层面，并不认同政府是必要的恶，反而认为政府不仅是必要的，而且是可欲的。在经济发展过程中，对人民福祉尽心尽职、对广大社会负责的政府，在建立和维持秩序方面是极其重要的。在法律层面，虽然认为法律作为维持社会稳定的基本规范必不可少，但是文明的行为模式并不能依靠强制手段，充满仁爱之心的礼节才是实现社会有机团结的深层保障。在家庭层面，将家庭视为社会的基本单位，并将其确立为核心价值观念传播的源泉和场域。在社会层面，社会并不是一个独立于家庭和国家的存在，在家国同构的结构中，社会的内在力量在于它在家和国之间起着有活力的相互作用。与之类似，社会也在公与私两个领域之间维持了有效联结。在教育层面，除知识和技能的传授之外，更重要的是人格的养成，培养全面发展的人。在道德修习层面，修身、齐家、治国、平天下是一个一以贯之的逻辑过程，而个人的道德修习构成了整个过程的起点。强调修身，就是珍视德性政治，也会强化家庭作为道德伦理教育场所的价值，进而重视全面人格的养成。①

杜维明认为，肯认东亚的现代性有助于西方社会从对照的角度更好地认识自我，东亚现代化的发展或许会让他们意识到西方社会现代化发展背后更为复杂的事实。杜维明一再强调，“儒学东亚”的崛起，打破了西方中心主义的神话，证明了现代化多种模式的可行性。同时，也让我们从实证的角度看到，在经济和地缘政治主导的现代化过程中，文化传统依然发挥着不可忽视的作用。而对于已经实现现代化的国家和地区而言，要充分理解和包容“不同的激进另类现代性”。这不仅仅是了解其他文明的关键所在，同时也能为更深刻的自我文化剖析提供一个新的视角。

东亚地区的经济发展昭示了多元现代性的发展端倪，儒学在东亚现代化的过程中也被人们赋予了更多的期待。然而，这些关于儒学现代性的构想并没有在现实社会中完全实现，反而是在现实社会的压力和扭曲之下，东

---

① 参见杜维明：《多种现代性：东亚现代性涵义初步探讨》，载［美］塞缪尔·亨廷顿、劳伦斯·哈里森主编：《文化的重要作用——价值观如何影响人类进步》，程克雄译，新华出版社 2002 年版，第 379～380 页。

亚社会在行为和态度上呈现出诸多相反的特征。即便如此,杜维明认为,能够提出这样一个较为系统的体系,东亚作为“第一个现代化的非西方地区”,它的崛起在文化意义上意味深远,即使东亚现代性的确立带来的东亚崛起并不能证明社会政治进程中一个新的范式即将完全取代欧美的传统。同样,他也否认新晋崛起的东亚社会会不断地向欧美社会靠拢,并逐渐向欧美趋同。一些认为欧美社会的发展会朝着亚洲逆向趋同的大胆论断,在杜维明看来毫无疑问也是错误的,“东亚现代性的意义是在于多样性,而不是搞另一个一元论”①。儒学影响下的东亚能够实现现代化,证明了现代化可以呈现出不同于传统西方社会的多种形式,其他地区包括佛教、伊斯兰教在内的诸多文化类型都具备了现代化转型成功的潜在可能。虽然杜维明不敢断言这种发展趋势会成为历史的必然,但是改革开放之后迅速发展成为经济巨人的中国,还有以往在美国脚步之后亦步亦趋的日本已然成长为足以挑战美国经济霸主地位的强者,即便是弥漫东亚的金融危机也未能阻挡他对“儒学东亚”的发展充满强烈的信心。

(三)现代化视域下的多元文明对话

如前文所述,第三代新儒家学者多有负笈海外的经历,他们对西方思想文化和社会生活有着更为真切的感受。据此反观以儒学为代表的传统文化时,超越狭隘民族主义的多元文明对话就成为他们一致的选择。正如林安梧所言,“整个新儒学发展到我们这一代应该要有一些新发展的可能,因为整个时代在往前走,所以我们在谈学问的时候,民族主义的气氛应该减到最低”②。杜维明有一个很形象的说法:对于儒学的发展而言,只有当儒学走过了纽约、巴黎和东京,经受住异域文化的考验,才能真正回到其发源地以一种稳固的姿态挺立。③ 显然,他强调了文化交流的重要性,多元文化交流的过程不仅仅是一个文化资源借鉴和融通的过程,也是一个外部规训和内部

---

① 杜维明:《多种现代性:东亚现代性涵义初步探讨》,载[美]塞缪尔·亨廷顿、劳伦斯·哈里森主编:《文化的重要作用——价值观如何影响人类进步》,程克雄译,新华出版社 2002 年版,第 381 页。

② 林安梧:《儒学革命:从“新儒学”到“后新儒学”》,商务印书馆 2011 年版,第 236 页。

③ 参见杜维明:《儒学第三期发展的前景问题:大陆讲学、答疑和讨论》,生活·读书·新知三联书店 2013 年版,第 23 页。

转化的过程。

杜维明对多元文化的强调，极大地受到了卡尔·亚斯贝斯所提出的“轴心时代”概念的影响。在这一问题上，成中英和杜维明一样，也从“轴心文明”的概念出发，断言“21世纪将是一个世界新轴心文明相互理解的时代”[①]。所以，近年来第三代新儒家学者“一直在进行跨时代、跨文化、跨学科的讨论”[②]。他们普遍认为，一个多元且富于开放性的社会系统比单一而充满排他性的社会更能激发理性的发展，更符合人类社会未来发展的需要。不同的是，林安梧对于多元文化交流的认知在很大程度上源于对新儒家哲学思想的反思。当代新儒学的哲学建构表现出“高狂俊逸”的品格，而在儒学未来的发展过程中一定要避免这种倾向。在一个越来越趋向多元价值互动的社会中，儒家学者真正需要学习的是以平等的心态与其他价值观念和平共处。正如林氏所言，“研究儒学不能把自己视为道德意识特别高的特殊人种，以前这样的思考是因为我们必须对抗其他思想，但是现在应该必须有多元的、互动的、融通的观点，而不可锁国闭关，或形上超越地不理会人间烟火”[③]。显然，与前辈学人相比较，他们的学术视野更加多元化，态度更冷静。

从多元文化发展的角度出发，杜维明指出儒家传统有三个特征，即跨时代、跨文化、跨学科。总体而言，“以儒家文化为主要特色的中华文明是一种学习文明、对话文明、和谐文明”[④]。所谓儒家传统的“跨文化性”，是指儒学传统在东亚地区的影响范围不仅仅包括中国大陆和港台地区，还包括日本、韩国、越南等国家。儒学在这些国家和地区的发展，在继承儒家文化基本原则的基础上也表现出不尽相同的特质，甚至在某些认识上存在尖锐的矛盾。这是其一。其二是“不能认为儒家传统是中华文明向外扩展的唯一渠道”，包括道家、佛家和一些民间宗教甚至是基督教和伊斯兰教在内的其他颇具历史传承的传统，都是我们可资利用的精神资源。[⑤] 在杜维明看来，多元文化背景下的中西文化交流要坚持平等的心态和开放的胸襟。一方面，要避

① 成中英：《新觉醒时代：论中国文化之再创造》，中央编译出版社2014年版，第85页。

② 《杜维明文集》第4卷，武汉出版社2002年版，第585页。

③ 林安梧：《儒学革命：从“新儒学”到“后新儒学”》，商务印书馆2011年版，第290页。

④ 杜维明：《体知儒学——儒家当代价值的九次对话》，浙江大学出版社2012年版，第28页。

⑤ 参见杜维明：《体知儒学——儒家当代价值的九次对话》，浙江大学出版社2012年版，第31～37页。

免“狭隘的民族主义、种族主义”。在他看来，在了解西方文化和社会这个方面我们所做的工作远远不够。看似我们的社会上充斥着西化的思潮，但是我们真正对西方文化的认知，“只是刚刚开始走上这一漫长的道路”[①]。而另一方面，面对较为强势的西方文化，也要杜绝“完全丧失自信的媚外思想、全盘西化思想”。盲目的民族优越感和历史业力带来的自卑感，对于中西文化交流而言都是极不健康的情绪。在多元文明对话的视域下，经过对现代性的反思，他们普遍认为，在多元文明交流的过程中，新儒家无须再去证明自己的文化传统比其他的传统更为优秀，当前的任务是阐明儒家传统有自成一体的根源和基点，进而努力实现不同文明的相互了解、彼此沟通和求同存异。可见，新儒家新一代学人与早期新儒家之间存在巨大的背景性差异，如果说早期新儒家面对的是如何接受和消化现代性挑战的话，那么后继的新儒家学者所要面对的则是一个已经遭受质疑的现代性。

在被问及在新加坡推广和引介儒学会给整个社会带来怎样的影响时，杜维明坦陈：“对一种道德形式的介绍究竟是否会强有力地影响到这样一个高度复杂、多民族、多语言的社会，我说不上来。但愿它会帮助我们超越狭隘的人类规划的概念，引导我们对人的整体性的全面成长作深刻的反思。”[②]杜维明的这一回答，表露了他对于儒学在一个多元文化环境中的现代价值的评判。也许儒学不可能对一个现代社会产生类似传统社会那样直接、全面的指引，但是它在多元文化交流的层面仍然有其价值和意义。其意义在于，引导现代社会超越一元文化的限制，在传承千年的历史文化中寻求对当下具有启示意义的普遍智慧，在多元文化的对话中完善当代社会的文化价值体系。

当然，第三代新儒家学者并没有一味地主张多元化，他们对于其中潜在的相对主义的威胁亦有所警惕。刘述先对多元文明的对话，从对启蒙理性的反思和对“理一分殊”的追求开始。刘述先认为，多元发展是现代社会的必然趋势。但是在现代社会无条件地支持多元主义是不合理的，一旦多元

① 杜维明：《关于“文化中国”若干问题——与袁伟时先生对话》，载《杜维明文集》第5卷，武汉出版社2002年版，第443页。

② 杜维明：《新加坡的挑战：新儒家伦理与企业精神》，高专诚译，生活·读书·新知三联书店2013年版，第37页。

开放、自由放任到了一种不可收摄的程度，就会演变成一种社会的困境。价值相对主义背后隐含的反智的倾向，值得我们警惕。一旦“把这一个倾向推到极端，就会产生彻底的分崩离析，而造成了反理性的结果”[①]。从“理一分殊”的视角来看，对“分殊”的提倡也要限定在“理一”的范围内，这个合理的范围就是充分发展的理性，这构成了健康地开展多元文明对话的前提和基础。

---

① 刘述先：《理想与现实的纠结》，吉林出版集团有限责任公司 2011 年版，第 21 页。

第四章　第三代新儒家与大陆儒家政治哲学对勘

虽然新儒家第三代学者大多已经年迈，甚至有人已经故去，但是其学术传承的第四代尚未形成气候。就当前儒学发展的态势而言，儒学发展的主要阵地已经转移到了中国大陆地区，学界普遍认为大陆日渐活跃的儒家学者会接替当代新儒家学者推进儒学发展的工作。当前儒学发展的潮流，呈现出诸多相互映照的不同路径。故而在当前探析第三代新儒家的政治哲学，断然不能忽视他们与大陆儒家学者的交流、碰撞和对话，在很大程度上可以把他们共同视为当代儒学在不同地区新晋发展的代表。二者的思想有重叠，亦有分歧。我们可以以大陆儒家学者的政治思想为镜鉴，通过对比分析，从多个视角辨析第三代新儒家的政治哲学。

相当长的一段时期，因为中国大陆和港台地区整体社会文化交流较少，双方的儒家思想交流也不多。正如有学者指出的那样，“学者提出的观念、思想或主张，都是在一个特定的话语脉络中，即是去回应他们所身处的社会文化环境中的一些议题。如果议题不同、话语脉络不同，即便是大家都在从事儒学研究，彼此之间仍然是会有很不一样的课题、进路乃至理解”[①]。由于海峡两岸的社会政治发展环境的不同，双方儒家学者关注的议题呈现出一定的差异性。这一相对平静的发展态势近年来被一篇访谈文章打破。2014

① 李明辉：《由近来的论争省思儒学的发展》，载《天府新论》2016年第2期。

年12月，一篇名为《专访台湾儒家李明辉：我不认同"大陆新儒家"》[1]的访谈文章一经发布旋即在学术界引发极大的关注。这篇访谈文章引发的讨论并没有随着时间推移而偃旗息鼓，反而规模越来越大，也越来越深入。2015年2月，清华大学随即举行了"港台新儒家与大陆儒学发展方向研讨会"，来自多所大学和科研机构的专家学者，围绕李明辉访谈中提及的问题展开深入讨论。在海峡对岸，李明辉的这一访谈也同样引起热议。2015年3月，台湾地区不同立场和知识结构的学者举办了"儒学与政治的现代化：李明辉澎湃新闻专访座谈会"。[2] 2016年初，《天府新论》联合四川省儒学研究中心，邀请了两岸相关学者举行了规模宏大的学术会讲，诸位学者就当代儒家政治哲学和新儒学未来发展等问题展开了热烈的讨论。[3] 这次会讲，不仅仅代表了两岸新儒学对话交流的新高潮，更凸显了大陆新儒家经历了数十年的发展之后不再甘于沉寂，开始确立自己的话语体系，并试图承担作为当代儒者的历史责任。大陆新儒学的内涵以及与港台新儒学的差异，渐渐成为学术界热衷关注的话题。虽然本书关注的四位学者并没有直接参与到这次论辩中，但是他们一直以来和大陆新儒家保持着交流。因此，从理论的角度展开对比分析，不仅有助于我们深入了解第三代新儒家政治哲学的思想内涵和本质，同时也能更深刻地剖析儒学新近发展动态与现代化之间的复杂关系。

一、大陆当代儒学发展概观

在详细开展第三代新儒家与大陆儒家政治哲学对比分析之前，需要对大陆儒学总体发展状况进行简单的梳理。毕竟经过数十年的发展和积累，大陆儒学也呈现出多元化的发展趋势，故不宜将其视为一个不存在任何异质性的单一学术群体。在大陆儒家学者中，除了近年来在学术观点上非常引人注目的大陆新儒家群体之外，还有为数不少从事规范儒学研究的学者，其思想演进也非常值得关注。

---

① 参见臧继贤：《专访台湾儒家李明辉：我不认同"大陆新儒家"》，2015年1月24日，http://www.thepaper.cn/newsDetail_forward_1295434。

② 参见林月惠：《从东亚儒学视域看大陆儒学发展》，载《天府新论》2016年第2期。

③ 参见《专题：首届"两岸新儒家会讲"》，载《天府新论》2016年第2期。

(一)当代儒学发展的多元化趋势

过往相当长时间的传统文化发展断层，确实给儒学的研究、传播造成了巨大的负面影响。如今，伴随着国家大力弘扬中华优秀传统文化的宏观政策指引以及人们对于文化传统价值认知的更新，境况则迥然不同。习近平总书记指出：“在带领中国人民进行革命、建设、改革的长期历史实践中，中国共产党人始终是中国优秀传统文化的忠实继承者和弘扬者，从孔夫子到孙中山，我们都注意汲取其中积极的养分。”①“两个结合”的重要论断，为中华优秀传统文化的创造性转化和创新性发展提供了方向指引。传统儒学在获得了宽松、良好的制度支持之后，其发展真可谓日新月异。如果说 20 世纪 90 年代以儒学为基础建构社会政治秩序的提法普遍被人视为痴人说梦的话，那么如今这一概念在学术界的影响越来越大，一些倾心传统文化的儒家学者从不同的理论视角出发对儒学做出时代新诠，提出了很多具有新意的儒家思想观念。

大陆儒学的发展有很深刻的现实关怀，儒家学者试图从思想文化的角度去回应和解决社会转型中所遇到的问题和挑战，“思考儒学可以为现实的处境与问题提供何种资源”②。这种现实关怀，显然是与对现代性的认同和反思分不开的。“现代性在全球范围的扩展往往伴随殖民运动，这种国际政治秩序和经济秩序的重建对于弱势国家而言，则意味着主权的丧失和文化价值体系的崩溃。”③当新中国经由社会主义革命重建并巩固了独立的国家主权之后，中国式现代化一方面延续了现代化的基本路径，同时也开启了对现代性内在张力的理论反思。对现代性的某些层面展开反思的表现之一，就是文化保守主义的回潮。人们开始回望曾经被强势摧毁的传统文化价值体系，意识到积淀已久的传统文化价值体系并非一无是处，并试图从中发掘出一些能够适应现代化甚至助力现代化走向稳健和持久的文化资源。社会政治秩序的稳定，为以儒学为主题的传统文化价值的复归提供了坚实的支

① 习近平：《在纪念孔子诞辰 2565 周年国际学术研讨会暨国际儒学联合会第五届会员大会开幕会上的讲话》，载《人民日报》2014 年 9 月 25 日。

② 林月惠：《从东亚儒学视域看大陆儒学发展》，载《天府新论》2016 年第 2 期。

③ 干春松：《儒学的近代转型》，广西师范大学出版社 2023 年版，第 1 页。

撑。尤其是在国家经济发展取得举世瞩目的成绩之后，文化自信和国家认同继而就成为人们思考的重点问题之一，即如何实现“现代性诉求的民族性表达”①。

国家大力提倡弘扬中华优秀传统文化的宏观政策，加上社会主义市场经济蓬勃发展造就的多层次文化需求，随着社会政治结构朝向多元化发展的趋势，儒学在当代中国大陆地区的发展也相应地呈现出一种多元化的格局。在诸多儒家学者当中，近年来最引人瞩目的当属被视为群体的大陆新儒家。大陆新儒家近些年来的快速发展，在很大程度上是受到了港台当代新儒家的感召和影响。他们活跃于大陆学术界，和长期活动于港台地区或海外的当代新儒家第三代学人共同构成了当代儒学发展不可忽视的力量。对于大陆新儒家的发展，杜维明不仅“乐观其成”，同时还“非常兴奋”，从1985 年开始到大陆讲习儒学，到如今看到大陆曾经沉寂的传统文化土壤上逐渐重新生长出儒学传统，这无疑值得肯定。但是，就具体的学术观点而言，杜维明坦言他“和大陆学人的观点不同，立场不同，就连取径也有迥然异趣之处”②。而今，随着蒋庆、陈明、康晓光和秋风等大陆新儒家学者的理论学说越来越丰满，体系性越来越强，他们俨然成为当代儒学在大陆的发言人和代表者。尤其是近年来与当代新儒家的直接对话和交锋，在学术界备受关注。大陆新儒家学者之所以能够在思想界产生不小的影响，不仅仅缘于他们提出的种种犀利的思想观念，还因为他们从一开始就有明确的宗派意识。他们毫不介意外界对这种明确宗派意识的批评，认为以群体化的姿态出现更方便发出自己的声音，让外界感知到这一群体的鲜明学术立场。

除了大陆新儒家这一风格特显的儒家学者群体之外，还有一些从事规范儒学研究的学者在儒学的现代诠释和传播领域也提出了很多具有原创性和启发性的观念。例如，陈来从 20 世纪 80 年代就指出“当代有三种在场的儒学，即学术儒学、文化儒学和民间儒学”，而他主张“优先恢复作为社会文

---

① 黄玉顺：《当前儒学复兴运动与现代新儒家——再评“文化保守主义”》，载《学术界》2006 年第 5 期。

② 杜维明：《儒学第三期发展的前景问题：大陆讲学、答疑和讨论》，生活·读书·新知三联书店 2013 年版，自序第 2 页。

化和生活伦理的儒学……可以叫社会文化的儒学，或者生活伦理的儒学”。[①] 黄玉顺指出，20 世纪 90 年代以来神州大地迎来了一场“儒学复兴运动”[②]，儒学发展呈现出全方位和多层次的特点。他认为儒学具有穿透历史时空的学理禀赋，因此需要克服当前儒学发展所面临的前现代的、现代主义的以及后现代主义的理论和实践困境，进而构建一种面向生活本身、回到原典儒学的“民权时代”的当代儒学形态，即生活儒学。[③] 郭齐勇倡导的民间儒学[④]，舒大刚因应经典儒学而提出的“大众儒学”[⑤]的概念，颜炳罡推广的大众儒学和乡村儒学[⑥]，也受到了学术界的广泛关注。与理论创新相对应的是民间儒学推广实践也呈现如火如荼的态势，为数众多的专家学者走出书斋和象牙塔，积极投入民间社会，推动儒学在普罗大众之间的传播。总之，大陆当代儒学发展呈现出生活化、世俗化的趋向，在党和国家的政策指引之下，儒家学者借助传统文化复兴的大趋势，积极参与文化建设和社会治理。尤其是在国家建构自主的人文社会科学知识体系的号召之下，以儒学为核心的中华优秀传统文化，自然构成了建构中国自主的哲学、历史学和政治学等学科的宝贵文化资源。

概言之，“当代儒学复兴的根据是 20 世纪以来中国人对生存意义世界重新探求的关切，以及近代以来关于中国建构民族政治共同体文化基础的思考之趋向，因此这一儒学的当代发展有其历史必然性”[⑦]。而在新的社会环境下，包括大陆新儒家在内的儒家学者都试图“在新的历史图景里讨论儒

---

① 《陈来儒学思想录》，翟奎凤整理，华东师范大学出版社 2015 年版，代序第 2、9 页。

② 黄玉顺：《生活儒学讲录》，安徽人民出版社 2011 年版，第 4 页。

③ 参见黄玉顺：《生活儒学讲录》，安徽人民出版社 2011 年版，第 14～19 页。

④ 参见郭齐勇、张锦枝：《守先待后　创造转化——郭齐勇教授学术访谈录》，载《哲学分析》2012 年第 2 期。

⑤ 参见舒大刚：《儒藏论衡：经典儒学与大众儒学》，马琛编，上海古籍出版社 2018 年版，第 345 页。

⑥ 参见颜炳罡：《当代儒学创造性转化的四种方式与路径》，载于建福、于述胜主编：《国际儒学研究》第 23 辑，华文出版社 2016 年版，第 142～151 页。

⑦ 李洪卫：《当代儒学发展的机遇与困境——从政治儒学与诸价值理念关系视角的考察》，载《文史哲》2018 年第 5 期。

学的政治文化地位和意义”[①]。这种尝试都离不开中国自“五四”新文化运动以来所形成的以马克思主义、自由主义和文化保守主义的“三元格局”。在这种思想竞争和对话的格局中，有学者指出近年来儒学的发展也呈现出多元化的“三元格局”，即“有的儒学研究是与马克思主义会通，有的儒学研究是与自由主义会通；还有的儒学则是复古主义的，即所谓‘原教旨儒学’”[②]。总而言之，正如大陆新儒家学者干春松所言，“儒家在寻求一种更为多元的现代儒学形态”[③]。

(二)大陆新儒家的学旨及群体化

首先应该明确，所谓“大陆新儒家”到底是指谁？在我们看来，“大陆新儒家”是一个特定的称谓，它指20世纪末期以来，大陆一些膺服儒学，在文化层面试图经由传统经学的路径复兴儒学、回归儒家道统，在政治层面倡导政治儒学的一批儒家学者，其中主要代表人物有蒋庆、陈明、康晓光、秋风和干春松等人。早在20世纪80年代末期，就有学者注意到了大陆新儒家的身影。但是，相较于当代新儒家在学术界颇为正面的形象，大陆新儒家获得的评价并不太高。有学者指出：“近期国内已有提出所谓‘孔子思想的现代意义’的，但其理论基础和知识背景，却与海外的‘新儒学’全然不同。多数实不过是楚歌燕唱，学声应和而已。”[④]林安梧在谈及大陆新儒家时倾向于从广义的角度来看待大陆儒家学者[⑤]，但是他亦承认我们前文所提及的学者学旨更为接近，更具有代表性，所以我们还是选择在狭义的层面上使用“大陆新儒家”这一称谓。

“大陆新儒家”这一称谓最早由从事新儒学研究的前辈方克立在1996年提出。他在一篇文章中写道：“一些大陆学者欣赏、认同以至推崇现代新儒家，自称‘大陆新儒家’，和港台、海外新儒家形成连结、呼应之势，发表‘宣

---

① 陈明：《超越牟宗三，回到康有为：在新的历史哲学中理解儒学的发展》，载《天府新论》2016年第2期。

② 黄玉顺：《近十年来儒学研究的客观评估》，载《孔子研究》2024年第1期。

③ 干春松：《儒学的近代转型》，广西师范大学出版社2023年版，第325页。

④ 何新：《对现代化与传统文化的再思考——评海外新儒学》，载《社会科学辑刊》1987年第2期。

⑤ 参见林安梧、瘦竹：《经典、新儒家与儒学传播——林安梧先生访谈》(上)，载《走进孔子》2023年第4期。

言'、出版著作证明它在中国大陆已作为一个学派而存在。"[1]从方克立先生的描述可以看出,如果说当代新儒家的发展经历了一个长期的过程才逐渐被学术界接受的话,大陆新儒家的出现则颇有一些"自我加冕"的味道。他们急于向学术界推出自己的思想观点,而且是以宣言的形式,他们渴望获得更多的身份认同。方克立所说的"宣言",应该是指蒋庆 1989 年在《鹅湖月刊》发表的长文《中国大陆复兴儒学的现实意义及其面临的问题》[2]。有学者认为此文如同 1958 年当代新儒家发表的《为中国文化敬告世界人士宣言》一样,可以视为大陆新儒家的宣言声明。[3]

2005 年第七届当代新儒学国际会议召开,方克立因身体抱恙而未能出席。他在写给郭齐勇等人的信中对大陆新儒家表示了重视,并围绕大陆新儒家的一些观点给出了自己的看法。他指出,新儒学运动,自梁漱溟、熊十力等人开始,薪火相传不断延续,大约经历了三个发展阶段,如今"已经进入了以蒋庆、康晓光、盛洪、陈明等人为代表的大陆新生代新儒家唱主角的阶段"[4]。因此,对新儒学发展的研究不仅仅要关注前三代新儒家,也要研究大陆新儒家,作为新儒学在大陆的延续和代表,关注这一学术群体对于儒学的未来发展有极大的现实意义。方克立还指出,对于大陆新儒家的研究,要关注它与港台新儒家、大陆主流意识形态以及自由主义的关系,要关注他们作为学术团队出场的政治文化背景和运作方式,同时还要评估大陆新儒家对中国政治、经济、制度设计的可行性。[5]

关于大陆新儒家的发展,早在十几年前就有学者指出:"开创大陆新儒学的困难不仅在于学识理论的准备不足,更在于人格勇气的欠缺。"[6]如今,随着政治、文化环境的变化,国内对儒家学者和儒学研究的态度也与以往大不相同。大陆新儒家学者作为一个学术团体,近年来频繁活跃于各种学术

① 方克立:《评大陆新儒家推出的两本书——〈理性与生命〉(1)(2)》,载《晋阳学刊》1996 年第 3 期。

② 参见蒋庆:《中国大陆复兴儒学的现实意义及其面临的问题》,载(台湾)《鹅湖月刊》1989 年第 3 期。

③ 参见方克立:《评大陆新儒学"复兴儒学"的纲领》,载《晋阳学刊》1997 年第 4 期。

④ 方克立:《关于当前大陆新儒学问题的三封信》,载《学术探索》2006 年第 2 期。

⑤ 参见方克立:《关于当前大陆新儒学问题的三封信》,载《学术探索》2006 年第 2 期。

⑥ 杜钢建:《新儒家在大陆的发展前景》,载《江苏行政学院学报》2004 年第 2 期。

场合。参与相关新儒学研究的学者越来越多，大陆新儒学俨然一副显学的姿态。如今他们在人格勇气层面已经不再欠缺，而在学术层面，他们面临着和当代新儒家类似的挑战，即能否“将儒学的道德理想转化为政治法律理论，为未来中国的政治法律改革提供系统明确的指导原则”①。作为大陆新儒家学者的曾亦指出，大陆新儒家不仅有气魄承担，而且有义理承担，他们之所以有鲜明的宗派意识，原因在于他们“试图通过对康有为的思考，进而是对经学的研究，而开辟出现代新儒学的另一个路向”②。他们承认由熊十力和牟宗三等学者开创的主要活动在港台的当代新儒家学派在过去的一百年中是不可否认的儒学发展的主流，而大陆新儒家学者的努力方向是，通过“‘回到康有为’，实际上是在探索能否找到另一条现代新儒学的道路，这不仅扩宽了现代儒学研究的领域，而且对于这一百多年来的中国道路，将更具有解释力，也更能面对现实中提出的种种问题”③。

关于大陆新儒家学者的学术研究取向，学者启良认为他们“多是海外儒学复兴运动在大陆的响应者，意欲复兴的是程朱陆王一系的心性儒学。也有少数学者走的是百年前康有为等人的今文经学之一路，以公羊学为颂扬对象”④。他们不仅仅继承了新儒家对心性之学的重视，而且试图由心性儒学开启政治儒学的思考。他们的学旨虽有所不同，但是总体而言普遍认为，相较于其他文化系统而言，儒学能够更好地解决当前的社会政治问题。⑤ 他们不满足于仅仅在学术层面阐发儒学义理，而是更多地参与各种推广和弘扬儒家文化的活动。他们希望通过不懈的努力实现儒学的当代复兴，进而重现儒家文化在历史上的荣光。在很大程度上，大陆新儒学呈现出浓重的“原教旨主义化”的倾向，即“表现为在理论上愈发倾向于原始经典的教条主义论述，在实践上愈发具有排他性甚至战斗性的特点”⑥。

---

① 杜钢建：《新儒家在大陆的发展前景》，载《江苏行政学院学报》2004年第2期。

② 曾亦：《经学、政治与大陆新儒学》，载《天府新论》2016年第2期。

③ 李明辉：《由近来的论争省思儒学的发展》，载《天府新论》2016年第2期。

④ 启良：《神圣之间：中西政治哲学比较研究》，湘潭大学出版社2010年版，第58页。

⑤ 参见崔罡等：《新世纪大陆新儒家研究》，安徽人民出版社2011年版，第29页。

⑥ 周濂：《流沙状态的当代中国政治文化》，载《二十一世纪》2016年第6期。

(三)大陆规范儒学研究及其发展

不可否认,伴随着儒学的复兴,“现代新儒学已经繁衍出蔚为大观的港台海外新儒学与初起的大陆新儒学两支”[①],二者也构成了当前儒学发展的最新理论前沿。但大陆当代儒学研究的光谱很宽阔,除了非常引人瞩目的大陆新儒家群体之外,还有很多以儒学为志业的学者在耕耘坚守。他们基于儒学的立场对当前社会发展提出的各种挑战做出回应,也促进了当代儒学在大陆的发展。源于近年来对优秀传统文化的倡导,由此推动儒学繁荣发展,所以以儒学为志业或为研究对象的学者众多。在此,笔者主要从政治学的理论视域出发,以公共性为指引,聚焦儒家思想和社会公共文化转型,择其代表以做简略概览。

作为当代儒学研究马克思主义学派的代表性人物,方克立的儒学思想值得关注。作为大陆最早提出开展现代新儒学思潮研究的学者,方克立自20世纪末期就注意到影响力渐渐兴起的文化保守主义思潮,并坚持从马克思主义的视角对当代儒学发展做出阐释和评析。方克立指出,在当前的社会环境下发展儒学,其与马克思主义的关系作为一个重大理论问题无论如何都是难以回避的。对此,他坚定地指出:“当代中国马克思主义已经从理论和实践上找到了一条解决马克思主义与儒学关系问题的正确途径,不论是中国特色社会主义理论还是社会主义核心价值体系,都从包括儒学在内的中国传统文化中吸取了不少思想资源作为古为今用的支援意识。不过有一个重要前提,就是必须坚持以马克思主义为指导。马克思主义与儒学的关系是主导意识与支援意识的关系。”[②]在这一理念的指引之下,方克立继承并发扬了张岱年的综合创新文化观,提出了颇具影响力的处理“中”“西”“马”三种文化的理念原则:“马学为魂,中学为体,西学为用,三流合一,综合创新。”[③]有学者指出,这一“魂”“体”“用”三者兼备的文化融合发展模式“为推动马克思主义与儒学的结合提供了方法论的支持”[④]。

---

① 任剑涛:《当经成为经典:现代儒学的型变》,社会科学文献出版社2018年版,第1页。
② 方克立:《中国文化的综合创新之路》,中国社会科学出版社2012年版,第471页。
③ 方克立:《中国文化的综合创新之路》,中国社会科学出版社2012年版,第255页。
④ 陆信礼:《试论方克立的马克思主义儒学观》,载《思想理论教育导刊》2016年第2期。

陈来对儒学的阐发建基于本体论思考，他继承了儒家古典的仁学思想，借鉴和吸收了中国哲学本体论的相关内容，而发展出一个系统的以仁学为核心的本体论思想，又可称为“仁学的宇宙论”[①]。陈来围绕仁学阐发的本体，强调的是“世界存在、关联、生生与运动的根源”[②]，所以他始终主张优先恢复和发展作为社会文化和生活伦理的儒学。之后，通过对现代主义的反思，他认为现代社会在实现理性化和祛魅之际也经由对传统的批判而消解了过往深厚的意义秩序，故而又特别强调儒家价值体系对现代化的调节作用，其对儒学阐发的方向由注重生活伦理的儒学逐渐转向价值的儒学。[③] 基于对现代性的反思和对文化传统现代价值的再度肯认，早在2007年，陈来就指出儒学的复兴及其在国家大政方针中的呈现，显示国内政治文化发展出现了“再中国化”的倾向，即“自觉地汲取中国文化的主流价值资源，正面宣示对中国文明的承继，更充分的中国化，以应对内外现实的复杂挑战”[④]。

黄玉顺提出的“生活儒学”概念，是近年来影响较为广泛的原创性儒学概念之一。他在与现象学对话的理论视域下，强调在当前中国建构一种具有本土性和当代性的儒学——一定是面向生活本身的理论形态。其基本宗旨在于，“既拒绝西化派的立场而坚持本土性，也拒绝儒家原教旨主义的立场而坚持当代性；对于后现代主义，甚至现象学本身，虽然在一定意义上采纳其‘还原’的观念而回归作为存在本身的生活本身，但是拒绝其‘后哲学’、‘反形而上学’的观念而努力重新‘建构’儒家形而上学、形而下学”[⑤]。他将生活儒学的观念概括为“爱与思”，在这基本分析框架下，他阐明了生活儒学的基本逻辑：“儒家将作为存在本身的生活本身视为大本大源，将生活情感尤其是‘仁’即‘爱’的情感的显现视为源头活水。在这种本源上，通过‘思’去‘成己’、‘成物’，而给出存在者，从而建构形而上学、形而下学。”[⑥]可见，黄玉顺对生活儒学的阐释分为形而上学重建和形而下学重建。生活儒学在形而上学领域的工作主要体现为，在生活本源的地基上重建主体性、实体性、

---

① 陈来：《仁学本体论》，生活·读书·新知三联书店2014年版，第1页。

② 陈来：《仁学本体论》，生活·读书·新知三联书店2014年版，第13页。

③ 参见《陈来儒学思想录》，翟奎凤整理，华东师范大学出版社2015年版，第15页。

④ 陈来：《孔子与当代中国》，载《读书》2007年第11期。

⑤ 黄玉顺：《爱与思：生活儒学的观念》，四川大学出版社2006年版，叙说第2页。

⑥ 黄玉顺：《爱与思：生活儒学的观念》，四川大学出版社2006年版，叙说第2～3页。

本体论和范畴表;而其在形而下学中所构造的主要涉及道德论及伦理、知识论及科学、规范建构和制度安排等。[①] 其最终对制度的建构则内在地包含着对政治自由和民主的追求。

不同于从儒家文化立场本身出发开展的研究,有一些并非从传统人文视角出发而是经由社会科学研究路径展开的儒学研究,也给我们以很大的启发。如任剑涛从政治合法性塑造的角度指出,传统社会的儒家思想作为王朝政治的官方意识形态,以一家独尊的态势独享官僚君主制政治权威。而在中国开启现代化转型历程之后,缺乏政治权力支撑的儒家再难以成功提供国家统治秩序正当化的理论支撑,遂而降格为与诸种文化资源公平竞争的思想体系之一。当然,"一种从独享政治权威到竞争社会文化资源的儒家演进性定位,将给儒家真正带来现代活力"[②]。

综论当前大陆儒学研究,有三个不同于当代新儒家和大陆新儒家的特点,较为鲜明。

第一,依托现代学科体系展开的规范化研究成为主流。所谓"规范儒学研究"是指,许多高校和科研机构的专家学者在开展儒学研究时告别了大陆新儒家哲学所主张的传统经学进路,而是将儒学放在现代人文社会科学体系中去分析和研究。如果说大陆新儒家群体的传统经学研究进路首先突出的是鲜明的光大儒门的使命担当,其中信仰的色彩要强过科学研究,他们对自己的定位首先是信仰儒学的儒者,其次才是儒家文化的研究者;那么相较而言,从事儒学规范研究的大陆学者对于自身的定位就略显不同,也许他们当中的一些人也有儒者的自我定位,但是他们首先是置身现代教育科研机构之中的人文社会科学研究者。他们对现代学术理性的认同要优于对儒家义理的认同或信仰,其所进行的传统儒学的现代诠释和阐发是基本上告别了激进文化保守主义的态度,转而在现代人文社会科学的理论框架中展开的。对于当前很多儒学研究者而言,他们只是将儒学作为一种研究对象,从多元的角度和方法来研究儒学,其本身并不一定认同自己是儒者。在现代人文社会科学的规范学科体系中,尤其是伴随着党和国家大力弘扬中华优

---

① 参见黄玉顺:《面向生活本身的儒学:黄玉顺"生活儒学"自选集》,四川大学出版社 2006 年版,第 43～52 页。

② 任剑涛:《当经成为经典:现代儒学的型变》,社会科学文献出版社 2018 年版,第 30 页。

秀传统文化的政策引导之下，儒学迎来了一个多元开放的发展环境。

第二，当前大陆儒学发展更加注重回应政治现实发展和社会挑战。他们更加注重以国家重大方针政策为指引，以积极客观的态度回应在中国政治发展过程中所出现的现实问题，并主动将儒学作为国家主导价值观念的有益补充而渐次展开思想探索。正如习近平总书记所言，“传统文化在其形成和发展过程中，不可避免会受到当时人们的认识水平、时代条件、社会制度的局限性的制约和影响，因而也不可避免会存在陈旧过时或已成为糟粕性的东西。这就要求人们在学习、研究、应用传统文化时坚持古为今用、推陈出新，结合新的实践和时代要求进行正确取舍，而不能一股脑儿都拿到今天来照套照用。要坚持古为今用、以古鉴今，坚持有鉴别的对待、有扬弃的继承，而不能搞厚古薄今、以古非今，努力实现传统文化的创造性转化、创新性发展，使之与现实文化相融相通，共同服务以文化人的时代任务”①。对传统文化的创造性转化和创新性发展，也就成为当前儒学发展的基本遵循。在具体的实践层面，他们注重教育，注重民间的力量和草根的力量，认为这才是让儒家文化生根发芽的根本途径。正如颜炳罡强调的那样，当代儒学只有由殿堂走向民间，实现儒学的民间化、大众化、生活化和实践化，才是其实现现代转化的恰切路径。②

第三，规范儒学研究很大程度上是在对新儒学的反思基础上逐渐兴起的。当代新儒家虽然也在努力推动中国的现代转型，但是他们所努力的方向更多的是在心性儒学，即使其后辈学者一再为之辩护，他们在政治论说层面相对而言也是较少的。究其原因，正如任剑涛所言，“一种置身中国政治圈外的学者身份，使他们只能论说围绕个人经验的历史与哲学问题，而无法富有针对性地处理中国政治问题”③。继之而起的大陆新儒家的政治论说的自觉意识和主动性更强，但是其政治论说的理论形态却很难让人满意。“大陆新儒家已经显现出一种复合政教的强烈意欲，试图重光古代儒家统合政

① 习近平：《在纪念孔子诞辰2565周年国际学术研讨会暨国际儒学联合会第五届会员大会开幕会上的讲话》，载《人民日报》2014年9月25日。

② 参见颜炳罡：《当代儒学创造性转化的四种方式与路径》，载于建福、于述胜主编：《国际儒学研究》第23辑，华文出版社2016年版，第142～151页。

③ 任剑涛：《当经成为经典：现代儒学的型变》，社会科学文献出版社2018年版，第18页。

治与教化的传统。”[①]伴随着我国经济腾飞和改革开放走向深入，发掘儒家思想资源助益社会公共治理成为热门论题，如何超越新儒家对儒学阐释的偏于心性一隅和执着复合政教两种理论误区，成为近年来规范儒学研究着力的重点。显然，在更好地处理儒学与当前中国政治发展具体社会现实以及主流价值观念这一点上，规范儒学研究群体比新儒家表现出更开放的态度和更灵活的理论姿态。

二、第三代新儒家与大陆儒家政治哲学对比分析

当后起且发展势头极为迅猛的大陆新儒家学者遇到了富有传承且思想理论相对成熟的当代新儒家第三代学者，一场引人瞩目的学术交锋就这样逐渐拉开了序幕。关注这场或隐或显的学术交流过程，有助于我们更加深刻地了解当代儒学发展的最新动向。同时，由于这场充满“新老交替”意味的儒家学术交锋发生在亟待迎来又一次传统文化发展“春天”的中华大地之上，时代的际遇和沉寂百年文化传统的悸动都为这次交锋平添了几分耐人寻味的色彩。

（一）大陆新儒家的“政治儒学”构想

由于缺乏系统的发展，当 20 世纪 80 年代港台新儒家的思想开始传入大陆时，大陆学术界从事儒学研究的学者只能亦步亦趋地了解或“补课”，很难与之展开有效的对话。大陆新儒家自其发展之初就是在当代新儒学的基础上展开的，并试图弥补它的不足。如今经过数十年的发展，大陆新儒家在近些年的发展中表现出两个与前人不同的特征，即政治转向和宗教转向，可以视为在理论上对当代新儒家的回应。

第一，所谓“政治转向”是指大陆新儒家试图超越单一的心性儒学，而发展出政治儒学的面向。蒋庆认为，在历史上中国是向来有一个政治儒学的传统的，只因儒学关注对象的不同，衍生出心性儒学和政治儒学两个儒学传统分支。但是在历史的演进中，心性儒学偏盛而导致了对政治儒学的遮蔽。

---

① 任剑涛：《当经成为经典：现代儒学的型变》，社会科学文献出版社 2018 年版，第 21 页。

因此,“造成了对中国儒学传统的破坏,使中国的儒学传统仅仅局限在心性一隅,不能向社会与政治开放;同时也自己缩小了儒学的范围,抛弃了儒学中非常有价值的传统资源,使儒学在政治制度上缺乏改旧创新的活力”①。所以基于这一理论视角,他认为,“现在的问题是心性儒学偏盛,政治儒学受抑,儒家传统不清、儒学资源不广,所以需要划清儒学的两大传统,全面正确地理解儒学,并需要重新讲明以公羊学为代表的政治儒学,还儒学传统的本来面目”②。蒋庆在《公羊学引论》一书的后记中坦陈,他正是因为受到现代儒学向心性一隅发展无力回应现实政治挑战的刺激,“开始究心公羊学,希图从中发掘出儒家传统的政治智慧,以解决中国政治文化重建中如何吸取传统思想资源的问题”③。蒋庆率先提出的这一学术构想得到了大陆新儒家学者的广泛支持,而这一学术走向也被视为大陆新儒家和当代新儒家的区别所在。如果说当代新儒家三代学人前赴后继,共同完成了对儒学传统的哲学诠释,那么大陆新儒家认为现在他们已经接过了这一接力棒,将把儒学发展带到另一个境地。秋风指出:“现代儒学发展已进入下半场……应该有全面重建秩序之志……回归道统、复兴儒家。”④而全面重建中国的社会秩序,就不会仅仅停留在文化哲学的诠释层面,其关注的目光更多地投向了社会政治现实。

第二,关于大陆新儒家的宗教转向,是指大陆新儒家延续了康有为的理论路径,主张“从宗教的视角理解儒家文化的历史文化功能,探索其现实意义和定位”⑤。康晓光将传统官僚政治系统比附为儒教组织,继而指出传统儒学乃是一种宗教。“儒教就是中国的国教或全民宗教。……古代中国是一个神权政治国家,宗教已与政权完全融合,政治体系就是宗教体系,皇帝就是教皇,官僚就是教士,教义就是国家的法典和意识形态,国民即信徒。”⑥

---

① 蒋庆:《公羊学引论》,辽宁教育出版社 1995 年版,第 8 页。

② 蒋庆:《公羊学引论》,辽宁教育出版社 1995 年版,第 9 页。

③ 蒋庆:《公羊学引论》,辽宁教育出版社 1995 年版,第 396 页。

④ 姚中秋:《现代儒学发展已进入下半场》,2016 年 8 月 2 日,http://www.rujiazg.com/article/id/8685/。

⑤ 陈明:《公民宗教:儒教之历史解读与现实展开的新视野》,载金泽、赵广明编:《宗教与哲学》第 3 辑,社会科学文献出版社 2014 年版,第 392 页。

⑥ 康晓光:《文化民族主义论纲》,载《战略与管理》2003 年第 2 期。

所以，传统中国呈现出典型政教合一的形态，不能因儒学没有独立的宗教科层体系就否认其宗教属性。康晓光指出，“五四”新文化运动给儒教带来了致命的打击，而新中国成立之后开展的文化改造导致儒教在中国大陆近乎消亡。从文化民族主义的角度出发，他视文化为现代民族和国家认同的基础，故应积极复兴儒教，借此实现中国文化和中华民族的伟大复兴。蒋庆经由当代新儒家而接触传统儒学，却在弘扬和重建儒学的道路上比新儒家的前辈学人走得更远。他认为，儒家是学派，儒学是具体的教义和思想体系，而儒教是与佛教、基督教等宗教对等的文明体系。所以历史上儒学是宗教，但它与典型的西方宗教不同，是一种特殊的中国宗教，而且在绝大多数历史时期被尊为国教。而辛亥革命之后，儒教失去其“王官学”[①]地位的同时也失去了制度性的依凭，逐渐走向崩溃。陈明则是借鉴了美国社会学家贝拉有关公民宗教的提法[②]，认为将儒教视作一种公民宗教可以“为当下面临的国家建构和国族建构及其相关的思想文化问题之解决应对提供资源和方案”[③]。

康晓光高倡文化民族主义，呼吁重新审视儒教，并非仅仅停留在弘扬传统儒家文化。其思想追求在于以传统儒家道统为基础，吸收近代以来广泛传播的马克思主义传统和西方资本主义政治文明的精髓，在儒家义理的规范和约束下借鉴现代民主政治的部分要素，最终建立一种带有儒家文化色彩的社会秩序。蒋庆认为，构建现代中国政治价值体系必须重振政治儒学，在融汇中西的前提下建立具有儒家文化特色的王道政治。王道政治的核心内涵是政治权力在天、地、人的“三重合法性”，即超越神圣的合法性、历史文化的合法性和人心民意的合法性。[④]

---

① 蒋庆：《再论政治儒学》，华东师范大学出版社 2011 年版，第 249 页。

② 参见[美]罗伯特·贝拉：《宗教与美利坚共和国的正当性》，载苏国勋、刘小枫主编：《社会理论的知识学建构》，上海三联书店 2005 年版，第 161 页。

③ 陈明：《公民宗教：儒教之历史解读与现实展开的新视野》，载金泽、赵广明编：《宗教与哲学》第 3 辑，社会科学文献出版社 2014 年版，第 392 页。

④ 参见蒋庆：《再论政治儒学》，华东师范大学出版社 2011 年版，第 9～10 页。关于大陆新儒家政治儒学的理论构想，因其诸多论断争议较大，此处不再赘述。对于相关论断的评析，学术界已经有不少深刻的研究，详情参见肖强：《当代大陆新儒家批判——以蒋庆、康晓光、余东海、陈明、秋风为例》，载《文史哲》2017 年第 1 期；李洪卫：《当代儒学发展的机遇与困境——从政治儒学与诸价值理念关系视角的考察》，载《文史哲》2018 年第 5 期。

(二)港台儒家学者对大陆新儒家的评析

当代新儒家学者很早就注意到了大陆有关新儒学的研究。20 世纪 90 年代初期,李明辉指出,“中国大陆新儒学研究的最大阻碍在于意识形态的限制”①。从这篇文章写作的时间节点来看,早期大陆人文社会科学受制于时代观念的影响,对新儒学的研究不免因时代观念的约束而显得僵硬。显然,对于普遍处于学习和了解中的大陆新儒家学者而言,这种批评客观中肯。当大陆新儒家学者的思想观念日渐偏激,并与港台的当代新儒学表现出极大的异质性时,批评与商榷的声音陆续出现。关于当代新儒家和大陆新儒家的一些思想分歧,我们想从以下三个方面展开。

第一,关于蒋庆等人提出的心性儒学和政治儒学区分的问题。李明辉明确地指出,就思想史的层面而言,港台新儒家不仅阐发了心性儒学,也发展了政治儒学,并列举了其中的代表人物张君劢和徐复观。② 张君劢作为民国著名的宪法学家参与起草了宪法,这在中国宪制历史上都是值得称赞的。而徐复观作为“政治与学术之间”的人物,半生参政,半生论学,他对传统君主政治的批判,对现实政治的思考,在当代新儒家群体中极具代表性。而且,就政治理想的落实而言,李明辉认为,新儒家在政治思想上的一些观念和主张,已经在台湾地区的民主化过程中有所落实和体现。不可否认,台湾是东亚地区较早完成民主化的地区,当代新儒家前辈学人梦寐以求的政治理想和他们为之付出汗水与努力的政治目标,大多数在今天已经达成。国民党建立的威权政治统治已经彻底瓦解,台湾地区也通过选举和政党竞争政治实现了政治权力的和平过渡。虽然台湾的民主政治常常因大众高涨的参与热情而被指责有“民粹化”的倾向,但是毫无疑问台湾的政治民主化进程值得肯定。所以,在李明辉看来,蒋庆所谓“政治儒学是对当代新儒家心性儒学的超越”这一说法实难成立,认为他对当代新儒家在民主政治发展层面做出的努力缺乏认知。

---

① 李明辉:《中国大陆有关当代新儒学的研究:背景、成果与评价》,载(台湾)《当代》第 63 期(1991 年 7 月)。

② 参见臧继贤:《专访台湾儒家李明辉:我不认同“大陆新儒家”》,2015 年 1 月 24 日,http://www.thepaper.cn/newsDetail_forward_1295434。

对于蒋庆提出的政治儒学，成中英认为他缺乏文献的基础，只有回归儒学理性的价值观，更好地认识《公羊传》，才能真正理解儒家宪政的实质。所以，成中英强调的是宪法民主政治下的儒学，而不仅仅是政治儒学。[①] 而杜维明认为其谬误主要表现在两个方面。第一，从儒家的政治学看来，它的历史性不强。第二，它只能算是一种封闭的特殊主义所发展出来的一套价值理念，所以普世化和全球化的可能性极小。[②]

第二，对于大陆新儒家复古更化的做法，强烈要求回归道统，甚至明确反对现代民主政治的主张，当代新儒家断然持一种反对的态度。大陆新儒家认为，包括儒学在内的文化传统是我们思考当前社会问题不可能摆脱的问题场域。因此必须在反思过往激进文化态度的基础上接续道统，在传统的话语和体系中寻求支持。成中英并不完全反对这种思路，但同时指出，在谈论当前的社会公共问题时，“我们也可以跳出儒家传统或任何传统来谈问题”[③]。在这里，成中英着重强调了开放理性的重要性，他认为中国自鸦片战争以来已经在痛苦的社会实践中逐渐培养了开放理性与学习外在经验的能力。他进一步分析指出，“只依赖主体性的普和价值原则是不足以维护一个历史性的生活和文化传统的”[④]，思想价值观念势必要根据社会现实的发展逐渐转变。成中英认为，他只不过用现代话语阐述了这一理念，而对于这一点，孟子早有论述：“徒善不足以为政，徒法不能以自行。”[⑤]良善的理念搭配可行的制度、政策，才能达成最终的理想。主体只有通过与客体的互通互动，才能做到对客体的有效了解和掌控，而一旦不能互通互化，个体的主体性就会消失而被整体消融。大陆新儒家即便是将道统阐述得再完美，没有现代民主政治对强大政治权力的约束和规范，它最终也将流于空谈。

---

① 参见成中英：《新觉醒时代：论中国文化之再创造》，中央编译出版社 2014 年版，第 493～494 页。

② 参见杜维明：《儒家、宪政与国族认同》，载杜维明、姚中秋、任锋等：《儒家与宪政论集》，中央编译出版社 2015 年版，第 151 页。

③ 成中英：《当代新儒家与新儒家的自我超越：一个致广大与尽精微的追求》，载《成中英文集》第 2 卷，湖北人民出版社 2006 年版，第 421 页。

④ 成中英：《当代新儒家与新儒家的自我超越：一个致广大与尽精微的追求》，载《成中英文集》第 2 卷，湖北人民出版社 2006 年版，第 421 页。

⑤ 杨伯峻译注：《孟子译注》，中华书局 2012 年版，第 173 页。

大陆新儒家对于中国传统政治过于美化的学术态度，刘述先显然也难以赞同。对于传说中美好的上古三代和大陆新儒家心目中完美的王道政治，刘述先坦白地讲："从现代的观点来看，尧舜甚至禹还是属于传说时代的阶段，并不属于信史的范围。三代之建立，是否没有一点私意的成分？这是谁也没法保证的事实。这些只是儒者共同承认的历史，焉知没有掺入了许多理想化的成分？至少由孔孟起，真正的儒者并不能用世。到了汉朝，统治者利用儒术的幌子来治理天下，其秘诀是阳儒阴法、王霸杂之。从此儒家与统治者乃有着一种奇特的互相依赖和互相制衡的关系。到了这种平衡完全失去的时候，就逼得要改朝换代，周而复始，一幕一幕地演出轰轰烈烈的历史的戏剧。"①刘述先认为，相比于中国传统君主政治，现代民主政治在限制专断权力这一点上其功效就更为明显。所以即便是现代民主政治还存在诸多缺陷，但是其基本价值仍然值得肯定。以怀古的幽思，怀抱儒家难以实现的王道政治理想，而不去思考现实政治运作的实践环节，大陆新儒家的这种政治构想只可谓抱残守缺。"如果有可能找到一个更好的制度的话，没有任何理由必定要抱残守缺，死守着传统的规模，拒绝往着一个新的方向迈进。"②中国历史传统所积累的经验，是一笔宝贵的文化资源，但是仅仅依靠这种资源应对社会挑战显然力不能及，只有现代民主政治结构才能够应对当代社会不断涌现的时代挑战。所以，刘述先一再强调："中国的工业化和现代化是一个不可避免的趋势，同时现代的问题也终必要采取现代的方式来解决。"③

对于儒家前贤，林安梧主张要有一个中肯的认知。"不必过分地神圣化，但是也不必刻意地去说他们怎么糟糕，他们是'人'，是一群有理想，而活在现实里头的人；对于那个时代有什么看法，他们就这样提出来。"④孔孟诸子之所以伟大，在于他们确立了一个悠久深厚的历史文化传统，塑造了中华民族文化的基本性格，阐发了诸多具有普遍性的人性智慧。他们的思想言说所包含的价值，不仅在当时，即便是在当下也对我们的社会政治发展充满

---

① 刘述先：《朱子哲学思想的发展与完成》，(台北)台湾学生书局1984年版，第546页。
② 刘述先：《朱子哲学思想的发展与完成》，(台北)台湾学生书局1984年版，第547页。
③ 刘述先：《文化与哲学的探索》，吉林出版集团有限责任公司2011年版，第273页。
④ 林安梧：《论语——走向生活世界的儒学》，(台北)文海基金会，1995年，第9页。

了启示。但是,他们并不是神,也不能过分地神圣化。他们是人,是活生生的人,是从人世间走出开显了智慧之后又走进生活世界的人。他们针对时代问题提出的看法,显然有其价值所在,但是无论如何都不能构成超越时代发展放之四海而皆准的真理。在儒学漫长的发展过程中,其理论体系呈现出鲜明的开放性。面对现代科学精神和民主政治,当代新儒家不仅肯认其所蕴含的普遍价值,更是倡导积极学习和对话。相较之下,大陆新儒家的一些学者却重提"华夷之辨"的陈旧话题,以一种极为浅陋和抵触的态度面对中西文化交流的现状。对于儒学在当代中国的发展而言,大陆新儒家的这种态度明显呈现出复古倒退的趋势。不仅仅是在学理的严谨性和系统性上,更是在胸襟态度的开放性上,都远远不及新儒家前辈学人来得深刻、坦诚。

第三,对于大陆新儒家秉持的儒学宗教化的主张,当代新儒家明确表示儒学具有宗教性,但并非宗教。刘述先认为儒家既不是一个有组织的宗教,而孔子也不构成神的概念,但是就儒家的终极关怀而言,它有丰富的宗教意涵。与典型宗教相比较,刘述先认为儒学呈现出奇特的双重性格:一方面,作为一种终极关怀,它的内在超越性会与其他宗教产生竞争;而另一方面,它作为一种信仰可以与世界上任何一种宗教相结合融洽相处。①

儒学并不能构成宗教,这一论断在新儒家群体内早已有之。冯友兰的认知平实而明了,他认为"儒家思想并不比柏拉图或亚里士多德思想更像宗教"②。所以,因为缺乏至上神,也没有此岸世界和彼岸世界的分别,儒学断然难以构成一种宗教。至于徐复观,更是认为儒家文化在其根源处就已经失去了宗教的特性。对于儒学所蕴含的宗教性,如果说在新儒家前辈学人如唐君毅那里还多有强调的话,相较之下,新儒家第三代学人对这一问题的感受,不论是从理论还是从人生实践层面上来讲都相对淡薄。对于这一对比,林安梧就指出,"当代新儒家的人物里面,在新的传承一辈里面,带有宗教性的人格不如老一辈的人,老一辈人比较带有'教'的人格"③。杜维明也肯定了儒学包含的宗教精神。孔儒之道所关注的本质问题虽然是人的存在

---

① 参见刘述先:《全球伦理与宗教对话》,河北人民出版社 2006 年版,第 128～129 页。

② 冯友兰:《中国哲学简史》,生活·读书·新知三联书店 2009 年版,第 1～2 页。

③ 林安梧:《儒学革命:从"新儒学"到"后新儒学"》,商务印书馆 2011 年版,第 220 页。

问题，但在杜维明看来，儒家关于“道”的理论构建足以和西方神学宇宙论相媲美。与其说“道”是有关人类的终极关怀，不如说它所关注的乃是“天人学的（anthropocosmic）问题”。孔子自始至终都不是一个只关心现实社会而忽视人生终极意义关怀的人，其思想中充满了超越性。成中英认为，就儒学对中国传统社会的基本规定性而言，它“是一套价值哲学，不是西方的宗教，表达的是人的存在的一种要求”[①]。中国传统政治父权制，是一种礼的统治。依照礼建构社会秩序的基础是不断发现人际关系，并积极扩展人际关系的范围。礼的人际关系基础，表明了个体情感和利益诉求的社会性，而这种极具社会性的人性内涵和个体的能力紧密相连。儒家文化浓重的道德人本主义取向表达了一种充满理想色彩的人类文化，“这种文化是人类创造性的一种表达与评价”，所以“个人生活世界的经验也在此基础上得到扩展，并不急于超越到彼岸世界。连死亡都在这个文化价值的世界中占据了一席之地……这就是为什么世俗礼仪能够变成神圣礼仪的根本原因”。[②]

三、多元政治哲学视域下儒家政治哲学内在张力

一篇关于儒学的访谈能在海峡两岸同时引发热议，这就不应仅仅将其视为偶然的学术事件。争议之所以出现，其原因在于当代中国儒学发展的不同逻辑理路产生了内在张力，这一张力也就构成了我们审视第三代新儒家政治哲学和大陆儒家政治哲学的理论线索。如果从多元政治哲学的视角出发去检视这一问题，可以发现争论的根本原因在于，不同文化思想主张的儒家学者对儒家政治哲学发展方向和路径的理解大不相同。

（一）多元政治哲学的分析框架

思考当代儒家政治哲学的发展问题，必须要放在现代政治哲学的理论框架内展开，即“政治地思考（thinking politically）”[③]，而脱离了现实政治语

---

① 成中英：《新觉醒时代：论中国文化之再创造》，中央编译出版社 2014 年版，第 488 页。

② 成中英：《新觉醒时代：论中国文化之再创造》，中央编译出版社 2014 年版，第 476 页。

③ 唐文明：《从儒学复兴的议题看康有为主义与牟宗三主义的异同》，载《天府新论》2016 年第 2 期。

境的理论设想，就难以避免玄虚和空疏的理论品格。据此，任剑涛关于不同类型政治哲学的划分，从方法论层面给我们极大的启示。如果从最宽泛的意义来审视政治哲学，它包括所有对政治事物和政治行为刨根问底的学问。但是当我们在现代政治话语体系的框架内谈论政治哲学，它的论域就明显变得狭窄而清晰。“主要是以理性的进路切入政治世界，提要勾玄，将政治基本价值、政治基本制度和主流生活模式刻画出来。”①就本质而言，这种政治哲学关注的是人与人的政治关系，而不是人与神的关系。其展开的方法，是以理性论证为基础，在不同的政治价值、制度和生活模式之间做出辨析和选择，而不是充满诗意浪漫的言说。任剑涛认为，当前汉语学术界关于政治哲学的研究并没有被限定在一个有限合理的范围之内，“善于制造学术研究热点的汉语政治哲学推手们，主要从事的是达名意义的政治哲学研究。他们从政治神学、政治诗学、政治文学、政治古典学等视角，拉开了政治哲学的研究大幕”②。

从这一理论背景出发，我们就可以分别检视政治神学、政治诗学和理性规范的政治哲学。政治神学主要在政治论说中关注神与人的关系，“伪托政治哲学之名的政治神学研究，不管是宗教意义上的政治神学，还是世俗意义上的仿宗教性的政治神学”③，都在努力为社会政治生活寻求具有超越性的神圣价值依归。而政治诗学的魅力主要体现在它申说政治问题时流露出的诗意言说，“自承是超越滞重的政治现实、寻求政治诗意浪漫本质的政治诗学表达，也具有它强大的言说依托”④。它充满丰富想象力的政治论说，为人们描绘了一个宽阔的政治空间，允诺世人以超越枯燥现实的多彩政治生活。由于发展晚近，中国的政治哲学研究本身就落后于国际主流学界，实证研究始终是一个薄弱的环节，造成了本土政治哲学研究的“玄谈性质”。当前中国政治发展与转型最需要的是规范意义上的理性政治哲学，即从当代中国政治发展给定的现实情境出发，以政治现代化和民主化为方向指引，探寻政治合法性建构、政治基本价值变迁和政治制度改进，在此基础上寻求社会的

① 任剑涛：《公共的政治哲学》，商务印书馆 2016 年版，序言第 2 页。
② 任剑涛：《公共的政治哲学》，商务印书馆 2016 年版，序言第 2 页。
③ 任剑涛：《公共的政治哲学》，商务印书馆 2016 年版，序言第 3 页。
④ 任剑涛：《公共的政治哲学》，商务印书馆 2016 年版，序言第 4 页。

良善和有效治理。当代新儒家、大陆新儒家和大陆规范儒学研究者对政治哲学的不同阐释,恰好对应了仿宗教性的政治神学、浪漫的政治诗学和理性规范的政治哲学三种理论路径。故关于政治哲学研究不同理论路径的分析,为我们理解当代儒家政治哲学的内在张力提供了清晰可行的分析框架。

(二)政治诗学、政治神学与规范政治哲学的张力

当代新儒家的政治哲学以道德理想主义为根本出发点,倡导在体认和阐发心性之学的基础上完善现代自由民主政治,并对西方主流政治哲学秉持一种批判的态度,这明显呈现出浪漫诗学的倾向。虽然第三代新儒家因其丰富的学养和开阔的视野,在政治哲学层面阐述了诸多非常有价值的思想,但是,和他们的前辈以及当前大陆新儒家学者一样,他们对儒家思想的认知还存在许多充满浪漫色彩的因素。在探讨人权和民主的概念时,成中英并不怀疑这些概念首先由西方提出,但是他却认为"西方人权思想的根源是中国的儒家哲学思想"[①]。他指出,启蒙运动时期,西方来华传教士陆续将包括儒家典籍在内的中国经典传播到西方社会,这对启蒙思想家产生了深远的影响。包括莱布尼茨、洛克、孟德斯鸠、卢梭、伏尔泰和狄德罗等人都受到儒家哲学的影响。他甚至断言,"洛克《公民政府两论》中所表述的基本思想,基本是儒家"[②]。诚然,在启蒙运动之际西方来华传教士架起了中西文化沟通的桥梁。伴随着中西文化的交流不断深入,东方文化在西方的传播确实给启蒙思想家带来了不小的影响。我们至今在研习西方典籍时,仍然能发现启蒙思想的某些观念从遥远的东方哲学思想中汲取养分的痕迹。伏尔泰被艾田蒲在其巨作《中国之欧洲》中称为"中国迷"[③],而孟德斯鸠在其《论法的精神》一书中也对中国的社会政治文化表现出浓厚的兴趣[④]。但是,如果据此认为西方人权与民主思想的根源是中国的儒家哲学,则显然这一论断并不严谨,其中浪漫的想象完全超过了理性的判断。

---

① 成中英:《道德自我与民主自由:人权的哲学基础》,载《成中英文集》第2卷,湖北人民出版社2006年版,第368页。

② 成中英:《道德自我与民主自由:人权的哲学基础》,载《成中英文集》第2卷,湖北人民出版社2006年版,第369页。

③ [法]艾田蒲:《中国之欧洲》(下),许钧、钱林森译,河南人民出版社1992年版,第201页。

④ 参见[法]孟德斯鸠:《论法的精神》(上),许明龙译,商务印书馆2017年版,第150页。

刘述先认为,天下意识、王道精神等儒家思想观念,“加以适当的重新解释与改造的话,仍可以有丰富的现代的意义”[1]。我们不否认第三代新儒家努力诠释的这些概念对于现代社会政治生活而言依然有其意义,但是,他们运思的逻辑依然以传统王道政治理念和儒家生生不息的观念为起点,对于这些观念在现实政治生活中如何落实却没有给出具体的建议。伽达默尔曾指出,“诠释学是一种幻想力或想象力……在我们这个充满科学技术的时代,我们确实需要一种诗的想象力,或者说一种诗(Gedicht)或诗文化”[2]。第三代新儒家经由诠释学的方法,对儒家传统政治哲学展开了全新的解读和建构。他们将儒家政治哲学的一些概念、构想和价值从传统政治发展的脉络中剥离出来,辨析了生活化与批判性的儒学,以及政治化与宰制性的儒学,进而指出,在当前社会发展的历史情境下,在一个积极构建民主与法治的现代社会中,传统儒学在政治文化的层面不仅仅能参与当前政治建设,而且能在某种程度上救治现代政治的弊病。但是在具体实施的环节,他们又语焉不详。不难看出,第三代新儒家对儒家政治哲学的诠释确实充满了诗意的批判与想象。

大陆新儒家试图在政治秩序与儒家文化传统之间实现某种勾连,依附神圣的道统而建立以儒学为中心的社会政治秩序。就本质而言,他们所要建立的这套政治体系超越了政治哲学研究的范围,而构成了一种政治神学。大陆新儒家泥古不化,执着于中国传统政治文化而止步不前,未能给当前民主政治建设或现代化事业提供任何有益的制度建议或思想资源。将大陆新儒家的政治理念视为“政治神学”并非我们首创,已经有学者提出这一说法。对于蒋庆从公羊学出发进而构建的所谓“政治儒学”,学者启良认为他对公羊学的认知都“未能入其堂奥”[3]。蒋氏没有意识到,从本质上而言汉代的公羊学是被意识形态化了的政治神学,而不仅仅是一种政治儒学。启良论证指出,首先公羊学宣扬天人感应说,其实质就是构建政治化的神学体系。而公羊学宣扬的“五德始终说”带有浓厚的历史宿命论色彩,谶纬之学更是将

① 刘述先:《理想与现实的纠结》,吉林出版集团有限责任公司2011年版,第4页。
② 洪汉鼎:《当代西方哲学两大思潮》(下),商务印书馆2010年版,第699页。
③ 启良:《神圣之间:中西政治哲学比较研究》,湘潭大学出版社2010年版,第59页。

政治伦理引向政治神学。[①] 所以，公羊学是充满了神学色彩的政治构想，不论是对“天”的强调，还是后世谶纬之学的兴起，无非都是在为王权政治提供一种“诡秘而又粗糙的政治化的神学”合法性论证。林安梧也意识到了大陆新儒家的不同之处，并指出其中所体现出的类似宗教的性格，“（大陆）也有一些研究者，他们把它（儒学）当成信念了，而目前来讲，作为信念的儒学，作为……‘意识形态’，或者‘信念’，或者‘教’这个儒学，在内地其实也在生长中”[②]。

就大陆新儒家政治哲学展开的方法而言，陈明对自己的观点和论证方式有着异乎寻常的自信和坚持。他坦言：“我并不想多作论证，因为我越来越倾向于相信……我的这些思考，不愿相信的话，多说无用；愿意相信，简单几句也就足矣足矣。”[③]思想与思想之间的交锋，只有事实论据和逻辑推理能决定思想观点的表里与高下，这是唯一客观有效的方式。而陈明对于自己信念的坚持，已经明显上升到了一种信仰的高度。如果说牟宗三的“良知坎陷”一说体现了良知的傲慢的话，那么大陆新儒家则试图赋予良知和儒家道统以神圣无可置疑的地位。显然，政治哲学的相关论证应该是理性的，即任何政治哲学建构体系和论证观点都要诉诸公共理性，而不是囿于个人意愿的自说自话。大陆新儒家在展开他们的政治论说时并没有诉诸一种被社会公众广泛接受的公共理性，而是陷溺在儒家古典学术话语中不能自拔。施特劳斯在辨析政治哲学与政治思想的区别时也曾指出：“政治思想可能至多是详述一个坚定地持有的确信（conviction）或一种鼓舞人心的神话，或者至多为这样的确信或神话辩护，甚至可能有意如此；但对政治哲学至关重要的是，通过忧虑地意识到确信或信仰与知识之间的根本区别，它将被投入运转（be set in motion），并被保持于运转中。”[④]在施特劳斯看来，政治哲学是一个比政治思想更为严格和规范的范畴，它追寻政治活动中的真理。施特劳斯认为，“表述政治哲学的适当形式是论文（the treatise）”[⑤]，也是在强调有关政治哲学的论说要经由理性的、严密的论证。我们从陈明的态度可以发

---

① 参见启良：《神圣之间：中西政治哲学比较研究》，湘潭大学出版社 2010 年版，第 59～61 页。
② 林安梧：《儒学革命：从“新儒学”到“后新儒学”》，商务印书馆 2011 年版，第 229 页。
③ 陈明：《儒者之维》，北京大学出版社 2004 年版，序言第 2 页。
④ [美]施特劳斯：《什么是政治哲学》，李世祥等译，华夏出版社 2014 年版，第 4 页。
⑤ [美]施特劳斯：《什么是政治哲学》，李世祥等译，华夏出版社 2014 年版，第 4 页。

现，他们拒绝理性和平等的讨论，这种不经论证而要求人们确信的信念，只有放在信仰的层面才能理解。可见，他们所努力建构的并不是一种政治哲学，而是属于宽泛意义上的政治思想，确切来讲可以视之为“政治神学”。

大陆新儒家直陈儒学本身即为一种宗教，无非是在西学东渐且影响逐渐扩大之时希望赋予儒学和基督教对等的地位。作为西方文化的基础，基督教奠定了近现代西方文化的基因和基本性格。在他们看来，只有赋予儒学宗教的地位，才能使儒学获得与基督教平等对话的权利和可能性，进而比附基督教与西方民主政治的关系而实现儒家传统与民主政治的勾连。但是，对于政治哲学的建构而言，这种试图通过宗教比附而增强其理论说服力的尝试，恰恰凸显了其儒学理论创新能力匮乏的困境。一个充满了理论活力的学说体系，并不需要借助不用论证就让人确信的神学话语的支持。

当代新儒家主要活动在以高校和科研院所为中心的学术界，作为专家学者，他们希望通过自己的学术研究，能够在中西文化交流的过程中阐发和诠释儒学的现代价值，以此滋养和浇灌国人的心灵家园。就具体的领域而言，他们涉猎广泛，包括政治、哲学、文化等问题在内都成为他们关注的领域。作为学者，即便是对现实社会有强烈的观照，其“方式是和平的，效果是学者式的”[①]。所以，我们看到，即便是当代新儒学发展到第三代，他们对政治问题的探讨也主要停留在政治哲学的层次，对于政治实践中的政策和治理问题并没有太多具体的设计。他们恪守了学者的本分，在思想层面尽可以有充满理想主义色彩的理论探索和构想，但是在政治实践层面，秉持了民主政治的基本原则，充满了对现代民主政治的尊敬。相比之下，大陆新儒家对政治问题的研究似乎超越了一般学者正常应有的边界，他们对当前中国政治转型和发展的展望和设想偏离了现代民主政治的轨道。他们以道统继承者自居，以对传统文化的谙熟而产生的极大优越感睥睨着现实生活中的普罗大众。从他们的政治理念和设想来看，我们完全有理由相信他们对于作为现代社会科学的政治学缺乏深入的了解。这种对现代民主政治接近厌弃的态度，如果不是知识的匮乏所导致，那就是他们所阐发的充满宗教色彩的“政治神学”赋予了他们充足的底气。

---

① 张学智：《包打天下与莫若两行》，载《文史哲》2003年第2期。

相对于狭义上的政治哲学研究，当代新儒家基于儒学传统展开的关于政治的思考，充满了浓郁浪漫色彩的"批判现代的政治诗学"①，而大陆新儒家的政治儒学构想则表明他们努力的方向更像是要建立一套"拒斥现代的政治神学"②。由于在属性上存在的差别，大陆新儒家与当代新儒家的政治哲学势必会出现冲突和矛盾。作为丰富思想资源的途径，不管是政治神学还是政治诗学，都能为当代政治哲学的发展提供可资借鉴的思想资源。政治神学陈义高深，政治诗学循着诗意浪漫而演绎出批判精神，两者对于我们反思当代政治价值观念、思想文化和制度建构都多有裨益。但是，这并不能完全取代理性政治哲学的地位。"批判的学术研究替代主流的学术研究，并僭越到主流的位置"③，对于当前政治哲学的发展而言并不是一种合适的方式。放弃了正面的思考和建构，一味高倡批评和反思，是难以为当前社会提供一个稳定、合理的观念秩序的。

与上述两种儒家政治哲学呈现的理论路径不同，大陆规范儒学研究者对政治哲学的阐发则是在当代中国政治发展给定的现实情境中，遵循着国家关于政治现代化和民主化的议题设置，致力于从儒家文化传统中发觉有益的文化资源，进而探究一种具有公共性和现实性的政治哲学论说。他们断然明白，"政治是一次英雄历险，一种属于公共领域的现象"④。不论是玄远的政治神学，还是浪漫的政治诗学，它们对政治的理解与社会政治现实之间都存在太大的偏差。"申述神人之间的政治神学，只能作为背景论述存在；而阐述现代缺陷的政治诗学，也只能作为理想意欲的表达。它们都无法替代直接描述与解释现代政治生活的理性政治哲学。"⑤在当代的中国学术界，当围绕现代化展开的政治哲学论说还没有得到应有的重视和发展，玄远的政治神学和充满批判性的政治诗学却有强势崛起之势，这对于理性化的政治哲学论说而言，是值得我们审视的学术动向。

---

① 任剑涛：《公共的政治哲学》，商务印书馆 2016 年版，序言第 2 页。

② 任剑涛：《公共的政治哲学》，商务印书馆 2016 年版，序言第 2 页。

③ 任剑涛：《公共的政治哲学》，商务印书馆 2016 年版，序言第 3 页。

④ [英]提摩太·贝维斯：《犬儒主义与后现代性》，胡继华译，上海人民出版社 2008 年版，第 16 页。

⑤ 任剑涛：《公共的政治哲学》，商务印书馆 2016 年版，序言第 4 页。

(三)批评反思与儒家政治哲学发展的多元互济

虽然前述港台儒家学者对大陆新儒家的评析可以视为一种批评,我们还是想从政治学这一学科视域出发,对以当代中国儒家道统自居的大陆新儒家学者的政治哲学论说展开理论化的批评和反思。

对现代性的漠视甚至是反动,是大陆新儒家政治理论缺陷的核心所在。现代民主政治的发展,必须尊重一个基本前提,就是肯定最基本的现代文明价值观念。显然,现代价值观念并不是凭空产生的,不论中西文明,如果追根溯源的话,都会在现代价值中发现传统思想观念的痕迹,它们都或多或少地包含了传统文化观念的基因。粗暴地认为现代观念在传统文化中"古已有之",不仅体现出思维的懒惰,更流露出思想的浅薄。近代以来,中国政治努力发展的方向就是要建立一个现代化的民主国家,中国的文化传统也在时代的冲击之下不得不做出范式变革,开启自己的现代化脚步,当代新儒学的出现和繁荣就是儒学现代化的表现之一。"现代化中的理性成分自是构成任何理想文化或后现代文化所必有的一个向度。"①面对传统文化,我们需要做的并不是去发现,而是要发展。所谓"发展",就是去寻找那些我们可资利用的文化资源,以及那些和现代价值观念并不冲突甚至多有交叉和共鸣的文化资源,然后在现代文化价值观念的框架内实现创新和重构,建构起适合我们文化特性和社会发展的清晰的价值观念秩序。

大陆新儒家所秉持的极端本土化的儒学视域,影响了他们的学术视野,导致他们不能以开阔的胸襟去和其他文明平等对话交流,也失去了获取更多思想资源的机会。这一问题并非大陆新儒家独有,即便是倡导文明对话的杜维明也受到西方学者的指责。阿里夫就不禁疑问,"为什么他(杜维明)拼尽全力向资本主义的'现代'价值宣讲儒学,而在实践中却对资本主义威胁下面临灭绝的本土文化生态和价值的存续"②没有报以同等的关怀。仅仅把目光放在儒学身上,这并不能从根本解决社会问题。从横向的角度来看,

---

① 李瑞全:《当代新儒学之后现代理论》,载萧振邦主编:《儒学的现代反思》,(台北)文津出版社 1997 年版,第 35 页。

② [美]阿里夫·德里克:《后革命时代的中国》,李冠南、董一格译,上海人民出版社 2015 年版,第 136 页。

我们面对当前世界多元文化发展的局面，应该秉持的基本理念是，尊重文化发展的多样性和差异性，共同推动人类文明的提升和发展。而就纵向发展的文化传统而言，“大陆未来的希望仍在传统文化、马克思主义以及西方三个因素之间的健康互动上”[①]。除了历史悠久的中国传统文化之外，不论是以自由主义为代表的西方文化，还是在大陆占据思想主流的社会主义，共同交织而成我们的传统大流。未来的社会发展，有待于各个文化要素之间的互相交流和有效融通。

大陆新儒家学者群体具有鲜明的宗派或门户意识，因此学术界就很容易把他们视为“激进的文化保守主义”或“原教旨主义”[②]。港台儒家学者对于大陆新儒家群体最大的不满在于后者理论学说和学术态度所呈现出的强烈排他性，而这种排他性的儒学观念和现代多元文化发展的趋势呈现出明显的内在张力。大陆新儒家倡导政治儒学，通常将攻击的目标瞄准牟宗三的政治哲学，尤其是对其所提出的“良知坎陷”说提出批评，并试图实现理论上的超越。港台儒家学者，尤其是新儒家后学，可以接受理论上的比较分析或批评，但是对于贯穿其中的傲慢态度颇不能接受。

大陆新儒家政治哲学的发展，还存在一个偏执与偏执强化的问题。在大陆新儒家的观念中，改革开放之后的几十年内中国迎来了前所未有的发展，经济发展使综合国力大幅度上升，东亚乃至整个世界的格局都因为中国的崛起而发生巨大改变。一方面是国家实力的提升，给坚守民族文化的大陆新儒家增添了不少底气。另一方面，他们颇沉醉于坚守儒学传统甚至儒家信仰的“殉道”精神之中不能自拔。以儒学为代表的中国传统文化越是面临着西方文化的猛烈冲击，他们越是对自己能在逆境之中坚守文化传统而感到骄傲和自豪。这种以坚守民族文化命脉自居的姿态，和其中洋溢着的悲壮情怀，由深深地陶醉而渐渐上升为一种充满信仰色彩的偏执。而对文化传统的肯认一旦脱离了理性的分析，超越精神文化而走向信仰层面的话，就难以与之展开平等的学术对话了。有学者在批判的基础上建议他们增强

① 刘述先：《理想与现实的纠结》，吉林出版集团有限责任公司2011年版，第7页。
② 参见林月惠：《从东亚儒学视域看大陆儒学发展》，载《天府新论》2016年第2期。

自己的历史感和现实感[①],也许这有益于救治他们的弊病。

大陆新儒家要认识到传统儒学的时代局限性。在现代政治价值体系建构的过程中,儒家学说的许多观念和现代化转型是相抵触的,它需要经历时间的检验和筛选。儒学对于现代政治生活中包括个人自由、权利在内的一些基本价值问题的回答并不令人满意。"儒道两家的人生哲学都有不容回避的根本局限和严重缺陷。"[②]以儒学为主体的君主政治意识形态,构成了中国传统社会政治发展的天花板。由于传统儒学自有其广博和深邃,所以这一层天花板不仅仅在社会政治发展过程中显现出巨大的实际功能,有效地实现了社会政治整合与协调,正好比天花板在房屋结构中的挡风遮雨之功。同时,传统儒学作为一套完整的文化价值系统,在伦理学、文学的角度提升了中华文化的高度,展现了其迷人的魅力。所以,这一天花板在传统观社会不仅仅是实用的,而且在某种程度上带来了美的享受。但是,不论是过往的辉煌历史或其自身的深邃迷人,都不能否认,在现代民主政治成为政治发展主流的当下,以儒学为主体的传统意识形态表现出的更多是阻碍和停滞。只有捅破并超越传统的这层天花板,才能在追求民主、法治的道路上创造更多的可能性。在中国悠久的历史中,儒学意识形态和专制官僚政治制度相结合,真正实现了水乳交融,也就在社会政治发展中产生了一种普遍的认识,仿佛这种政治制度之外再没有其他政治形态发展的可能。正如著名历史学家伊懋可在考察中国传统社会和经济发展状况后所指出的那样,中国传统经济的发展模式陷入一种"高水平平衡陷阱",基于这一发展模式,官僚君主制政治体制实现了对整个社会信息与思想的控制。[③] 近代以前,生活在传统社会中的君主、官僚和广大士人,囿于社会环境和时代的限制,未能在君主政治之外发现政治发展的更多可能性。从历史发展的角度而言,如果这尚可以理解的话,那么生活在当下某些提倡复古的大陆新儒家的思想和

① 参见肖强:《当代大陆新儒家批判——以蒋庆、康晓光、余东海、陈明、秋风为例》,载《文史哲》2017 年第 1 期。

② 张曙光:《生存之维:经验视域与超验视域的分化与融合——关于建构生存哲学的思想史研究》,载《天津社会科学》2000 年第 1 期。

③ 参见[英]伊懋可:《中国的历史之路:基于社会和经济的阐释》,王湘云等译,浙江大学出版社 2023 年版,第 321~322 页。

主张则显得极为匪夷所思。

大陆新儒家学者不仅仅不愿意接受儒学已经成为"游魂"的事实，更不愿意将传统儒学视为和域外其他文明拥有同等地位的文化价值系统。当前儒学发展面临的困境主要包括三个层次。第一，缺乏相应的文化土壤。经过了近百年的震荡之后，当前的中国缺乏传统文化的深厚积淀，杜维明甚至将儒学传统视为一种"遥远的回应"。第二，缺乏研究和传播的中坚力量。由于发展的断层，作为当前学术中流砥柱的中青年学者往往缺乏深厚的古典文化基础。第三，现行教育体制之下年轻学子接触到的古典文化教育非常有限，儒学教育缺乏未来发展的潜力。这不仅仅是儒学在当前社会所寄身的社会现实，更是儒学未来发展的宏大时代背景。只有正确认识和理解这一社会转型的时代背景，才能确立儒学未来展开言说和谋求发展的正确环境，也才有可能为儒学的发展寻找到一个合适的方向。

大陆新儒家的政治哲学，在当前中国众多的思想流派中是品格尤为特殊的一个。他们对儒家思想复古更化的追求，让其成为当前文化保守主义的典型。但是，他们漠视现代社会基本政治价值的构想和重塑儒教的诉求，在这个高速现代化的社会显得那么不合时宜。而且，大陆新儒家学者在推动儒学发展时将期望多寄托于自上而下的政府推动，显然忽视了历史上儒学与政治权力过分纠缠而导致的精神理念坍缩。对于这一点，杜维明也表达了同样的担忧："一种全面指导、控制的方式，从上压到下，表面上秩序井然，大家讨论问题比较一致，可是牺牲了它深厚的土壤、丰富的资源和各种不同的价值。"[①]这种发展格局不仅难以建立儒学进步的学术秩序，反而会造成一种压迫的局面。总而言之，大陆新儒家的政治哲学因其与现代价值格格不入的理念，终将陷入困顿而难有长远的发展。

在对大陆新儒家的政治论说进行省察之后，让我们将目光再转向其与港台新儒家哲学的那场对话。长期以来，大陆新儒家标榜的其与港台新儒家研究旨趣的核心区别在于，港台新儒家学者关注的是心性儒学，而大陆新儒家学者则尤重政治儒学。例如在蒋庆的理论设想中，公羊学是外王儒学

① 杜维明：《关于"文化中国"若干问题——与袁伟时先生对话》，载《杜维明文集》第5卷，武汉出版社2002年版，第445页。

而非内圣儒学，故而公羊学的基本特征就体现在向世界开放的结构性思维方式。具体而言，就是公羊学反对将儒学封闭在生命心性的领域，反对将儒学局限在个体存在的领域，亦反对将儒学禁锢在形上超越的领域。[①] 对于这一区别，郑宗义明确指出："这个区分是假的，不是真的(genuine)，在学理上是站不住的，并没有所谓的心性儒学与政治儒学的区分；做这样的区分充其量只是出于策略的考虑。"[②]而大陆新儒家对于港台新儒家学者的误读以及在此基础上做出的批判，皆源于他们"没有充分掌握住港台新儒家在20世纪的历史文化脉络中出现所要着力究心的哲学或思想计划(philosophy project)。这个计划，一方面是内圣之学的重建，这是通过与西方哲学以及基督教的相互摩荡来进行；另一方面是外王之学的重建，这是通过思考如何吸收现代民主政治来进行"[③]。

郑宗义认为，虽然蒋庆将政治儒学和心性儒学截然二分的认知存在很多问题，但是"政治儒学"这一概念在大陆被广泛接受和使用这一学术现象本身是值得深度剖析的。"政治儒学"的泛化使用这一现象背后有四层理论预设：第一，儒学要有强烈的现实关怀，必须及时地去应对社会现实；第二，实践的要求催生反理论化的倾向，即主张不能把儒学讲得太过理论化；第三，反理论化集中表现为反哲学化，尤其反对借用西方的哲学理论做比较分析，主张回归经学，回到最原始的儒家经典脉络当中；第四，明确排斥现代民主政治，致力于寻找儒家式的民主政治发展道路。[④] 我们可以清晰地感受到，无论是以第三代新儒家为代表的港台学者，还是大陆以弘扬光大儒学为职志的儒家学者，他们都具有强烈的现实关怀，也就使当前儒家哲学呈现出鲜明的实践转向。对于第三代新儒家来说，大陆儒学的蓬勃发展已经构成了一个不容忽视的重要的他者。

以第三代新儒家为代表的港台新儒学和大陆儒学在发展路径和理论形

---

① 参见蒋庆：《公羊学引论》，辽宁教育出版社1995年版，第31～44页。

② 郑宗义：《重检"心性儒学"与"政治儒学"的区分——兼谈牟宗三的政治哲学》，载《天府新论》2016年第2期。

③ 郑宗义：《重检"心性儒学"与"政治儒学"的区分——兼谈牟宗三的政治哲学》，载《天府新论》2016年第2期。

④ 参见郑宗义：《重检"心性儒学"与"政治儒学"的区分——兼谈牟宗三的政治哲学》，载《天府新论》2016年第2期。

态上呈现出明显的差异，这种差异性的根源还是要追溯到各自所处具体的社会政治环境。大陆新儒家的代表性人物曾亦指出，大陆新儒家与港台新儒学的差异主要表现在两个层面，即学术路向与政治态度。在学术路向上，“港台新儒学宣称自己‘接着宋人讲’，而我们主张‘回到康有为’，其实是‘接着清人讲’。显然，这是两条完全不同的学术路向”①。而在政治态度上，曾亦认为，港台新儒家全盘接受了“五四”的基本前提而缺乏对其展开反思。而大陆新儒家则首先致力于对西方民主政治的反省，然后致力于探讨另一种可能的发展民主政治的道路。② 大陆新儒家学者之所以会有超越牟宗三回到康有为、重新阐发和诠释儒学的发展路向，主要是有感于港台新儒家学说无法回应中国蓬勃的社会发展现实。“要理解中国大陆这三十年来的政治、社会变化，要想象中国作为一个文明体，或者一个政治国家，要理解未来的生活应该如何构建，讨论构建出一种什么样的好的政治制度，在思考这些问题的时候，港台新儒学所提供的资源似乎不足，或者说它没有办法成为今天儒学在中国大陆继续发展的一个核心的思想资源，没办法通过这样的思想资源来回应中国的问题。”③正如陈壁生所言，“如果大陆真的有所谓‘新’儒学的话，那就是跟大陆的政治、社会发展有关，跟百年革命史有关。那是一个所谓海外新儒学没有面对过的东西”④，即新中国成立之后的社会政治发展历程。所以，也许可以借鉴任剑涛的说法，无论是港台新儒家还是大陆新儒家，其政治哲学理念的展开最大的问题在于没有遵循“政治地思考(thinking politically)”这一基本原则。⑤ 一旦脱离了现实政治处境，这种有自说自话之嫌的政治哲学构想的意义就值得怀疑。

一百多年来，在追求现代化的道路上，我们也曾有过革新文化传统、建构民主法治的机会。如今，我们依然处在由传统向现代转变的过程之中，这一现代化转型远远没有完结，依然有待国人努力应对各种挑战。回首过往，

---

① 曾亦：《经学、政治与大陆新儒家》，载《天府新论》2016 年第 2 期。

② 参见曾亦：《经学、政治与大陆新儒家》，载《天府新论》2016 年第 2 期。

③ 陈壁生：《晚清学术重估与所谓“大陆新儒学”》，载《天府新论》2016 年第 2 期。

④ 转引自郑宗义：《重检“心性儒学”与“政治儒学”的区分——兼谈牟宗三的政治哲学》，载《天府新论》2016 年第 2 期。

⑤ 参见唐文明：《从儒学复兴的议题看康有为主义与牟宗三主义的异同》，载《天府新论》2016 年第 2 期。

“在一种承受着巨大外压、渴望以立竿见影的成效安慰自己的民族心态支配下，理智地区分抗拒西方霸权主义与接纳西方文化所蕴含的优秀成果之间的微妙关系，往往变得十分困难”[①]。很明显，这种情形也反映了当前大陆新儒家学者在中西文化交流中的矛盾心态。此前分析第三代新儒家政治哲学理论品格时，曾多次强调其所具有的开放性和宽阔的理论视野。不同于大陆新儒家激进的文化保守主义态度，港台新儒家学者认为经典和现代性之间应该是一种互动、并存的关系，即可以相互对话、相互批评。“可以用经典来回应时代的问题，也可以用时代的问题来诘问经典”[②]，而非一端对另一端的绝对宰制。这不仅仅是第三代新儒家的思想特色，更成为港台儒家学者的一种基本共识，进而极大地开拓了他们的理论视域。在港台儒家学者看来，“儒学已经内化到东亚的文化或历史中，实际影响东亚各国的政治、文化、社会、经济等”[③]。林月惠的倡议，也许道出了当代儒学发展的最佳路径。“对于我们这个时代而言，不管是儒家在大陆，或是儒家在台湾、香港，我们要面对的挑战更多。当我们在思考各自的困境与难题时，我认为回到杜维明先生所讲的‘启蒙反思’或‘文明对话’，仍然有它的价值，也是两岸儒学可以共同思考讨论的课题。”[④]从这一评价中，我们也能觉察到以杜维明为代表的第三代新儒家学者开放而又深邃的理论视野对于当代儒学发展的重要意义。从首届两岸新儒家会讲的思想交锋记录来看，很多学者一直在强调要相互理解各自的话语脉络和思想脉络。他们不同的思想主张，都是要回应各自的现实问题，都是建立在特定的话语脉络基础之上的。如果不能理解彼此的脉络，就很难形成有价值的对话和讨论。从当前儒学多元化的发展态势来看，进一步促进和加强两岸儒学领域的沟通和交流，让彼此的话语脉络碰撞融汇，是推动当代儒学发展的必经之途和恰切路径。

---

① 田文林：《从民族主义到原教旨主义》，载《世界民族》1998 年第 1 期。

② 郑宗义：《重检“心性儒学”与“政治儒学”的区分——兼谈牟宗三的政治哲学》，载《天府新论》2016 年第 2 期。

③ 林月惠：《从东亚儒学视域看大陆儒学发展》，载《天府新论》2016 年第 2 期。

④ 林月惠：《从东亚儒学视域看大陆儒学发展》，载《天府新论》2016 年第 2 期。

第五章 第三代新儒家政治哲学的评价与儒学未来展望

在中国由传统社会向现代社会逐渐转变的过程中，当代新儒家学者始终在思考的主要问题之一是“中国文化向何处去?”。如今，新儒家第三代学人在前辈思考的基础上，根据崭新的时代境遇给出了具体的回答。他们积极拥抱现代民主政治，肯认其进步价值，也能从后现代主义的视角出发对民主政治的某些弊端展开批评。正如郑家栋所言，对于当代新儒家的全面把握，不能仅仅停留在熊十力、牟宗三等人，研究的眼光要与时俱进。[①] 就政治哲学而言，第三代新儒家学者在方法论和实践论层面都有所发展，不论是“新新儒学”抑或“后新儒学”的提法，都彰显了这一学术思潮在传统文化趋于复兴的新时代焕发的生命活力。

一、方法论创新：作为政治哲学的诠释学

第三代新儒家对新儒家政治哲学的发展，不仅表现在具体的学术观点，在方法论层面亦有很大的进步。他们普遍注意到学术研究方法的价值，并形成了方法论层面的自觉。正如杜维明所言，“一个非常复杂的文化现象，研究者如何去理解、认识、评价、批判，和研究者对他的方法的自觉程度有很

① 参见郑家栋：《断裂中的传统：信念与理性之间》，中国社会科学出版社2001年版，第121页。

大关系”[1]。第三代新儒家在方法论上的自觉,构成了他们发展新儒学的另一个维度。具体落实到政治哲学领域,则表现为从文史阐释向作为政治哲学的诠释学的范式转变。

(一)方法论的自觉

当代新儒家在方法论上的进步,具有非常重要的学术意义。正如颜炳罡教授所言,“当代新儒家的学术方法的自觉代表了中国传统哲学的自我反省力的复活,它说明中国传统文化内在的义理结构自身就拥有向现代形态转进的力量”[2]。当代新儒家在方法论上的自觉,在第二代学人身上已经有所体现,但是真正对方法的变革有所认知并且建立自己完整的方法体系,还是要看第三代新儒家。相对于新儒家前辈学人而言,第三代新儒家在方法论上的认知更为深刻,也更为自觉,这一点他们自身有所察觉,刘述先就指出:“我们这一代都受到现代西方教育的训练,很自然地在方法学上有更大的自觉。”[3]

他们的这种方法论的自觉,首先来自对新儒家前辈思想的反思。新儒家的前辈学人在诠释儒家经典时往往太过主观随意。熊十力深感于明清学人对宋学的忽视,认为原因在于都沉溺于考据之中。“帝制时代,不肯奖励思想,学者以考据不触世主之忌,又易成名,故自汉以来,群趋于考据之业,亦渐失其思辨之能力,此甚可痛。”[4]所以熊十力的思想注重思辨的义理,而对于文史诠释,则不那么严谨。熊十力深研佛学,认为它“妙演空义,深远无极”,但是对于生活中的大道与德性却少有论及,因而心生不满。“乃不期而触悟《大易》,始信象山‘六经皆我注脚’之言,确然不妄。学者如无趣求真理之热诚,尽在古今人言下转,纵自信解得,只是虚弄名言,毕竟于真理无实见处。”[5]论及学术名词的理解和使用,他认为首先要尊重基本的学术规范。不

① 杜维明:《儒学第三期发展的前景问题:大陆讲学、答疑和讨论》,生活·读书·新知三联书店 2013 年版,第 18 页。

② 颜炳罡:《评徐复观的学术态度与方法》,载李维武编:《徐复观与中国文化》,湖北人民出版社 1997 年版,第 401 页。

③ 刘述先:《儒家哲学研究:问题、方法及未来开展》,上海古籍出版社 2010 年版,第 63 页。

④ 熊十力:《论六经》,载《熊十力全集》第 5 卷,湖北教育出版社 2001 年版,第 772 页。

⑤ 熊十力:《新唯识论》,商务印书馆 2011 年版,第 137 页。

论任何学科，学术话语都不是孤零零存在的，而是镶嵌于整个学科体系之中，有一定的确切含义，在使用的过程中要明确其本质含义，遵循学术规范。同时，熊氏认为这也并不是一成不变，学术话语内在含义的形成，本身就是一个约定俗成的过程。尊重学术话语的本原意义，与在当下的时空条件中做出恰当的新诠释并不矛盾。以“世语之新成者”取代“旧名之已定者”，关键在于“因而用之”，即根据理论阐释发生时的具体背景和环境的不同，因应而变。

关于熊十力的这一学术品格，余英时在辨析钱穆和熊十力之学理异同时多有批判。他指出：“熊十力对儒家经典的态度则已经远非‘六经注我’四字所能形容；他简直是兴到乱说，好像是一个不学的妄人一样。”①作为史学家的钱穆，在经典与史料面前始终能保持较为谨慎的态度，而相比较而言，熊氏远远超越“六经注我”的诠释方法，则显得过于激进和有失稳妥。钱穆认为熊氏在经学上的态度会对后学产生极坏的影响，所以对之痛加批评。关于这种对待古典文献的态度，作为熊氏弟子的徐复观也多有疑惑和不满。他曾坦言：“其立言猖狂纵恣，凡与其思想不合之文献，皆斥其为伪，皆骂其为奸。”②在新儒家群体中，徐复观是在考据和训诂领域功力最为深厚的学者，从考据的角度出发，熊十力这种对待儒家传统经典的态度断然是他难以接受的。也许是熊十力的研究方法受到了太多的诟病，刘述先指出：“打从熊十力先生开始，第二代新儒家的重镇唐君毅与牟宗三先生以及其后学，绝非‘以论代史’，莫不重视经典诠释，字字有根，而有通盘融贯的理解与体证。”③

第三代新儒家诠释文化传统的方法，概括起来讲，主要有诠释与交谈。从诠释学的角度对传统经典文本展开解读，是新儒家后辈学者的普遍认识。成中英在 20 世纪 70 年代首次在研究中将“hermeneutics”一词译为“诠释学”，并在 1985 年将诠释学的核心概念以及本体诠释学理论介绍到大陆学

---

① 余英时：《现代儒学论》，上海人民出版社 2010 年版，第 159 页。

② 徐复观：《无惭尺布裹头归・生平》，九州出版社 2013 年版，第 323 页。

③ 刘述先：《儒家思想的转型与展望》，河北人民出版社 2010 年版，序言第 1～2 页。

界。[①] 可见，从方法论的角度出发，成中英较早地注意到了诠释学的价值。成中英纵观30多年中国哲学和世界哲学发展的主要脉络，指出现在哲学界最应该重视的问题是诠释哲学问题。不论是中西哲学的发展还是二者的比较研究，对于当代哲学的发展而言诠释学都很重要，因为在人类社会所面临的现代性危机日渐严重的情形下诠释学可以帮助我们重新发现和建立价值基础，"诠释学是回到人的整体性和主体性，来解决证据跟真理的问题"[②]。在成中英看来，诠释不仅仅意味着解读文字所表述的字面含义，更代表着去探究文字背后所暗含的不同层次和丰富的维度。成中英在哲学上的成就之一就是建立了本体诠释学，他从中国儒家对道体、对人的存在的不同解释出发，结合西方的经典诠释学，建构了自己的本体诠释学。本体诠释学包括两个环节，即"对本体的认识"与"自本体的认识"，它们构成了诠释的两个不同进路。"对本体的认识实质上是把本体看成一个特殊的对象，自本体的认识是以自我本身理解的宇宙的整体来了解一个具体的事物。"[③]在成中英本体诠释学的架构中，本体诠释构成了一种循环。"诠释是一种理解，本体是经验的一种最真实的体验，透过诠释的理性认识来掌握一种实质的体验，这两者是一个循环。"[④]通俗地讲，首先要理解世界，然后才能在此基础上改变世界，而改变世界过程中产生的经验又推进了一种新的理解，所以在理解与经验的产生之间也构成了一种循环，这就构成了本体诠释学的方法。由此展开的诠释指向的是作为整体存在的心灵结构，它更加关注的是，"在什么样的基础上与从什么样的根源里，形成、发展及完善人的理解结构"[⑤]。这一本体诠释学的机制大大扩展了诠释所涉及的范围和深度，丰富了主体的诠释能力。

---

① 参见成中英、冯俊主编：《本体诠释学、民主精神与全球和谐》第2辑，中国人民大学出版社2011年版，第10页。

② 成中英、杨庆中：《从中西会通到本体诠释：成中英教授访谈录》，中国人民大学出版社2013年版，第263页。

③ 成中英、杨庆中：《从中西会通到本体诠释：成中英教授访谈录》，中国人民大学出版社2013年版，第254页。

④ 成中英、杨庆中：《从中西会通到本体诠释：成中英教授访谈录》，中国人民大学出版社2013年版，第306页。

⑤ 成中英、冯俊主编：《本体诠释学、民主精神与全球和谐》第2辑，中国人民大学出版社2011年版，第2页。

刘述先指出:"要在今日重新体现儒者的心性是一件艰巨的工作。首先要作古典的诠释,这牵涉到复杂的诠释学的历程;其次要作比较哲学与比较宗教的探索,为儒家思想定位;最后才能以现代的方式讲儒家的安心(身)立命之道。如果说这些是偏向于'在形而上的层面中据理力争或诉诸心证',那的确是事实,迄今为止,当代新儒家最大的贡献是在这一层面上。"[①]然而,诠释古典并非易事,"研究中国哲学的最大困难在于,古典往往容许作不同解释,莫衷一是,乃至注释都可以作不同的引申"[②]。论及思想诠释的主观性与客观性问题,刘述先指出:"衡定一种哲学思想在历史上的地位,并不只具有历史的意义,它也有它现代的意义……我们研究思想史,自决不容许我们去曲解过去历史的真相,尊重历史客观的证据是任何治史者必须遵守的第一天职。但思想的了解必牵扯到解释,而解释必牵扯到我们自己的视域。现代人已经清楚地了解到,完全客观的历史只是神话……在历史中我们掌握到的客观普遍性,是通过了我们的主观以及时代的局限,所把握到的普遍客观性,也可说是一种辩证的客观性。"[③]诠释成为他理解传统儒学、理解历史的方法。显然,一方面,他摆脱了诠释过程中本质主义的倾向,容许人们对历史做不同的解读;另一方面,对历史的诠释也不是没有边界的,要受到时代的限制,其中也包含了一种相对的客观性。

对于中国古典文献的诠释,在林安梧看来,与宇宙论或本体论相关的内容,"都应置于此哲学诠释学之角度来审视"[④]。从这一角度出发,以诠释学作为理解的方法论基础,许多问题自然就变得相对清晰。林安梧在解读儒家经典时,经常逐字逐句掰开揉碎了来讲,甚至不惜笔墨一个字一个字地分析。他所要追求的就是,摆脱千百年来的君主政治权力叙事对儒学话语造成的扭曲,试图还原儒学表达的本来面目,进而构筑起一个崭新的话语意义世界。

---

① 刘述先:《理一分殊》,上海文艺出版社 2000 年版,第 146 页。

② 刘述先:《论黄宗羲对于孟子的理解》,载《刘述先自选集》,山东教育出版社 2007 年版,第 308 页。

③ 刘述先:《朱子哲学思想的发展与完成》,(台北)台湾学生书局 1984 年版,第 521 页。

④ 林安梧:《关于老子哲学诠释典范的些许省察——以王弼〈老子注〉暨牟宗三〈才性与玄理〉为对比暨进一步的展开》,载洪汉鼎、傅永军主编:《中国诠释学》第 11 辑,山东人民出版社 2014 年版,第 3 页。

林安梧一直强调，要避免本质主义和主体主义的思维，要在一个历史的脉络中去诠释文化传统，找寻文化传统的生命力与活力。他认为“方法论的本质主义”存在两种状况，一种是反传统主义者本质主义的方法论，另一种是以牟宗三、杜维明为代表的“儒学三期发展说”背后所潜涵的本质主义方法论。前者认为中国族群和历史文化中包含了一些极为恶劣的本质，正是这些本质构成了国民的劣根性和文化的滞后性。因此，我们的社会要想获得新发展，必须根除儒学本质上的严重弊病。而牟宗三、杜维明等人对中国传统历史文化尤其是儒学的认知，秉持的也是一种本质主义的方法。他们认为通过抽象理解和把握，可以辨析出传统儒学的核心本质，据此可以应对反传统主义者的挑战并实现儒学的发展。林安梧认为，这两种认知都可以归结为本质主义，它们构成了一个对立面的两端。只不过本质主义的认知方法由反传统主义者首先开创并且造成了巨大的影响，以至于当代新儒家也难以与之完全撇清干系。就其致思逻辑的本质而言，当代新儒家“并未能跳出反传统主义的窠臼——本质主义式的思考方法”[①]。林安梧对于现代科学技术持一种热烈拥抱的姿态，他们所反对的是一种狭隘、激进的科学主义。他们之所以反对科学主义，是因为在对历史和文化传统进行解释的过程中，这种科学主义的思维会导致一种本质主义的理解。历史和传统所蕴含的可能性被封印在科学主义强调的真理概念之中，对于历史和传统的解释也就被限定在一个极为狭窄的范围内。如此一来，在这种僵化的解释视角之下，悠久的历史和传统就和当前的社会生活发生了断裂，传统丧失了活力之后也就成为一种“死”的传统，原本充满了生机和转化可能的历史文化传统落于本质主义的窠臼而失去了进一步发展的可能。所以，林安梧总结自己的诠释方法，极为注意避免主体主义的倾向，他“注重社会史的理解、经济史的理解、文化史的理解、政治史的理解，乃至人类学的理解，就整个文本来讲的话，我认为文本脉络要好好放在以上所说的这些背景好好去理解”[②]。唯有如此，方能避免熊十力、牟宗三等人在诠释文本时常出现的“六经皆我注脚”的问题。

---

① 林安梧：《儒学转向：从“新儒学”到“后新儒学”的过渡》，（台北）台湾学生书局 2006 年版，第 185 页。

② 林安梧：《儒学革命：从“新儒学”到“后新儒学”》，商务印书馆 2011 年版，第 306～307 页。

所谓“避免主体主义的思维”，是指理解经典要尊重古人在经典中的真实表达，而不能任意曲解。林安梧强调：“我们不可以去强迫古人来替我们说话。也就是说，我们不能将自己现代的某种意思都想定了，然后通过各种方式来强迫古人作啦啦队。”[①]林安梧一直在避免的是诠释经典过程中过度的主观投射，研习和诠释经典一定要尊重思想发生的时代情境，进而明确哪些是古人的思想，他们将这些思想和观念论述到了怎样一个层次。而在当下，我们需要在前贤的基础之上做进一步的阐发，而不是假借古人之口强迫古人表达出我们想要的观念话语。

杜维明关于经典诠释的解读就相对通俗易懂，对于经典诠释，他提倡一种自由多元的解释。对经典的解读始于“句读”，但是要超越训诂名词的阶段，透过语言文字的原始意义探究文本背后的哲学思想。“阅读某一篇文本可以有好多种不同的方法，这样一来就导致了好几种有意思的不同的解释的可能性……一篇充满活力的重要的文本——因为它可以被很多人阅读——引起的解释一定不止一种。谁要说是只有一种解释的方法，这是很武断的。我们应该有多元的解释。”[②]首先，在理解古人的思想时要做同情的了解，避免“现代人的傲慢”。对于古代经典，要通过刻苦的学习对之有基本的掌握。在这个过程中，要学会倾听经典之中前贤往圣的表达，充分了解其中蕴含的“问题和问题性”。“只有从这个角度入手，同时不放弃自己批判的权利，才能进行一些比较深入全面的反思。”[③]其次，对于文本的解释，要坚决避免出于意识形态控制的考虑而垄断解释权的行为。“一个有活力的解释的传统，需要有崭新的见解代代出现。”[④]对于文本的解释，应该本着自由开放的原则，只有开放的解释环境才能激发更多潜在的解释方式。而一旦由权力垄断了经典文本解释的机会，则会导致政治对于学术和思想的严重扭曲和异化。这种对政治权力的警惕，不仅仅适用于儒家思想，对于其他文化

① 林安梧：《论语——走向生活世界的儒学》，（台北）文海基金会，1995年，第32页。

② 杜维明：《新加坡的挑战：新儒家伦理与企业精神》，高专诚译，生活·读书·新知三联书店2013年版，第40页。

③ 杜维明：《儒学第三期发展的前景问题：大陆讲学、答疑和讨论》，生活·读书·新知三联书店2013年版，第19页。

④ 杜维明：《新加坡的挑战：新儒家伦理与企业精神》，高专诚译，生活·读书·新知三联书店2013年版，第41页。

和学术传统亦是如此。

第三代新儒家关于方法自觉的另一个体现是对交谈的重视，而交谈和诠释构成了理解的一体两面。林安梧所谓的“交谈”，有一个主客体互动的过程，而这一互动循环的过程和成中英的本体诠释学有类似之处。面对儒家经典，在解读的方法层面林安梧一再强调“交谈”。以《论语》为例，他认为论语中充满了智慧的源头活水，在阅读的时候，只有参赞其中、沐浴其中，才能让个体的生命接受智慧的滋养。在林安梧看来，《论语》所记载的是孔夫子与诸弟子的对话，正是在这种交谈之中，意义的世界得以开显，孔子的生命和仁的精神都得以呈现。所以，我们在读经典时也要从交谈入手。林安梧认为，“‘交谈’就是一切哲学跟思考最重要的方法……交谈就是至少二个，乃至二个以上的心灵互动跟感通，通过言语，然后慢慢达到一个新的共识，一步一步地往前升进，而让‘道’为之开显”①。通过交谈，经典得以渗透到个体的生命当中去，达至一种“优游”“涵泳”的状态。交谈的过程，类似所谓“尚友古人，跟古人做朋友”，整个过程包含了一种平等交流的意味，而蕴含和串联其中的是文化精神，是“道”。

林安梧经由交谈而对经典的解读，所指向的不是形而上学体系的构建，而是“生活世界”的落实。在他看来，一部《论语》就是一个基于孔子师徒的交谈而展开的生活世界，其中蕴含了人生智慧的源泉。不仅是《论语》，在面对历史上留存下来的经典时，林安梧认为，所谓“经典”都涵融了一个生活世界。“经典是历史文化的结晶，它指向一个宽广的生活世界。经典并不是静态地放在这里，经典之所以为经典，乃是大家彼此的心灵对它有一份参与即相契，这个意思也就是说：我们是以我们存在的真实去面对它、进入它，进而跟它合二为一。我们主体的生命在这个经典所展开广大的生活世界中培育完成。同时也由于我们参与了经典、诠释了经典，因此我们可以说，一方面育成了自己，另一方面同时也育成了经典。”②在诠释经典的过程中，个体与经典实现了互相成就，经典的意义得以在当下呈现，而个体的生活和生命因经典所蕴含文化的滋养而变得更加活泼和深邃。所谓“与传统经典的交

① 林安梧：《论语——走向生活世界的儒学》，(台北)文海基金会，1995年，第10页。
② 林安梧：《论语——走向生活世界的儒学》，(台北)文海基金会，1995年，第28页。

谈”，林安梧认为，“讲”的过程也构成了一个“听”的过程。“因为倾听经典，而使得这倾听开启了讲，此谓之‘开讲’……有倾听，有交谈；有融会，有沟通。”[①]对于此，杜维明也有所认知。他指出，“听德”是儒家非常重视的价值，而由“听德”引申出的对话文明在中国源远流长。[②]

（二）范式转变：从文史阐释到政治诠释

成中英指出，他的管理哲学与他的伦理哲学一样，是他本体价值哲学的一部分，而他的本体价值哲学又是他本体论和本体诠释哲学的一部分。[③] 由此可见，成中英对诠释方法的体悟在根本上影响了他认识世界和阐发思想的方式。诠释学严格来讲是一种哲学方法论，从诠释学的角度检视第三代新儒家的政治哲学，我们会发现他们实现了从新儒家前辈学人取法的文史阐释到政治诠释学的范式转变。

所谓“政治诠释学”，大致而言，“它试图将理解问题纳入政治学研究中，特别是在反思和探究政治哲学的概念、语言、思想等问题上有所革新”[④]。余英时就指出，“近几十年来诠释学逐渐从神学扩展到文学、哲学、史学”[⑤]等学科，政治诠释学就是政治哲学和诠释学交叉产生的边缘学科。政治修辞是实现政治动员的有效方式之一，同时也是实现政治哲学和政治思想表达的有效方式。政治讨论需要修辞增加说服的力度，而政治决策有时候也需要修辞加以润色方能更顺利地推进。对于古典儒学传统而言，因为有修辞，所以需要诠释，同时因为经典文本产生的年代久远，就更需要立足于时代的诠释。当代新儒家对中国儒学传统展开的新的诠释，就是用一种以公民为最终依归、以广大民众的理解和接受为目的的现代政治修辞代替传统的文化精英为主体的修辞。伴随着近代民主革命的开展，由于权力主体的转换，儒学内在含义所赖以展开的修辞活动也必须实现目标群体的转换。[⑥]

---

① 林安梧：《道可道：〈老子〉译评》，商务印书馆2013年版，代序第1～2页。

② 参见杜维明：《体知儒学：儒家当代价值的九次对话》，浙江大学出版社2012年版，第41～43页。

③ 参见成中英：《C理论：中国管理哲学》，东方出版社2011年版，再版自序第6页。

④ 亓光：《政治诠释学视域中的公正》，吉林大学博士学位论文，2012年，第38页。

⑤ 余英时：《现代儒学论》，上海人民出版社2010年版，第140页。

⑥ 参见苏力：《修辞学的政法家门》，载《开放时代》2011年第2期。

在诠释过程中所遵循的历史意识与时效性历史意识的区分，使当代新儒家对经典的诠释呈现出不同的特色。历史意识与时效性历史意识的区分，源于伽达默尔在《真理与方法》中对科学方法的批判，批判现代科学的方法论意识(methodological consciousness)入侵人文领域，破坏了艺术与历史所蕴含的真理经验。方法论意识作为一种抽象化的程序操作，在史学与人文领域则产生了历史意识。历史意识的抽象化操作则是将过去抽离孤立出来，视为已然发生的客观存在事实，历史研究的目的就是重构过去的客观事实，这就是“历史客观主义”。而超越历史意识的抽象化，伽达默尔则提出了“时效性历史”原理作为历史经验之真理模式：“真正的历史思考必须考虑它自身的历史性。唯有这样它不欲驱散历史对象之幽灵幻影，而是学习在这对象中看见它自身的对应物(counterpart)，借此理解二者。真正的历史对象全然不是一个对象，而是一方与另一方的统一体，一种关系，在其中同时并存历史之实在(reality)与历史理解之实在。适当的诠释学必须证明内在于理解活动自身的历史性。我将指这叫时效性历史。理解在本质上是一种时效性历史的历史关系。”[①]“时效性历史意识”的概念在作为方法论的诠释学层面给我们很大的启示。伽达默尔指出，历史意识要求我们要历史地理解一个文本，置身于文本产生的历史情境，客观地重构其历史视域。于是，可以将古文经学界定为一种“历史意识”的解经学，旨在还原经典文本产生的历史脉络语境(historical context)，视之为“过去”的“客观事实”，以实事求是的科学实证方法对之进行客观的还原重构，这反映了一种“客观主义”和“历史主义”的思想取向。而今文经学反映出一种“时效性历史意识”的诠释姿态，试图将经典文本“去脉络化”，从过去直接跃向切入今时之情境，并回应外界和时代的冲击。换言之，将经典文本从过去视域的历史脉络转移延伸，置入更为普遍的古今交汇的“视域融合”，而达至贯穿古今中外的真理和意义，即所谓“义理”之学。有学者据此认为，古文经学作为“考据”之学，今文经学作为“义理”之学，可以表述为休谟著名的区分：事实与“观念关系”。[②]所谓“考据”，即是考证历史之事实。所谓“义理”，即意义与道理、概念与原

① Hans-Gerog Gadamer, *Truth and Method*, New York: The Continuum, 1975, p.267.

② 参见万胥亭：《从“时效性历史意识”看今古文经学之争》，载洪汉鼎、傅永军主编：《中国诠释学》第9辑，山东人民出版社2012年版，第44页。

理，正是各种“观念关系”。古文经学把文本的意义当成“历史事实”，今文经学则透过各种“观念关系”的架构将文本的意义视为“真理”或“道”的彰显。所以，古文经学但求客观还原文本发生脉络的历史事实，成为一种将诠释姿态压至最低、“没有诠释，只有事实”的“弱诠释学”。今文经学力图通过经典诠释而指向真理或道的彰显，则允许为一种本体论高度的“强诠释学”，宣布“没有事实，只有诠释，所有的诠释皆是道的彰显”，由是，万胥亭大胆断言，从董仲舒到宋明理学，再到晚清康有为、梁启超，民国新儒家梁漱溟、熊十力，直至唐君毅、牟宗三，皆可视为广义的今文学派之“强诠释学”。[①]

此时，让我们再回头检视一下黄俊杰从诠释学角度对徐复观思想展开的研究，他认为徐复观对历史的诠释是脉络化（contextualization）的诠释方法，相较于牟宗三和唐君毅浓重的形而上学意味，徐复观的诠释充满了历史学的色彩。所以“徐复观的诸多著作中，特别重视思想的社会性与现实性的一面，对于思想之超越固然并非完全不顾，但相对而言较为忽视”[②]。这和牟宗三思想深刻的超越性相比，凸显了徐复观作为“政治学的诠释学”的“弱诠释学的”性格。估计这也就是万胥亭认为熊十力、唐君毅、牟宗三甚至梁漱溟对传统的诠释具有浓重的超越性，而并没有将同为新儒家的徐复观和张君劢列入其中的原因。第三代新儒家在政治诠释的路径上普遍注重对生活世界的关注，注重社会政治实践，所以他们对经典的诠释取向与徐复观较为类似。他们延续了徐复观开启的文史阐释的路径，并通过诠释学实现了研究方法的范式转换，这在新儒家政治哲学乃至中国政治思想史的发展过程中都具有极为重要的意义。

一般而言，新儒家诸学者对传统儒学进行的“现代的疏释”，都是立足于现代价值观念而对儒学传统展开的重新诠释。但是由于新儒家学者诠释儒学传统时的方法不同，继而产生了新儒家政治哲学生成与发展的两种不同路径。由此可见，在理解新儒家政治哲学的理念方面，政治诠释学为我们提供了新的研究视角和理论工具。一旦有了方法论层面上的自觉，林安梧就认识到孔子学术思想展开的方法论启示，“述而不作”背后的深层意义并没

① 参见万胥亭：《从“时效性历史意识”看今古文经学之争》，载洪汉鼎、傅永军主编：《中国诠释学》第 9 辑，山东人民出版社 2012 年版，第 44 页。

② 黄俊杰：《东亚儒学视域中的徐复观及其思想》，（台北）台大出版中心 2009 年版，第 30 页。

有那么简单。孔子虽没有恢宏巨著，但是通过制礼作乐，删定《诗》《书》《春秋》，解构了过往贵族阶层对思想文化和社会政治制度建构独占的权力。[①]所以，经由系统的诠释，也能体味出这种种举措背后孔子行为的社会意义。林安梧对经典诠释的理解，深深影响了他对社会变革的态度。“理解与诠释的方式将会影响乃至决定运作的方式，整体而脉络的理解与诠释方式并不应导出整体的变革方式，而应是脉络的变革方式，之所以一转而为整体的变革方式，这可见就出了问题了。”[②]可见，在诠释经典和变革社会之间，林安梧有清醒的认识和严格的区分。诠释经典，要放在整个文本的脉络之中，要放在社会发展的历史脉络之中。任何试图将文本拎出来使之处于孤零零的状态而加以理解的尝试，都将是失败的，难以求其真义。但是，对于社会变革而言，却要取径一种与之截然不同的态度和方法。要避免一种整体主义的追求，要在渐进尝试、逐步推行的过程中去实现。由诠释到变革，林安梧在方法层面的转变和持守，保证了他所倡导的社会政治实践能够在一条稳健、理性的道路上展开。

学者陈炎指出：“只有在综合地扬弃国学之传统理念并批判地引进西学之研究方法的前提下，比‘新儒学’更新的儒学研究方法方为可能。”[③]在某种程度上，我们认为，这种第三代新儒家从诠释学的基本原则出发、经由文史诠释而生成的政治诠释学的方法，已经开始了这方面的尝试。他们坚守着传统儒学的基本精神，延续了当代新儒家的基本学术旨向，充分借鉴和吸收了来自西方更新的学术研究方法，并有所拓展。这种方法论层面上的进步，对于儒学的未来发展而言，能够提供更为持久和充沛的动力。比之单纯的思想观念更迭，在推动儒学理论形态的转型过程中，其意义更显深刻。

二、第三代新儒家政治哲学实践转向的意义

除了方法论层面的创新之外，我们更欣喜的是看到了第三代新儒家政治哲学更多地继承了新儒家政治哲学社会实践的导向。不论是“后新儒学”

① 参见林安梧：《论语——走向生活世界的儒学》，(台北)文海基金会，1995年，序言第8页。

② 林安梧：《儒学革命：从“新儒学”到“后新儒学”》，商务印书馆2011年版，第275页。

③ 陈炎：《多维视野中的儒家文化》，山东教育出版社2006年版，第1页。

抑或“新新儒学”的提法，他们不仅继承了前辈学人对于现代民主、自由的价值追求，更尝试在公共政治哲学领域实现革故鼎新式的超越。其中，最鲜明的表现就是，其政治哲学积极反思“内圣外王”的理论路径而呈现出明显的实践转向。

(一)鲜明的实践转向：由“外王”到“内圣”

第三代新儒家政治哲学的社会实践转向主要表现在三个方面。

第一，在政治哲学的论域方面，他们关注的核心问题由心性修养转移到社会政治领域，凸显出更强的公共性。第三代新儒家在政治哲学的研究路径上呈现出鲜明的实践导向，在他们看来，虽然儒家强调知行合一，但传统儒家的实践论是缺失的。因为“这实践是境界的、是宗法、是亲情的、是血缘的、是咒术的、是专制的，这些一直都挂搭结合在一起，分不清楚”[①]。在第三代新儒家看来，传统儒家的学问包括知的层面，也包括行的层面，而其发展的最终目标在于知行合一。二者无论偏离了哪一个维度，都无法体现出儒学的真知。儒家倡导君子“耻其言而过其行”(《论语·宪问》)，足见儒家重视行动胜于言说。因此，学问要以解决实际问题为目标，而最真挚的学问需要面对的正是人本身，需要解决的就是个体在社会生活实践中所面对的各种问题。儒学离不开具体的人生，要融入并参与人世间的实践活动。

林安梧指出，当代新儒家政治哲学的发展要由“意义诠释”走向“社会实践”。当代新儒家先前关注的领域多为心灵境界和道德修养，如今要关注的是“历史社会总体”和“生活世界”。所以，儒学发展如果想要与现代性社会保持节奏上的一致，就必须“走到整个当代的生活世界之中，而产生一互动的参与及调节的作用。这么一来，当代新儒学最重要的概念可能不再只是‘良知’(或者‘道德主体’)，而更重要的可能是‘生活世界’这个概念”[②]。因此，第三代新儒家政治哲学建构的关键在于，开启中国政治发展和论说的公共领域，经由诠释和交谈，在实践的互动过程中开启“市民社会下的理想公共空间”[③]。他们明确指出：“政治问题是众人之事，所以必须由众人主动的

① 林安梧：《儒学革命：从“新儒学”到“后新儒学”》，商务印书馆 2011 年版，第 269 页。

② 林安梧：《儒学革命：从“新儒学”到“后新儒学”》，商务印书馆 2011 年版，第 73 页。

③ 林安梧：《人文学方法论：诠释的存有学探源》，上海人民出版社 2016 年版，第 213 页。

参与来解决。而众人的参与必须通过一种客观有效的机括，保证社会各阶层的利益都可以照顾到。”[①]对社会公共领域的关注，并不意味着他们不再强调伦理道德的作用，只是在他们的政治哲学论说中伦理道德的因素不再扮演那么重要的角色。对于政治人物的品格，也不再要求他们达到传统儒家所追求的圣贤境界，只要保持在一个社会基本认可的正常水准即可。重要的是，在民主政治的框架之内对政治权力实行有效的约束和限制，以保障个体的自由和权利，进而建立一个“开放力动的社会”[②]。

第三代新儒家政治哲学论域的变化，还表现在他们对东亚经济发展问题的关注。他们将儒学现代化的讨论扩大到经济发展的领域，这是对时代变迁的积极回应。杜维明曾受邀访问新加坡，并为新加坡开设儒学课程提供咨询建议。杜维明阐述了新儒家伦理与企业精神的关系，他把儒家分为两方面：一是政治化的儒家，二是儒家伦理。政治化的儒家，作为一种意识形态需要彻底批判，才能消除专制文化造成的负面影响。而就儒家伦理而言，更注重在超越自我的同时追求集体的福利，倡导以勤勉、进步为核心的工作伦理。所有这些价值，对新加坡的成功是至关重要的。[③] 成中英独创“整体性和共生性原则”来解释东亚经济奇迹产生的原因，同时分析了传统儒家文化作为文化动力之一在其中发挥了怎样的作用。他指出：“不能将东亚的经济增长简单地归于资本主义制度和自由经营……‘经过转化的儒家伦理因素’……是推动东亚现代化的精神支柱和正确决策与行动的能力。”[④] 伴随着时代变迁，第三代新儒家政治哲学的论域相较于新儒家前辈而言更加开阔。他们不仅仅注意到了儒家文化在东亚经济腾飞过程中的作用，指出二者的关系是双向的，同时也希望通过描绘儒家文化在东亚经济发展中扮演的正面角色，为传统儒学的复兴和新儒学的发展提供崭新、有力的论证。

第二，第三代新儒家政治哲学实践方向产生变化，他们不再追求由“内

① 刘述先：《文化与哲学的探索》，吉林出版集团有限责任公司 2011 年版，第 277 页。

② 刘述先：《文化与哲学的探索》，吉林出版集团有限责任公司 2011 年版，第 278 页。

③ 参见杜维明：《新加坡的挑战：新儒家伦理与企业精神》，高专诚译，生活·读书·新知三联书店 2013 年版，第 125～126 页。

④ 成中英：《整体性与共生性：儒家伦理与东亚经济发展》，载《浙江社会科学》1998 年第 2 期。

圣”开出“外王”，而指出社会公义是心性修养的基础。在新的社会政治环境下，要由新“外王”规训老“内圣”，这一路径构成了儒学在新时代的发展方向。中国传统社会为何没有产生自由民主的观念，对于这一问题当代新儒家前辈的认知一直是缴绕不清的。有学者曾如此总结牟宗三对这一问题的回答：“不出现民主政治的‘外缘条件’即中国传统社会的状况及君主制，是传统儒家不能内在地形成‘分解的尽理之精神’以及‘民主政治的理念和思想建构’的根源所在；但是反过来，传统儒家没有内在地形成‘分解的尽理之精神’以及‘民主政治的理念和思想建构’，又是中国传统社会之所以未出现民主政治的本质条件或主要原因。”[①]显然这种解释陷入了原因和结果的自我缴绕，不仅没有辨析传统社会未能发展出民主政治的原因具体何在，也没能提出具有指导意义的观念方针。林安梧指出，破除这种纠缠和迷局的关键就在于民主政治，我们不应该再试图从“内圣”开出“外王”，而应该从实践的向度出发，由“外王”开出“内圣”。他指出：“不是儒家的内圣怎么开出外王的问题，而是在一个新的 modern society，在一个新的现代社会、现代化过程里面，儒学必须重新调整，而有一个新的内圣的问题。也就是不是从内圣怎么开出外王，而其实是从外王中心调节出一个新的内圣。内圣的重点不在于强调内在的心性修养，而应该是注意到一个 social justice，一个社会正义底下，你如何安顿你的生命并且参与社会正义。”[②]正如林安梧一直所强调的，在现代社会发展儒学，心性修养不应再被视为一切社会政治活动理所当然的基本前提，“反而是‘社会公义’可能成为‘心性修养’的基础”[③]。当代新儒家发展到第三代，终于实现了政治哲学理论方向的转换，这对于新儒家政治哲学的发展而言，意义重大。

成中英曾指出，在中国漫长的传统社会，并没有产生独立意义上清晰的人权观念。但是当代中国却逐渐生成了类似的人权思想，究其原因，是“政治结构和政治文化也相应地发生了变化”[④]。中国传统文化过于重视作为义

① 宋宽锋：《试析当代新儒家的政治哲学——兼评李明辉〈儒家视野下的政治思想〉》，载《复旦学报（社会科学版）》2008 年第 1 期。

② 林安梧：《儒学革命：从“新儒学”到“后新儒学”》，商务印书馆 2011 年版，第 222 页。

③ 林安梧：《道的错置——中国政治思想的根本困结》，（台北）台湾学生书局 2003 年版，第 239 页。

④ 成中英：《新觉醒时代：论中国文化之再创造》，中央编译出版社 2014 年版，第 480 页。

务的美德实现的过程，导致中国文化背景与权利意识的对立。所以，“这种权利运动既不会出现像西方权利运动所具有的那种势头，也不会像西方权利运动那样尖锐”①。从成中英的这一看法可以明显看到，推动中国人权观念的建立和传播，在解决文化价值冲突的同时更要从政治结构的层面入手。只有在现代民主政治的制度架构之下，现代权利观念才能得到有效的制度支持，进而获得普遍传播。他断言，发展现代人权“关键是建立合乎理性的社会立法……只有在合乎理性的立法基础之上，人的尊严、人的公共意志才能充分地表达出来”②。成中英在讨论儒学潜涵的宪制思想时曾指出，其政治哲学努力的方向就是试图实现中国“德治论”传统和西方“法治论”传统的融合，进而建立一个更加美好和理想的大同社会。他指出，不论多么宏大和美好的理想，最终都要面对社会现实，面对政治权力。在现实社会实践中，经由博弈和互动，实现公民基本权利和国家政治权力的协调与融合。③ 成中英认为，当前我们正面临一个“全面新觉醒时代”，社会结构的方方面面都在发生着深刻的转变。而这种新觉醒时代给我们带来的启示表现在两个重大的层面：其一，时代在变化，外部世界在变化，我们生活所面临的整个客观环境都在发生着日新月异的变化，我们要正视这种变化，并积极合理应对；其二，客观的变化给主观个体提供了“一个重新整合的重要契机……我们必须建立新的价值观和新的典范，由此以形成一个新的行为与生活方式”④。

杜维明也同样认为，“儒家的真精神必须在人格相辉映的多元社会里才能彰显”⑤。他认为儒学传统与专制政治并没有任何内在一致性，也并不排斥自由和民主的精神，儒家文化的复兴只有在自由和民主的环境下才有可能实现。谈及罗素、波普尔和哈耶克这些学术巨匠的卓越成就和人格魅力时，杜维明曾意味深长地感叹：这些伟大的哲人在一个自由民主的环境下所呈现出的人格自由的状态是多么让人艳羡不已！相较之下，他是多么渴望在中国的思想和学术荒原上也能有这样自由和宽松的环境，使儒家学者也

---

① 成中英：《新觉醒时代：论中国文化之再创造》，中央编译出版社 2014 年版，第 480 页。

② 成中英：《儒学与新儒学》，载《成中英文集》第 2 卷，湖北人民出版社 2006 年版，第 367 页。

③ 参见成中英：《新觉醒时代：论中国文化之再创造》，中央编译出版社 2014 年版，第 488 页。

④ 成中英：《新觉醒时代：论中国文化之再创造》，中央编译出版社 2014 年版，自序第 1 页。

⑤ 杜维明：《三年的蓄艾——为纪念一位泪干丝尽的知识分子而作》，载《杜维明文集》第 1 卷，武汉出版社 2002 年版，137 页。

能“在知识的领域里挺立起来”①。

第三代新儒家学者阐明了一个非常重要的原则：只有在思想自由、公平正义的社会中，儒学才能迎来真正的发展。现代民主政治的发展并不那么急迫地寻求儒学传统的支持，反而是传统儒学如果想要在现代社会焕发出新的生机，实现现代化甚至制度化，只有在开放、自由和宽容的政治环境下才能达成。就儒学和现代化的关系而言，阿里夫·德里克总结出了三种常见的立场，抛开过于激情的观点不言，他认为儒学只有在特定的社会环境下才会对现代化的过程产生功用。“儒学作为一种因素，在正确的结构状况和经济政策之下，能够成为发展的一种正面力量。”②面对全球范围内的保守主义思潮，艾恺曾指出：“在所有这些地区，文化逐渐被看作是独特的不能复制的精华。在来源上和含义上它有着民族性，并且它与现代化的社会政治现实是相分离的。”③林安梧则突破了这一认识的范畴，他赞同“在现代化的外王已步入征途的情况下，及时调整思维，寻求儒学如何切实参与到现代化中的方法，以现代化的社会为基础而不再以传统血缘社会为基础思考儒学的发展方向”④。展望未来，中国政治发展最紧迫的任务是：面对现代化和后现代的双重挑战，在社会转型的过程中重建良善的社会政治秩序，并在这种自由、多元的环境下实现传统文化的现代发展。正如刘述先所强调的那样，“我们要建立民主法治，就必须由传统的格局彻底翻出来”⑤。只有调整儒家伦理道德追求和社会政治实践的方向，才能走出一条实现二者相互促进、共同发展的坦途。

第三，就政治哲学实践的途径而言，第三代新儒家不再追求本质上的转换，在现代政治哲学的达成上正在由“扩展秩序”向“学习秩序”转变。当代

---

① 杜维明：《三年的蓄艾——为纪念一位泪干丝尽的知识分子而作》，载《杜维明文集》第1卷，武汉出版社2002年版，139页。

② Eng Fang Pang, “The Distinctive Feature of Two ‘City-States’ Development: Hong Kong and Singapore”, in Peter L. Berger and Xinhuang Xiao (eds.), *In Search of an East Asian Development Model*, New Brunswick: Routledge, 1988, p.235.

③ [美]艾恺：《最后的儒家——梁漱溟与中国现代化的两难》，王宗昱、冀建中译，江苏人民出版社1993年版，第12页。艾恺所说的地区包括德国、伊斯兰国家、日本、印度和中国。

④ 张三萍：《林安梧及其“后新儒学”》，载《武汉大学学报(人文科学版)》2010年第1期。

⑤ 刘述先：《文化与哲学的探索》，吉林出版集团有限责任公司2011年版，第277页。

新儒家作为文化保守主义的代表，向来主张中国的现代化发展要立足于传统文化之上。一方面，这源于林安梧所批评的那种本质主义的思维方式，即认为现代文明只有在本质上确立与传统文化的一致性才能实现二者的融通。另一方面，有学者指出这一观念之所以根深蒂固，是因为受到了以哈耶克为代表的西方保守主义理念的影响和误导。他们坚信："现代文明必须从传统中自发地成长起来，所以，现代文明必须符合传统的发展方向，必须在传统中找到根源。"①在这种理念的影响下，当代新儒家一直试图建构一种基于中国本土文化传统的"扩展秩序"。他们试图从儒家文化中挖掘出自由、民主、法治的概念，并以此为核心扩展或者生长出稳固的现代民主社会政治秩序与观念秩序。事实证明，以当代新儒家为代表的文化保守主义者做出的这一努力并不成功。第三代新儒家不再纠结于由儒学开出民主与科学，而是更加强调学习与调适。正如林安梧所言："现在不宜将问题定在'如何由传统开出现代化'，与其说'开出'，毋宁说'调适'，或者说'调和'。不过，进一步，我想说的是原先当代新儒学所立的'开出说'，其实隐含着'调适'及'调和'的因子在，可以再行转进的，值得我们去注意。"②

林安梧指出，在中国传统政治文化的理念中，没有生发出民主科学的理念，这是"历史的发生次序"的问题。而在已经进入现代社会的今天，置身民主政治当道的环境中，能否逐渐建立现代民主政治秩序，是"学习的次序"的问题。二者遵循了不同的理论逻辑，并不能完全等同。在历史上，以儒学为主导的政治文化没有孕育出民主政治，并不代表我们在当前社会不能通过学习的途径建立一套民主政治制度。所以，面对历史的业障，我们自不必耽于其中而无法自拔。更为积极的方式是，在反思、批判传统文化的基础上，努力吸纳和融合现代民主政治历经时间检验的思想观念和制度创设，进而构建具有民族文化特点的现代民主政治文明。③ 林安梧并不否认"内圣"与"外王"是"两端而一致的"，而是要改变其发生的次序，并在此基础上提出了"公民儒学"的概念。他指出："不是'内圣→外王'，而是'外王→内圣'。或

① 丛日云：《哈耶克对中国文化保守主义者的误导——以"扩展秩序"概念为中心的思考》，载《探索与争鸣》2016年第8期。

② 林安梧：《儒学革命：从"新儒学"到"后新儒学"》，商务印书馆2011年版，第67页。

③ 参见刘述先：《文化与哲学的探索》，吉林出版集团有限责任公司2011年版，第281页。

者,我们可以这么说,'内圣→外王'这个图式显示的是传统儒学,可以用'君子儒学'来称呼它,而'外王→内圣'这个图式显示的是现代儒学,可以用'公民儒学'来称呼它。"[①]公民儒学是儒学发展的未来方向,"是儒家走进民主社会,创造性的转化与创新性的发展"[②]。成中英也断言,"对传统儒学必须采取深刻理解的但却是重新创建的态度,对其缺失的科技与务实和思考必须力求补充与学习",唯其如此,才能逐渐发展出"开放理性与学习经验的管道"。而这一过程,在成氏看来,与其说是"开出",不如表述为"转化"或"接榫"更妥当。[③]

面对现代民主政治,第三代新儒家认为,没有必要从其本源的根基出发自己再去绞尽脑汁构想一套体系,英、美等发达国家在社会政治发展过程中积累的有益经验就非常值得我们学习和借鉴。"先进民主国家早已把这一套机括实行有年,使得我们在学步之时有所依赖凭借。"[④]显然,在刘述先看来,在中国民主政治的发展过程中,一种渐进试错的学习方式要好过基于本质主义思考的全盘建构,民主生活方式的落实需要教育,需要民众在不断的民主政治实践中逐渐学习和适应,而优良民主政治秩序的达成亦有赖长期的政治实践,即在民主政治规则和秩序下展开的多重博弈和引导。

(二)对现代性的反思及救治的尝试

当代新儒学自其形成之初,就致力于反思现代理性泛滥所带来的弊病。"当西方及世界遭遇到现代化流弊的影响及进而做后现代发展时,儒家自然不可能置身事外,而必思有以决其疑惑,导其往上向前。因此,除了现代化之外,儒学自必也有后现代化的需求,以彻尽儒学之本怀。"[⑤]和全球范围内兴起的保守主义政治理念形成共振,当代新儒学构成了反思激进政治理念的一环。当代新儒家一般都肯定现代化带来的社会发展和物质繁荣,但是

① 林安梧:《当儒家走进民主社会:林安梧论公民儒学》,(台北)商周出版社 2021 年版,第 13 页。

② 林安梧:《当儒家走进民主社会:林安梧论公民儒学》,(台北)商周出版社 2021 年版,第 13 页。

③ 成中英:《现代新儒学的复杂命题》,载《成中英文集》第 2 卷,湖北人民出版社 2006 年版,第 419 页。

④ 刘述先:《文化与哲学的探索》,吉林出版集团有限责任公司 2011 年版,第 278 页。

⑤ 李瑞全:《当代新儒学之后现代理论》,载萧振邦主编:《儒学的现代反思》,(台北)文津出版社 1997 年版,第 29 页。

对于现代性中过于泛滥的理性和科学主义，他们秉持一种审慎反思的态度。其中一个典型的表现就是，现代社会繁荣带来的物质丰富并不能完全解决人的心灵安立问题，“反而使人们感到一种疏离感，使人们陷于一种现代性的危机之中”①。当代新儒家试图从东方文化传统中寻求更多的资源加以救治和化解，并坚信在未来的社会发展中儒学绝不会仅仅沦落为文化符号而成为一种感情依赖，它还是一种能给我们提供有益借鉴的价值资源。

刘述先指出：“数百年来由于科技的成功，我们的确为一种科学主义的迷思(myth)所笼罩，现在应该是‘消解神话’(demythologization)的时代了。”②在这里，他对科学和科学主义做了区分，认为二者有本质区别。“我们所要反对的其实并不是科学，而是泛科学主义那种盲目崇拜科技、把一切当作唯一标准的偏颇的态度。”③我们可以看到，刘述先是要对现代性进行继承和扬弃，是一种批判式的发展，而并不意味着彻底的颠覆。当代新儒家突出后现代的向度，努力要解决的是强势存在的普遍理性给个体带来的日益沉重的压迫感，也就是在批评泛滥的理性主义基础之上寻求个体的全面解放。

林安梧指出，在克服现代化带来的各种弊病的过程中，中国多元化的文化传统“背后所隐含的儒、道、佛有非常丰富的调节性力量、和谐性的原理”④，不论是调节自我心灵还是安定世界文明，都是可资借鉴的优秀精神文化资源。在这里，就东方文化传统对现代化弊病的救治功能，林安梧的阐述至少包括了两个层次。第一，以道家文化为例，在反思现代性、构建中国哲学主体性的过程中，道家确实可以提供许多文化资源。而且，“道家式‘无’的功夫虽有解构的能力，但却不同于近些年来西方新兴的解构的思想，因道家的解构是一连续观下的解构，此不同于西方之为一断裂观下的解构。正因如此，这样的解构，不会造成文化的衰颓，亦不会造成社会的解体，它却会造成整个心灵意识结构的再生，及社会结构、政治结构的重建”⑤。第二，以

① 成中英：《新觉醒时代：论中国文化之再创造》，中央编译出版社2014年版，第495～496页。

② 刘述先：《理想与现实的纠结》，吉林出版集团有限责任公司2011年版，第36～37页。

③ 刘述先：《理想与现实的纠结》，吉林出版集团有限责任公司2011年版，第39页。

④ 林安梧：《儒学革命论：后新儒家哲学的问题向度》，(台北)台湾学生书局1998年版，第82页。

⑤ 林安梧：《儒学革命论：后新儒家哲学的问题向度》，(台北)台湾学生书局1998年版，第83页。

儒、道、佛为代表的东方文化传统对现代性弊病的救治和疗育功能，不仅仅在东方社会发挥着作用，而且这种深邃的文化传统所建立的“非言说的方式”，对于西方文化的自我反思也有极大的意义，其影响会突破东亚而走向整个人类社会。林安梧的论说建立在传统文化的整全性这一认知之上，即强调系统脉络的传统文化可以救治现代社会普遍存在的意义碎片化和价值虚无。其背后是指向整全性的共同体思维，他将“天地亲君师”诠释为四个共同体，“‘天地’是天地自然的共同体，‘亲’是血缘人伦的共同体，‘君’是政治社会的共同体，‘师’是文化教养的共同体。这四个共同体是儒学所共同要确立的。作为一个人，不能离开这四个共同体来培育自己”[①]。显然，基于这种共同体思维而形成的价值体系，比颇多变动的多元现代性能带来更多的确定性。

在杜维明看来，经济全球化和现代民主制度在全球范围内被普遍接受，或者说是被期许，它给人们带来的并不是权力、财富和信息的平等分配，而是导致了超过以往任何时期的世界范围内的分裂。“从家庭到民族各个层次上的社会分解，成为世界各地的严重问题。”[②]因此，杜维明断言，被人们广泛接受的，只是一种关于自由民主的理想或祈盼。而在现实政治生活中，现代自由民主制度并不是唯一的占据主导地位的政治模式，世界范围内还存在着诸多不同的政治模式和社会秩序。启蒙运动带来了人类理性的解放，催生了现代社会的发展和繁荣，实现了人类社会发展模式的转变。但是，在强调摆脱权威和教条束缚的同时，积极进取的心态中也显露出过于激进和侵略性的一面。杜维明认为，在近现代政治思想的发展过程中，由洛克在其《政府论》中阐发的注重个人与国家关系的思想，成为现代政治思想的主流脉络。而关于家庭，以及由此延伸开来的社群问题，没有得到应有的重视，

---

① 林安梧：《关于先秦儒学“人性论”的一些讨论——以孟子和荀子为核心的展开》，载《齐鲁学刊》2022 年第 1 期。

② 杜维明：《多种现代性：东亚现代性涵义初步探讨》，载[美]塞缪尔·亨廷顿、劳伦斯·哈里森主编：《文化的重要作用——价值观如何影响人类进步》，程克雄译，新华出版社 2002 年版，第 375 页。

“在西方政治学主流中成为无足轻重的东西”[①]，始终处于相对边缘的境地。这是因为，在启蒙运动所倡导的一系列价值观念体系当中，自由、民主和平等的概念被广泛接受和传播，而作为启蒙运动价值观之一的博爱，却被人们长期忽视。因为缺少了博爱精神的涵养，社群的价值在很长的时期内都没有得到应有的重视。“从‘礼俗社会’到‘法理社会’的转变曾被认为是社会与其过去的一大决裂，所以韦伯曾指出‘普世兄弟之情’是过时的中世纪神话，在不再抱幻想的现代世俗世界是不可能实现的。”[②]然而，在经济全球化和文化多元化发展的当今世界，这种相互扶持的伦理精神被重新赋予了崭新的价值，而渐渐获得了更多的重视。根据杜维明的观察，北美社会已经对社群产生了浓厚的兴趣，他认为这源于“社会的分解”给国家福祉带来的威胁。杜维明认为，一方面是以民族、信仰为核心的地方特性，而另一方面是以贸易、信息化为代表的全球化趋势，想要调和二者之间的冲突显得尤为困难。所以，跳出“非此即彼”的思维框架认识想象中的全球社群就成为必要，而“从儒学观点看东亚现代性，会有助于我们养成一种新的思维方式”[③]。

然而，我们必须注意到，杜维明所提倡的儒家文化对资本主义社会弊病救治的观点，是充满了内在矛盾的。正如阿里夫·德里克所强调的，“儒学复兴的文化主义从一开始就讨论了特定的问题，这些问题主要立足于为资本主义经济问题找到解药”[④]。而且以杜维明为代表的新儒家学者自信地认为，经由崭新的梳理和诠释，他们已经从历史悠久的文化传统中发现了打开

---

① 杜维明：《多种现代性：东亚现代性涵义初步探讨》，载[美]塞缪尔·亨廷顿、劳伦斯·哈里森主编：《文化的重要作用——价值观如何影响人类进步》，程克雄译，新华出版社 2002 年版，第 376 页。

② 杜维明：《多种现代性：东亚现代性涵义初步探讨》，载[美]塞缪尔·亨廷顿、劳伦斯·哈里森主编：《文化的重要作用——价值观如何影响人类进步》，程克雄译，新华出版社 2002 年版，第 377 页。

③ 杜维明：《多种现代性：东亚现代性涵义初步探讨》，载[美]塞缪尔·亨廷顿、劳伦斯·哈里森主编：《文化的重要作用——价值观如何影响人类进步》，程克雄译，新华出版社 2002 年版，第 377 页。

④ [美]阿里夫·德里克：《后革命时代的中国》，李冠南、董一格译，上海人民出版社 2015 年版，第 146 页。

西方现代社会发展困局的钥匙，这构成了他们谈论后现代问题的前提假设。[①] 与此同时，世界范围内经济发展大的格局变化，也及时地为他们提供了佐证。以美国为代表的西方国家时时出现各种发展危机，而东亚经济却迎来了腾飞之势。“全球资本主义在寻找一种意识形态以适应其全新的‘无中心’结构，这样它便在儒家中找到一种可能性，以满足其或新或旧的种种需要。”[②]可见，儒学在当代的崛起或者说重被人认识，其背后是传统资本主义文化在应对社会危机和挑战时试图在更广阔的文化空间寻找可资利用的文化资源，而儒学就在这一范围之内。毫无疑问，重回大众视野并获得肯定性的评价，确实证明了儒学在当代社会的价值。然而，杜维明等新儒家学者虽然一再标榜其理论学说在现代社会所具有的批判性，但“他的著作基本上没有对资本主义作严肃的批判，似乎资本主义的物质危机可以通过抽象的精神性加以缓解”[③]。杜维明将儒家思想推崇为现代资本主义疾病的解药，认为儒家主张的人本主义可以很好地治疗现代资本主义导致的各种弊病。而矛盾的是，儒学复兴本身就是伴随着东亚经济增长而出现的，东亚资本主义经济的发展不仅赋予了儒学极大的正面形象，也提升了杜维明的学术威望。那么我们不禁产生疑问：自身威望尚且需要资本主义经济提振的儒学，又能在多大程度上治疗资本主义的弊病？

（三）开放的心态和理论视野

正如方克立所指出的那样，在摆脱了时代的压力之后，“第三代新儒家学者的胸襟，显然比其前辈要开阔多了，至少他们中有一些人能面向世界、面向未来、面向现代化和后现代化来考虑儒学发展的前景问题，这就在一定程度上克服了盲目的华夏优越感和民族自大心理所造成的思想局限”[④]。第三代新儒家的政治哲学在视野上实现了对其前辈的超越，这也构成了新儒

---

① 参见[美]阿里夫·德里克：《后革命时代的中国》，李冠南、董一格译，上海人民出版社 2015 年版，第 125 页。

② [美]阿里夫·德里克：《后革命时代的中国》，李冠南、董一格译，上海人民出版社 2015 年版，第 109 页。

③ [美]阿里夫·德里克：《后革命时代的中国》，李冠南、董一格译，上海人民出版社 2015 年版，第 135 页。

④ 方克立：《现代新儒学与中国现代化》，长春出版社 2008 年版，第 37 页。

家政治哲学发展的一个重要维度。

第一,第三代新儒家对待中国文化系统中儒学传统之外的其他文化流派的态度更加健康和开放。中国传统的文化价值系统是复杂多样的,它不仅仅是指儒学,而且还包括其他学派的思想学说在内。如果用被同质化的儒学来表示传统文化,这种简单的化约自然难以窥探整全的传统文化面貌。阿里夫·德里克指出,给中国传统文化贴上的儒学标签,“具有一种同质化的效果,并抹杀了中国思想和文化的复杂性,尤其是当它作为中国的一种代名词时。中国哲学并不仅限于儒学。中国文化吸纳了许多不同地方和外部的资源”①。虽然身为当代新儒家的一员,林安梧对道家和佛家经典有浓厚的兴趣,并深有研究。在他看来,道家文化、佛家文化和儒家文化相互影响、相互交融,共同构成了中国传统文化的整体。“在华人文化传统里,儒道佛早已通而为一,作为华人文化心灵的共同土壤。”②杜维明亦承认,“中国传统文化,从根源上讲,不是一根而发,而是殊途同归,是各种文化的大汇合”③。

在讨论原始儒家文化对人权的解释时,成中英认为,墨家与道家关于人权的认识也值得肯定。墨子主张兼爱,并将之视为协调人与人、人与社会关系的手段。成中英认为,这一观念就表明墨子肯定了全体民众的权利,只是认为这种人民的权利只有在有序的社会中才能有所保障和发展。成中英指出,就人权观念而言,“墨家的意义主要是对劳工大众而言,人的天赋权利,当为生存与公益而富生产的社会”④。而对于道家而言,成中英认为,其清静无为、小国寡民的政治主张,正明确了人有依照自然选择自己生活方式的权利,只有符合自然之道的生存方式才是值得肯定的,所以任何人为的干涉都不应该存在,政府的各种作为也是越少越好。在成中英看来,“这似乎指出,在所有的人群中,最基本而本质性的权利是不受外力干扰的自由,特别是不受政府干扰的自由。当人能依道而行,其不受干扰的自由获得保证时,他就

---

① [美]阿里夫·德里克:《后革命时代的中国》,李冠南、董一格译,上海人民出版社2015年版,第137~138页。

② 林安梧:《道可道:〈老子〉译评》,商务印书馆2013年版,代序第3页。

③ 杜维明:《中国文化的认同与创新》,载《杜维明文集》第1卷,武汉出版社2002年版,第361页。

④ 成中英:《新觉醒时代:论中国文化之再创造》,中央编译出版社2014年版,第468页。

能得到一切”①。

可见，新儒家学者在弘扬和发展儒学的同时，积极借鉴和吸收了中国传统文化中其他学派的营养，而没有将研究和探索的目光仅仅局限在儒学传统之内。中国古典文化的传统，本身就是一个充满了异质性内容的多元文化传统。战国时期，有所谓“百花齐放，百家争鸣”，诸子百家纷纷著书立说，这一时期可视为我国多元文化传统的滥觞。自汉朝起，儒学获得独尊的地位，成为官方认可的国家意识形态，不论是在国家的政治指导思想层面，还是在社会政治文化层面，抑或民众的精神心理层面，儒学都获得了支配性的主体地位。但是，儒学在中国传统社会所取得的成功，并不代表着其他文化的消失或湮灭。以道家文化以及后世传入东土的佛家文化为代表的其他思想流派作为传统社会的亚文化，与作为主流文化的儒家思想共同构成了中国传统社会文化系统的整体。近些年来，伴随着新儒家的崛起，有关道家文化、墨家文化的探讨也愈发多见，“新道家”和“新墨家”的称谓也偶见诸报章。有学者也在深研道家文化的基础上指出，“中国哲学的主干部分是道家思想而非儒家”②。由此可见，作为学界公论，儒家思想构成了中国古代传统社会文化系统的主体，但在深入发掘和重新诠释儒学传统的同时也应该把历史上曾经存在并产生过重要影响的其他学派纳入研究的视野之中。如此，一方面可以全方位地发掘和整理传统文化资源，另一方面可以避免陷入狭隘的儒学研究范围内，使之与新儒学的研究相辅相成，进而使传统文化在新的时期焕发出新的生机。

第二，第三代新儒家对待域外文化的态度更加开放。一百多年来，正是源自西方的域外思想文化给儒学带来了巨大的震荡和冲击，儒学也被迫调整自身的理论结构努力进行回应。“但儒学视域却是极端本土化的，完全被民族主义的观念所狭限。”③通过观察新儒家前辈学人的理念，确实可以证实这一点。但是，当新儒家发展到第三代时，情况发生了巨大的转变。他们欢迎基于不同文化立场对儒学展开的批评，拒绝因试图利用儒学而起的喝彩。

---

① 成中英：《新觉醒时代：论中国文化之再创造》，中央编译出版社 2014 年版，第 468 页。

② 陈鼓应注译：《老子今注今译》，商务印书馆 2016 年版，第 6 页。

③ 景海峰：《新儒学与二十世纪中国思想》，中州古籍出版社 2005 年版，第 17 页。

由文化对比而引发的激烈批判对于儒学的发展而言有“健康的意义”，出于狭隘政治目的的阿谀奉承显然是“内部的腐化”，会葬送儒学发展的未来。

刘述先从全球视野来审视中国哲学的重建问题。他指出，“中国哲学之重建又不只具有中国的价值，同时也具有世界的价值。当今世界由现代慢慢走入后现代的时代”[①]，只有将世界范围内的各种古典文化资源都考虑进来，通过比较哲学的研究，才有可能寻找到一条融合中外哲学智慧的崭新道路。可见，就第三代新儒家的政治哲学而言，其视野更加开阔。如果说新儒家前辈学人还秉持着一种“文化民族主义主导的政治意识”的话，那么第三代新儒家的政治意识总体上看已经具备了明确的全球视野和现代开放意识。他们不再致力于走向“光复儒家独领政治风骚的古典境地”[②]。基于对社会历史发展的反思和对传统文化革新蜕变的期待，成中英认为人类必须迎来一个“理性与良知的再启蒙时代”，即“中国文化及其哲学与西方文化及其哲学可以相互营养、激荡和促进，开启一个人类文明的灿烂繁荣的新世纪”[③]。在这样一个再启蒙时代的构想中，东西文化交流的设想呈现出了恢宏的态势，也凸显了当代新儒家学者的气魄。

作为第三代新儒家的代表人物之一，杜维明对中国传统文化特别是儒家文化的认识已经和其新儒家的前辈学人大大不同。在他看来，阐发和弘扬传统儒家文化，要走出民族主义和狭隘的文化主义的窠臼。文化的碰撞、交流和融合要本着多元、平等和对话的原则，即便是在东方社会，传统儒家文化也并不天然具有一种相对于其他文化的优越性和更高的价值位阶。因此，尤其是在马克思主义已经在中国成为主导性的思想观念之际，再执意坚守儒家文化本位已经没有意义。“如果我们再回到本位论的格套，保守反动之议尚且难免，还谈什么创新？”[④]杜维明指出，中华文明具有浓厚的“对话特征”，而这种由对话形塑的文化特征由来已久。这种深厚的历史资源，对于当前全球范围内越来越广泛的文明对话非常有启示意义。对话的第一步是

① 刘述先：《朱子哲学思想的发展与完成》，(台北)台湾学生书局 1984 年版，第 550 页。

② 任剑涛：《现代儒学的浮现：从独享政治权威到竞争文化资源》，载《政治学研究》2016 年第 1 期。

③ 成中英：《新觉醒时代：论中国文化之再创造》，中央编译出版社 2014 年版，自序第 13 页。

④ 杜维明：《儒学第三期发展的前景问题》，载《杜维明文集》第 1 卷，武汉出版社 2002 年版，第 399 页。

容忍，要容忍不同形态文化存在这一事实。然后在此基础上要承认对方的存在，不论作为对立面存在的这种文化形态是对抗性的还是包容性的，都要承认它的存在而不是试图消解或消灭它。在承认的基础上才能进一步达成尊重，“能够互相尊重才能互相参照，学习对方，尊重‘他者’”①。由此，杜维明构建了一个“容忍—承认—尊重”的文明对话过程。从这种开放的文化观出发，杜维明指出，不仅仅是中国传统的儒家、道家思想，包括世界各大宗教在内的传统文化资源，都包含“滋养现代心灵的源头活水”②。

第三，第三代新儒家主张的儒学未来发展，不仅仅在时间维度上要有突破和前瞻性，在空间尺度上也有所扩大。“20世纪以史学为主导的儒学评判基本上是回溯式的，其指向在于儒学的过去，特别是它的源头。”③当代新儒家就是要超越动辄“归返原点”的思维路径，摆脱单一维度的线性历史观，进而在时间这一思考维度上有所突破，争取在向前看的过程中与现代性发生更多的关联。“在这样一种前所未有的普遍关联的场景之中。要想对儒学的价值和意义有所说明，要想对儒学的未来发展做出前瞻，那就必须要有新的空间观念和全球化的意识。”④

在当代新儒家诸学者看来，现代民族国家处在一个不断发展和完善的过程当中。即便是极为成熟的现代民族国家，在其呈现出这一状态之前，也有它的历史和传统，因此不能否认其历史渊源。这一演进的过程，在历史发展的涓流中还在不断继续。成中英凭借其在海外多年的观察指出：“从美国的发展、亚洲诸地区的发展、欧洲的发展来看，历史在不断提供一些机会，因而不能不开放，不能不革新，不能不与时俱进。”⑤所以，儒学作为一个悠久的传统，如今处在它现代化的过程之中，应该迎来它自身的转化和发展。这种转化的形式在很大程度上要超越时空的限制，从文化形式上探讨其摆脱历史缠绕而寄身现代社会的可能机制。而在儒学发展的地域上，正如杜维明一直倡导的“文化中国”的概念一样，未来以儒学为代表的中华文化的发展，

① 杜维明：《体知儒学：儒家当代价值的九次对话》，浙江大学出版社2012年版，第41～42页。
② 杜维明：《化解启蒙心态》，载《杜维明文集》第5卷，武汉出版社2002年版，第262页。
③ 景海峰：《新儒学与二十世纪中国思想》，中州古籍出版社2005年版，第16页。
④ 景海峰：《新儒学与二十世纪中国思想》，中州古籍出版社2005年版，第18页。
⑤ 成中英：《新觉醒时代：论中国文化之再创造》，中央编译出版社2014年版，第489页。

其地域肯定不能仅仅限定在中华大地，甚至也不会局限在东亚或者东南亚地区；而是要更积极地走向世界，在全球范围内，在文化的意义上构建中华文化的观念秩序。如果说杜维明在20世纪末期提出这种大中华观念的时候还略显过分乐观的话，那么，历经改革开放之后的中国在经济层面迸发出巨大的能量，已经成为世界范围内具有举足轻重地位的大国，伴随经济影响力的扩展，杜维明等人关于思想文化传播的设想也变得越来越接近现实。正如其所言，"经济上的'大中华'概念和意义更为广阔的'文化中国'概念已经准确无误地透露出了这方面的消息"①。

三、当代新儒家政治哲学发展困境和展望

我们对于当代新儒家思想的评判，依据的是现代政治哲学的标准，即以现代性为核心内容的现代民主政治构成了我们思考的基本坐标。不确定自己思考的坐标系，就失去了审视和评判新儒家政治哲学的立足点。当现代民主政治经过数百年的演进而发展，当个体理性和现代化已经成为当前社会发展的目标所在。即便现代性也有这样或那样的缺陷并招致了后现代的各种批判，但全球范围内现代民主政治的蓬勃发展和后发国家朝向现代化转型所做出的努力，证明了现代民主政治理念依然是我们思考当前政治发展的理论起点和准绳。

（一）依然存在的"新外王"困境

面对历史上的儒学传统，杜维明不无遗憾地指出："儒者虽然了解到客观上的有限性，但主观意愿上又不能放弃自己是现实社会成员之一的责任和义务。"②这种"知其不可为而为之"的崇高精神面貌背后，是理想道德精神和不尽如人意的残酷政治现实之间存在的巨大张力。故而在这种反差面前，儒者常被人以"平常袖手谈心性，临危一死报君王"而调侃揶揄。具体到政治领域，刘述先直陈："儒家的政治论的根本缺陷在无法设计一套有效的

① 景海峰：《新儒学与二十世纪中国思想》，中州古籍出版社2005年版，第17页。

② 杜维明：《儒家的抗议精神——谈政治化的儒家》，载《杜维明文集》第5卷，武汉出版社2002年版，第218页。

机括来限制君权，光凭一些道德的教条是不足以拘束一个统治者的，尤其不能拘束那些残暴专制的独夫。”[①]第三代新儒家政治哲学确立了注重社会实践的理论品格，在思维逻辑上也突破了前人“内圣外王”的束缚，提出了以现实生活世界为导向的“后新儒学”，试图在新的社会政治环境下进入“新觉醒时代”。但是，我们还是要指出，尽管在理论上第三代新儒家取得了巨大的进步，但是在政治哲学落实的层面，他们值得称道的地方仍然不多，“新外王”的困境依然存在。

第一，在政治哲学建构的层面，如前文所述，第三代新儒家所建构的政治哲学充满了“政治诗学”的意味，在正面指导社会政治生活的功能上，与东西方主流的公共政治哲学还有很大差距。“公共政治哲学以理性的精神处理权力的属性、制度的设计、国家—社会—市场的分化等关乎政治体成员如何内趋性地认同国家这样的政治体的问题。”[②]如何实现由古典政治哲学向现代公共政治哲学的过渡，是当代新儒家必须要解决的理论难题。第三代新儒家在这一方面做出了积极的尝试，也取得了一定的理论突破，但这并不意味着他们彻底解决了这一问题。第三代新儒家只是通过诠释和解读强调了自由、民主等政治理念的价值。即便是在现代民主政治价值的阐扬层面，他们基于儒家政治思想提倡的自由、权利等观念，多与现代民主政治普遍追求的自由、民主的理念之间也存在不小的差距。他们在本体论层面对“存有的连续观”的持守，以及对儒家文化整全性的追求，使他们对公民个体权利的强调始终有挥之不去的群体本位的色彩。同时，在制度安排和政治互动体系建构方面，他们则更是乏善可陈。这一理论的缺陷，对于当代新儒家学派而言，可谓由来已久。对于重视形而上学建构的当代新儒家政治哲学而言，“以抽象观念的排列组合为其基本性质的这种理论建构，是以对‘现实’的思想过滤或者将‘现实’排除在其视野之外为前提和特征的”[③]。

例如在成中英看来，仍然需要构建系统的本体论和知识论来在哲学的层面安顿社会政治秩序。在他看来，“无此将无以修持人己以趋同存异，维

---

① 刘述先：《朱子哲学思想的发展与完成》，(台北)台湾学生书局1984年版，第547页。

② 任剑涛：《公共的政治哲学》，商务印书馆2016年版，第7页。

③ 宋宽锋：《试析当代新儒家的政治哲学——兼评李明辉〈儒家视野下的政治思想〉》，载《复旦学报(社会科学版)》2008年第1期。

护认知行为与伦理行为的普遍性，同时也开发文化艺术发展的独特性”①。这种思路在某种程度上延续了从熊十力到牟宗三试图构建庞大哲学体系的努力和尝试。虽然所构建的哲学体系有所不同，其哲学体系的结构和论说也与现代社会政治文化有了更多的沟通和交流，但是内在的理路仍然是一致的。

当梳理完第三代新儒家的政治哲学，面对其理论架构，笔者的感受与刘述先面对新儒家前辈学人的感受是相同的。“传统儒家的典章制度实际设施到如今都已被时代抛在后面，一切被掏空以至剩下一个空头的形而上学，难免有一种欲振乏力的感叹。如何提出一些新的政治、经济、社会方面可以付诸实行的理想，对现实产生一种撞击的力量，这在目前还只是一种希望、一种向往。”②面对这一情形，余英时的批评更加激烈。他强调传统儒学覆盖了内至心灵秩序、外到社会政治结构的方方面面。如今新儒家的政治哲学为了抗衡来自西方哲学系统的挑战，而汲汲于道德推理和形而上学重建。这种治学路径下产生的儒学理论形态，对于人格典范的养成并无太大实际意义，“究竟还算不算儒学恐怕总不能说不是一个问题”③。

第二，即便是我们肯定第三代新儒家在政治哲学的构建层面实现了理论上的突破，但是在与社会政治现实对接的环节，他们也只能用“乏善可陈”来形容。正如有学者指出的那样，“在政治法律领域，海外新儒家至今还没有什么建树”④。正如余英时所说，“述先兄和他所代表的‘当代新儒家’，是通过宋、明心性之学来重建中国哲学的智慧，这是走所谓‘历史地建立哲学’(doing philosophy historically)一条路”⑤。他们的身份之一是哲学家，或者对成中英、刘述先和林安梧来说，他们作为哲学专业科班出身的学者，“哲学家”是他们最根本的身份标签，对于社会政治现实的制度设计本非他们所长。所以，在刘述先看来，如今即便是致力于大力推广儒学的新儒家学者，

---

① 成中英：《新觉醒时代：论中国文化之再创造》，中央编译出版社 2014 年版，第 85 页。

② 刘述先：《重建中国哲学在未来的方向》，载景海峰编：《儒家思想与现代化——刘述先新儒学论著辑要》，中国广播电视出版社 1992 年版，第 172 页。

③ 余英时：《现代儒学论》，上海人民出版社 2010 年版，第 187 页。

④ 杜钢建：《新儒家在大陆的发展前景》，载《江苏行政学院学报》2004 年第 2 期。

⑤ 余英时：《宋明理学与政治文化》，载《余英时文集》第 10 卷，广西师范大学出版社 2006 年版，第 308 页。

他们在实践层面也是难以与古人相比。“今日著称于世的则多是‘著书立说’之儒，尽管他们也重视躬行实践，但谁还能够当得起‘圣贤’的称号呢？”[①] 刘述先坦言，“当代新儒家的践履是取‘曲通’的方式，首先是作为圣学的研究者，然后兼有文化批评的知识分子的身份”[②]。李翔海指出，“牟宗三先生‘新外王学’中的关键点——‘良知坎陷说’的论说玄妙繁复”，他是“力图通过比传统儒学更为内在化的进路来达成‘外王之间接形态’的。这就决定了它不仅不可能达成内圣外王的现代联结，而且只能是加剧传统内圣与现代外王的脱节与对立”。[③] 然而，从现代政治发展和现代民族国家建立的角度来看，这种理念与自由主义理念相比，即便是徐复观、张君劢等人的政治哲学理念也凸显了太多的超越性，试图从过去直接跃向当下的时代情境，回应时代的挑战，显然是行不通的。

罗尔斯曾指出，自由民主政治面临的最大问题在于：“一个由自由而平等的公民——他们因各种合乎理性的宗教学说、哲学学说和道德学说而产生了深刻的分化——所组成的稳定而公正的社会之长治久安如何可能？”[④] 所以，在一个倡导文化和价值多元化的社会中，不仅仅需要一个类似思想市场的机制实现各种政治价值之间的竞争、交流和融合，更需要一整套完善的政治整合机制，消弭因价值分歧带来的利益鸿沟。所以，有关政治哲学的论述如果仅仅局限于道德修养问题，而对于社会公平和正义并没有充分思考的话，就很难说它能构成一个严谨的政治哲学体系。在政治思想或政治哲学的实践环节，当代新儒家仍然乏善可陈，缺乏相应的环境支持和制度支持。空泛伦理德目和抽象的教条理念，以及脱离现实生活情境的文化构造，并不能真正带来儒家文化在现代社会的转型。当然，面对一个还没有完全实现民主转型的现实环境，相对于政治哲学层面的理论建构，面向政治制度设计的政治实践活动，难度往往更大。因为这可能会诱发政治系统产生更多的应激反应，由此而招致更多的来自政治体制的压力。而这正是致力于向更广阔的领域推广儒家文化的当代新儒家学者所不愿意看到的。也许我

---

① 刘述先：《儒家哲学研究：问题、方法及未来开展》，上海古籍出版社 2010 年版，第 94 页。

② 刘述先：《儒家思想的转型与展望》，河北人民出版社 2010 年版，第 242 页。

③ 李翔海：《牟宗三“良知自我坎陷”说评析》，载《东岳论丛》1993 年第 3 期。

④ [美]约翰·罗尔斯：《政治自由主义》，万俊人译，译林出版社 2000 年版，第 13 页。

们不应该在这一问题上责贤者备，毕竟“政治和哲学的关系往往是紧张的，因为它们寻求不同的、有时甚至是不相容的东西”①。当代新儒家学者背负着繁重的历史文化包袱，闪转腾挪于古今中西的文化张力之间，其历史渊源所能提供的资源就民主政治建设而言本就不多，所以其理论建构呈现如此格局亦是情理之中。

第三，就像林安梧批评的那样，当代新儒家对儒学的诠释和解读还没有完全走出本质主义的思维。面对杜维明致力于推广和复兴儒学的热情，阿里夫·德里克指出：“八十年代的讨论极为不寻常的地方在于，儒学这一术语被随意抛置，它与社会和历史问题无关，产生了一种令人沮丧的印象，即儒学可以是作者想要说的任何东西。这或许可以归结于一种话语权力，诸如杜维明这样的儒家哲学专家可能对这一随意性也有共谋关系……当他通过本质主义的削减，将这一‘内在逻辑’减化为几条原则，而不论阐发这些原则的历史语境时，就肯定会产生这种随意性。”②关于新儒家的儒学论说缺乏实践性和社会性的另一个典型体现，就是他们对儒学在传统社会的评价。他们往往脱离具体的历史社会情境，把儒学作为一套价值系统话语单独拎出来讲。他们所谓儒学的“真质”，仿佛可以摆脱任何历史情境而独立存在并发挥作用。其结果是：“儒学复兴致力于提倡一种脱离历史或社会情境的儒学，从而得以重新制造东方主义的本质化倾向，只不过这次是‘东方人’自己干的。”③

林安梧极为反对这种文史诠释方法上的本质主义，显然杜维明还是犯了这样的错误。“在驳斥历史儒学时，杜维明的本质主义要求回到对儒学基础文本的再解读（以及对孔子的再解读）以符合时代的需求。事实上，他对儒学的新解读具有一种很强的‘新时代’（New Age）意味。”④正是在这个意

① ［英］格雷姆·加勒德、［美］詹姆斯·伯纳德·墨菲：《一种正确的可能》，杨婕译，光明日报出版社 2022 年版，第 239 页。

② ［美］阿里夫·德里克：《后革命时代的中国》，李冠南、董一格译，上海人民出版社 2015 年版，第 138 页。

③ ［美］阿里夫·德里克：《后革命时代的中国》，李冠南、董一格译，上海人民出版社 2015 年版，第 102 页。

④ ［美］阿里夫·德里克：《后革命时代的中国》，李冠南、董一格译，上海人民出版社 2015 年版，第 134 页。

义上，杜维明称自己为“一位现代的儒学思想家”。“他（杜维明）所推崇的精神性是一种去社会和去历史化的精神性，任何人不论背景如何都可以享有，在很大程度上就像一种可消费的商品。他的儒学是一种未具象化的儒学，有意识地与儒学的政治联系和意义脱离开来，因为正是数百年的政治荫蔽令儒学存活至今，也是因为儒学与他感到遗憾的政治和社会压制有关。”[①]显然，儒家典籍的模糊性以及传统文化与现代文化之间存在的巨大鸿沟，为杜维明等人根据时代的经验展开充满主观性的诠释提供了巨大的空间。而杜维明的这种解读，超越了应有的客观的限度，也忽视了具体的历史社会情境，充满了主体主义的思考。

总而言之，第三代新儒家已经不再执着于“老内圣”如何开出“新外王”的问题，牟宗三在儒家德性和社会政治实践之间所做的勾连，在他们看来已经不再必要。他们直接回避了二者之间缴绕、混乱的逻辑，而将更多的精力放在了当代儒学推广和现代民主政治的落实上，至少在“学问之风向”上实现了某种转变。第三代新儒家在政治哲学层面所做出的由哲学建构向社会政治实践转向的努力，可以视为当代新儒学伴随时代变化而呈现出的理论演进。单纯就政治哲学的论域而言，他们正视了当代新儒家政治哲学过于追求形而上学建构而在社会政治实践层面却较为薄弱的现实，实在难能可贵。而且他们在理论形态上朝向实践层面有所发展，更是体现了当代新儒家思想理论的活力和生命力。但是，这种理论转向的存在并不代表新一代学人彻底解决了当代新儒家政治哲学在社会政治实践中的实施问题，或者简单地说，“外王”仍然“不够”。对于儒家政治思想在操作环节的缺失，牟宗三在审视宋明儒学时亦多有批评。他认为，由于时代的限制，偏重于心性修养的宋明儒者并不认为这种偏重是“不够的”。而他们在“外王”层面的主张，在传统专制政治条件下也难以有任何的突破和过分的要求。对于此，牟宗三表现出极大的宽容，既然理学家并未掌握政权，所以在“外王”层面苛责朱熹或者王阳明，无非是“君子责贤者备”，显然并没有什么意义。牟氏对前贤的宽容和理解，值得我们思考。但是，当我们站在当下的时代审视新儒家

---

① [美]阿里夫·德里克：《后革命时代的中国》，李冠南、董一格译，上海人民出版社2015年版，第134～135页。

学者的理论构思之时,却应当抱持一个合理批判的态度。如果说宋明理学家受到其所生活的历史境遇和政治形态的限制,在"外王"的层面没有太大发展不应受到苛责尚可理解,那么如今现代民主政治已经成为一种全球化的发展趋势,深受儒家文化影响的东亚地区,也都张开怀抱积极拥抱现代民主,对于当代新儒家政治哲学的发展而言,其社会政治环境与前贤相比真可谓不可同日而语矣!可是,不论是在实行资本主义的台湾地区,还是在建立了更为真实和优越的社会主义民主政治的中国大陆,当代新儒家政治哲学的影响只是停留在思想理论层面。即便是在理论层面,作为文化保守主义代表的当代新儒家也没有在社会政治改革、政治制度设计、法治建设方面提出太多具有可行性的方案,其现实影响力与自由主义等相比,仍然难以相提并论。

(二)道德理想主义的思维趋向

第三代新儒家本希望通过儒学复兴来救治现代性的缺陷。但是,其坚守的儒家道统是不是一个合理的"常道"[①]?对儒家道德理想主义的追求若超出应有的界限,是不是也会走向自己的反面?对此,杜维明亦有担忧,毕竟儒学传统中有政治化的儒家这样一个维度,还潜伏着类似的危险。他指出,在传统社会,"政治化的儒家,即使民的行为完全不犯法,领导也不安心,还希望民的态度好;态度好领导还不安心,还希望民的信仰纯正;信仰很纯正领导仍旧不安心,希望民做的梦都是正确的"[②]。在政治价值层面,对道德理想主义的追求若过度膨胀,最后往往会走向理论预设的反面。人类近代社会的发展历程已经证明,对理想社会形态的追求,必须建立在符合普遍人性和社会历史发展具体现实的基础上。政治的美德之一在于节制,在现代民主政治发展过程中,不仅要警惕现代理性主义的泛滥,坚守儒家道统弘扬传统文化也要保持一种平和中正的心态。

第三代新儒家关于政治哲学的思考,并不完全是针对具体社会问题展开的有的放矢的思考,而是在预设了既定形而上学价值观念之后,在社会秩

① 参见启良:《新儒学批判》,上海三联书店 1995 年版,自序第 6 页。

② 杜维明:《体知儒学:儒家当代价值的九次对话》,浙江大学出版社 2012 年版,第 138 页。

序建构中追求道德理想主义的目标。这种略显浪漫的思考，延续了当代新儒家前辈学人偏好道德理想主义的致思逻辑。林安梧一直提倡，在理解“道”时，个人要参赞化育于天地之间。[①] 人与天地万物感通而为一，其可能的结果之一就是无我，个体被湮没，个体性和主体性都得不到应有的彰显。而另一种可能是，个体在感悟道体的过程中认为自己上贯于道，进而以成功的证悟者自居。儒家思想的原初概念表述具有很大的模糊性。孔子述而不作，并没有建立一个清晰稳定的概念体系，这就为后世学人诠释解读留下了极大的理论空间。而正是这种观念体系的不稳定性，在其演化的过程中，一旦陷溺于复杂的社会政治实操，就会偏离最初理念发展的初衷，而导致理论的异化。对于古人所描述的大同理想，偏重社会实践的梁漱溟认为，秉持这种对未来的美好向往是可以的。但并不能把一切希望都寄托在一个遥远的未来梦想之上而忽略了当下的任务。注重当下的情境和责任，相比于醉心于理想的未来更为合理。[②]

在对宇宙和自然的认知方面，成中英认为宇宙万物的变化，在给人类社会带来压力和紧迫感的同时也蕴含了一种创化精神和创造性力量。人在参赞天地感受万物、实现天地万物内外交融的过程中能够显现出一种积极主动的“创化的地位、作用和角色”，也就包含了“人类可以追求完美的一种可能性，代表着一种积极创建的、进取发展的实践以实现的进程”[③]。追求完美的渴望，历来是人类社会发展的不竭动力和美好目标，毫无疑问这应该得到肯定。然而，当我们从这种哲学认知逐渐扩展而至政治哲学时，必须对这种追求完美的冲动保持一种冷静和清醒的认知。20世纪的社会历史进程已经向我们证明，无论是文化、宗教、民族还是政治层面上过度追求完美化一的思潮，都给人类社会的发展带来了很大的伤害。20世纪社会整体的发展速度是人类有史以来最快的，但我们同时也应看到，两次世界大战所带来的沉痛代价史无前例，现代化高速发展的同时所带来的扭曲和异化也不容忽视。在政治哲学的层面对道德理想主义的过度追求，容易压迫多元文化互动所

① 参见林安梧：《人文学方法论：诠释的存有学探源》，上海人民出版社2016年版，第67页。

② 参见[美]艾恺采访，梁漱溟口述，一耽学堂整理：《这个世界会好吗——梁漱溟晚年口述》，天津教育出版社2011年版，第296页。

③ 成中英：《新觉醒时代：论中国文化之再创造》，中央编译出版社2014年版，自序第3页。

需要的合理空间，从而使政治协商或妥协变得更加困难。所以，第三代新儒家对政治哲学的诠释，要审慎地追求道德理想主义，有意识地告别政治浪漫主义，坚定地拒绝政治激进主义。

第三代新儒家对儒学传统的尊重和重视值得我们肯定。但是，当我们谈及中华传统文化时，其所内涵的思想文化不仅仅有儒家文化，还应包括道家文化、墨家文化和佛教文化等诸多文化传统在内的其他优秀传统文化资源。正如林安梧在反思当代新儒家卫道取向进而努力阐发多元文化传统时所强调的那样，“不管宗教还是哲学，儒、道、佛，一般会被当成中华文明最重要的三个向度……就其文化心灵的深层结构而言，华人所流淌的血液中已经包含儒道佛三家思想”[①]。此外，就当前社会文化结构而言，我们的政治文化传统并不仅仅包括千百年来积累的以儒学为主体的传统政治文化，辛亥以降的革命传统和新中国成立特别是改革开放以来建立的社会主义政治文化传统更加重要。近代以来，儒学衰落，革命运动带来的文化资源适时补充了传统文化退却留下的思想空间。新的资产阶级革命传统，建构新的政治制度的同时也影响和重塑了民众的价值观念体系。新中国确立了社会主义政治制度，改革开放之后热情拥抱市场经济，中华民族迎来了亘古未有的快速发展。市场经济不仅带来了物质层面的发展和繁荣，在精神文化层面的影响也极为深刻。相对于儒学发展的历史，四十多年的改革开放在时间上并不能算长久，然而它涵养的中国特色社会主义政治文化传统，对市场经济的肯认和对自由、民主和法治的追求都深入人心。第三代新儒家看到了一个历史悠久的文化传统，对另外两个时间虽相对较短却影响更深远的新近传统，却没有给予足够的重视。如果能够意识到这一点，“人们不再视其自身的传统为惟一的，它只是众多传统中的一个。因而人们也意识到必须立足于自己的传统才能真正了解自身，进而透过各种视点的比较去了解其他诸传统”[②]。以儒学为主体的古老政治文化传统和辛亥以降的革命传统，以及新中国成立特别是改革开放以来建立的中国特色社会主义政治文化传统，都是中国政治发展赖以寄身的深厚文化资源。而这些政治文化传统中，

---

① 林安梧讲述，王冰雅、张贝整理：《儒道佛三家思想与二十一世纪人类文明》，山东人民出版社 2017 年版，第 41～42 页。

② 林安梧：《儒学革命：从“新儒学”到“后新儒学”》，商务印书馆 2011 年版，第 27 页。

毫无疑问以马克思主义为指导的社会主义政治文化传统处于主导地位，以儒学为主体的古老政治文化传统应该扮演一种批判反思的角色，努力为当前政治发展和转型提供文化和思想的助益。

回顾历史我们应该汲取深刻的教训，中国当前政治发展的一个基本特点是开放试错性。“中国转型的‘渐进与演化’模式，可以说是一种常识理性与经验相结合的模式，它十分接近于日常生活中的自然逻辑。这是一种人们排斥了普遍主义的先验原则，运用试错与经验寻求路径选择的模式。”[①]我们的政治体制改革推进的方式被形象地比喻为“投石问路”，即它并不是从先验的教条原则出发，而是根据当下社会政治实践不断呈现的反馈信息来适时调整社会政策。变动不居的时代背景，加之错综复杂的国情，使任何教条原则都难以适用。开放的改革策略，为各种包含合理性的政策建议提供了较为充分的试错空间。在中国转型社会实践摸索前行的道路上，一方面鼓励社会各个层面的政策试验，进而积累了大量宝贵的社会治理经验；另一方面，这种开放试错性也极大地缓解了社会矛盾，保证了整个社会政治系统的平稳发展。无论是“实践是检验真理的唯一标准”，还是“解放思想，实事求是”的思想路线，都体现了对社会政治实践的重视和对开放试错的拥抱姿态。基于这一政治发展逻辑，对儒学的倡导和弘扬也应该保持在一个合理的限度之内。要在社会主义政治体制框架之内积极吸收儒学的有益成分，进而服务中华民族现代文明的构建和发展。

所以，对于当代新儒家政治哲学的发展而言，一方面，要避免走向过分强调先验抽象原理的先验主义政治。“人类切不断历史，也离不开逻辑。对前者的尊重，构成经验主义的历史态度，对后者的探索，构成先验主义的理想追求。前者是长度，累计人类历史之渊源；后者是宽幅，测量人类自由意志之极限。”[②]在现代政治发展过程中，道德理想主义的边界该如何划定？朱学勤指出：“价值理性应该定位于社会，而不是定位于国家；定位于政治批判，而不是政治设计，定位于政治监督，而不是政治操作。”[③]从这一标准出发衡量价值理性和工具理性的关系，对价值理性的追求就应该更加审慎地限

① 萧功秦：《从转型政治学看三十年中国变革》，载《探索与争鸣》2008年第5期。

② 朱学勤：《道德理想国的覆灭》，上海三联书店2003年版，第307页。

③ 朱学勤：《道德理想国的覆灭》，上海三联书店2003年版，第313页。

定在反思批评和纠偏补裨之上。当代新儒家政治哲学,自其出现之日起,就自承是一种反异化的理论。新儒家学者从古老的东方文化智慧出发,努力寻找可以救治现代化弊病的思想文化资源,其反思与批判的姿态很高,但是相应的建构性成就十分有限。所以,以反异化理论定位的当代新儒家政治哲学,一定要警惕激进的道德理想主义会将它推向异化本身。第三代新儒家政治哲学已经呈现出政治诗学的思想趋势,就不应再逐步滑向政治神学。正如成中英在探讨中国传统政道的当代意义时所指出的那样,不仅"市场经济的参与者也需要一种道德上的制衡……在全球化的过程中,面对不同民族国家的经济发展水平和特殊的文化形态,也需要一种道德的补救"[①]。所以,复兴儒学本身也许不是目的,通过重塑传统和反思现代性弊病为中华民族现代文明发展提供有益的思想文化借鉴,才是我们希望看到的儒家文化发展方向。

另一方面,第三代新儒家政治哲学对经验历史的把握,应该建基于对历史事实的客观认识之上,要走出对历史传统的自我陶醉,更多地拥抱社会发展现实。当代新儒家对于中国政治文化传统的诠释,在方法上招致了诸多批评,这一点第三代新儒家也不例外。如著名汉学家魏斐德就指出,杜维明"对传统儒家政治文化的那种带有诗意的认识"[②],值得反思。何炳棣在批评杜维明对孔子"克己复礼"这一概念进行过度诠释时指出,第二代新儒家的国学基础虽然比第三代要好一些,但是在诠释传统时,"不顾古书原意,不充分了解古代历史现实,套上康德或黑格尔的外衣,或机灵地玩弄西方哲学词汇与概念企图'重建'中国古代哲人思想体系,是注定要失败的"[③]。何炳棣认为,当代新儒家在诠释古典传统时存在严重的主观过度投射,"此弊至今日海外及港台之新儒家至谈儒家者而极矣……当代第二、三代新儒家'语境'(context)飞跃的能力与效果远非五四前后掇取西学片断以释中学者梦

---

① 成中英:《中国古典政治哲学发微》,商务印书馆 2021 年版,第 302 页。

② [美]魏斐德:《当代西方学者对中国文化的评价》,载中国文化书院讲演录编委会编:《中国文化书院讲演录第二集:中外文化比较研究》,生活·读书·新知三联书店 1988 年版,第 185 页。

③ 何炳棣:《"克己复礼"真诠——当代新儒家杜维明治学方法的初步检讨》,载《二十一世纪》1991 年第 6 期。

想所及"[①]。基于对这一治学方法的反思，何炳棣指出，杜维明对中国传统儒家社会和政治秩序的认知失之偏颇，所以杜维明"和有些当代新儒家以为在传统中国，至少在原则上，凡是知识分子都有权利、义务演唱修身四部曲以期达成自我实现，显然昧于国史的真实，而又饱受当代西方思潮影响下，对传统儒家社会超情理的美化"[②]。当代新儒家政治哲学的发展，必须要建立在客观认知中国传统文化的基础之上，同时保持对民主政治时代社会现实的真诚关切，积极地在现代民主政治框架内"政治地思考（thinking politically)"[③]，其政治哲学阐发才能避免成为漂浮之论而具有更深刻的现实意义。

（三）现代展望：积极拥抱"走向生活世界的儒学"

伴随着传统文化的创造性转化和创新性发展，儒学也迎来了发展的崭新时代机遇。一方面，面对国家的提倡与弘扬，儒家学者应该积极顺应时代潮流，推动儒学理论形态的现代转化。另一方面，要从学理上认真审视政治价值追求和政治实践操作之间的关系，即儒学发展不应该寄希望于依靠政府的推广。这一观念看起来貌似矛盾，但却深契现实和理性：当代儒学发展要超越传统儒学对政治权力的依赖关系，只有深深扎根社会之中，才能演进生长出适应现代社会发展的儒家政治哲学。

儒学在汉代获取了"独尊"的王官学地位，但是政治权力在赋予它这一地位的同时也给它带来了反向的限制。传统专制权力"限定了儒家的论述主题，让儒家一直无法开出探问权力来源、供给精确知识的论语，更为致命的是戕害了儒家的思想活力"[④]。任剑涛甚至断言："一部人类思想史证明，凡是与权力勾连过紧的思想体系，到头来都会丧失思想活力，成为自我颠覆

---

① 何炳棣：《"克己复礼"真诠——当代新儒家杜维明治学方法的初步检讨》，载《二十一世纪》1991 年第 6 期。

② 何炳棣：《"克己复礼"真诠——当代新儒家杜维明治学方法的初步检讨》，载《二十一世纪》1991 年第 6 期。

③ 唐文明：《从儒学复兴的议题看康有为主义与牟宗三主义的异同》，载《天府新论》2016 年第 2 期。

④ 任剑涛：《当经成为经典：现代儒学的型变》，社会科学文献出版社 2018 年版，第 23 页。

的思想体系。”[①]林安梧不同意儒学从其本意来讲就是要维护皇权专制，但是他并不否认儒家和传统皇权专制在长期的历史互动中形成了一个牢固的共生体。“两千年来的帝制，基本上并不反对儒家，他们常常利用儒家，回过头来，儒家也转为另一种符合于帝制的意识形态来，回过头来维护帝制。”[②]虽然作为思想文化的儒学和作为政治制度架构的皇权专制分属于不同的范畴，但是经过历史的延传，二者已经深刻交织在一起。“这两个范畴在现实上是由帝制来统制一切的，作为弱势一方的儒学所能发挥的力量便只能是附属的调和，而不能是对等的辨析。再者，这样的调和常会随着时日的长久，愈趋疲软无力，儒学成了与帝制不可分的一部分，而且这部分常常是以表皮的方式出现，这便形成了以‘儒学’包裹‘帝制’的状况”[③]，即所谓“儒家的法家化”[④]。对于历史上君主政治对儒家精神的压迫，以致儒家抗议和批判精神未能完全开展，杜维明亦有类似深刻的思考。他认为，在当前社会如果要实现儒学重生，必须重新树立儒学发展的理论主体性。这也就要求，“知识分子和现实政权不但要保持相当的距离，还得一直坚持抗议和批判的精神”[⑤]。林安梧非常赞同儒学可以顺应社会政治现实的方向而发展，但同时更应该面向普罗大众扎根民间社会。纵观中国历史文化发展的长河，儒学在传统社会处于皇帝专制之下，而近代实现民主共和之后，在民国时期却难逃专制权力的控制。这对于儒学自身的发展来讲，并不符合它传统的学理，由此产生的是“革命化、军事化、专制化的儒学，与原先的儒学传统是有所异同的”[⑥]。

国家弘扬传统文化的政策，让高倡儒家文化的学者看到了灵根再植的希望。如果儒学不能在现代社会完成自身的转型而在民间社会扎根生长，改变在传统社会形成的对政治权力的依附甚至逢迎，转而彰显其在社会文化层面的批判作用，那么所谓“儒学的现代转化”将会仍在原地打转而难有

---

① 任剑涛:《当经成为经典:现代儒学的型变》,社会科学文献出版社 2018 年版,第 23 页。

② 林安梧:《儒学革命:从“新儒学”到“后新儒学”》,商务印书馆 2011 年版,第 176 页。

③ 林安梧:《儒学革命:从“新儒学”到“后新儒学”》,商务印书馆 2011 年版,第 176～177 页。

④ 林安梧:《当儒家走进民主社会:林安梧论公民儒学》,(台北)商周出版社 2021 年版,第 92 页。

⑤ 杜维明:《儒家的抗议精神——谈政治化的儒家》,载《杜维明文集》第 5 卷,武汉出版社 2002 年版,第 223 页。

⑥ 林安梧:《儒学革命:从“新儒学”到“后新儒学”》,商务印书馆 2011 年版,第 125 页。

实质性的进展。所以，儒家政治哲学在现代社会的发展必须了解节制的精义。“儒家的自我形象应是以悲天悯人的道德关切来转化政治”[①]，当现代民主政治已经成为社会发展的基石，在多元文化竞争的环境中努力保持自身的独立性和自主性，才是当代儒家哲学走向未来的恰当路径。

杜维明等当代新儒家在推广儒学的过程中，虽然和现实政治操作保持了一定的距离，但是依然招致了批评。美国学者阿里夫·德里克指出：“虽然批判儒学(即使不是‘真正的儒学’)忽略了妇女权利，他却并未批判李光耀对妇女职业自由所感到的惋惜。”[②]也许李光耀提出的亚洲价值观，对于杜维明来说，是其推广和复兴儒学难得的机会。然而，亚洲价值观模糊的内涵，以及它与西方现代价值观对接上存在的困难，表明了儒学复兴的未来道路并不明朗。在促进现代民主政治发展的道路上，儒学想要发挥正面的功用，还需要更多的努力。阿里夫·德里克认为，近年来的儒学复兴是全球后殖民话语在东亚的一种表现形式，他将这种后殖民状态命名为“边地”(borderlands)。[③] 文化“边地”上推动后殖民话语复兴的知识分子大多在新的资本主义形态中扮演“权力掮客”的角色，“对于他们来说，‘边地’并非一个文化隐喻，而是文化生产与交换的实际场所。‘边地’在隐喻上可能指的是解放的场所，但是在欧洲中心主义已经失效的世界中，它也可以成为不同权力意识形态进行协商的场所”[④]。以儒学为代表的后殖民话语，如何能够突破西方现代化理论限制的同时形成自己有关现代化发展的有效理论叙事，同时又不至招来“与政治权力共振”的批评，也是其面临的严峻时代挑战之一。

在当代儒学发展的过程中，对儒学的现实处境要有一个客观清醒的认

---

① 杜维明：《儒家的抗议精神——谈政治化的儒家》，载《杜维明文集》第5卷，武汉出版社2002年版，第213页。

② [美]阿里夫·德里克：《后革命时代的中国》，李冠南、董一格译，上海人民出版社2015年版，第135页。

③ Arif Dirlik, “The Postcolonial Aura: Third World Criticism in the Age of Global Capitalism”, *Critical Inquiry*, No.20(Winter 1994), pp.328-356.

④ [美]阿里夫·德里克：《后革命时代的中国》，李冠南、董一格译，上海人民出版社2015年版，第102页。

识。我们非常赞同余英时关于儒学在现代社会已经成为“游魂”[①]的判断，他指出：“儒家通过建制化而全面支配中国人的生活秩序的时代已一去不复返。有志为儒家‘招魂’的人不必再在这一方面枉抛心力。”[②]放眼当下，在一个市场经济高速发展的现代化社会，儒学在主流教育体系中的学科归属尚未清晰明确，而民间涌现出的种种传统文化教育机构所提供的经典教育资源良莠不齐，其中多数质量令人担忧。所以，不论是在规范的国民教育序列中还是就整个社会大的文化环境来说，儒学已经丧失了栖身之所。所以在余英时看来，失去了整体文化环境支持、缺乏制度保障的儒学，在现代社会已经成为无根无依的“游魂”。如今传统儒学早已荣光不在，这已是包括儒家学人在内的绝大多数知识人的共识。当然，余英时所谓“游魂”一说，并没有给儒学完全宣判死刑，而只是强调从政治制度化的角度发展儒学的方式行不通了，对于知识分子在民间社会的努力还是比较肯认的。只要儒学放弃传统社会里“独尊”的姿态，以平等的身份参与当前文化资源的互动和竞争，积极推动儒学在各种民间社会组织中传播，“在民间社会向公民社会转化的过程中儒家仍能开创新的精神资源”[③]。

厘清儒家的理想价值追求和政治实操之间的关系，要认识到儒学“必须从政治权力和利益这样一个场域里头脱离出来，而恰当地培植，使人们在这里有一个安身立命之所，这一点是可贵的。但是，这并不意味着我们可以摆脱现实的政治社会，我们不可能摆脱现实的政治社会总体”[④]。当前中国正处于社会转型的过渡时期，面对各种价值观念的纷争，如何选择并构建合理的政治价值体系成为一直以来困扰我们的难题。“我们今天对政治价值的讨论与选择究竟奠基在一个什么样的基础之上呢？答案是：我们时代的‘日常生活世界’。”[⑤]面对现代政治价值建构，我们需要确立一个哲学思考的基准坐标。一味聚焦于理念的纷争，对于我们当前社会政治价值的建构并无裨益，“日常生活世界”才应该成为思考的起点和基础，只有立足于社会实

① 余英时：《现代儒学论》，上海人民出版社 2010 年版，第 187 页。

② 余英时：《现代儒学论》，上海人民出版社 2010 年版，第 196 页。

③ 余英时：《现代儒学论》，上海人民出版社 2010 年版，第 196 页。

④ 林安梧：《当儒家走进民主社会：林安梧论公民儒学》，(台北)商周出版社 2021 年版，第 168 页。

⑤ 张铭：《政治价值体系建构：理论、历史与方法》，社会科学文献出版社 2012 年版，第 3 页。

践，尊重社会现实，直面社会政治生活中涌现出的各种问题和挑战，才能有效避免无谓的价值纷争，真正建构起与社会现实贴合的政治价值理念。

在林安梧看来，当儒家走进现代民主社会，应该努力发展的是一种“走向生活世界的儒学”[①]，即公民儒学。生活世界作为其“公民儒学”概念展开的理论基础，指的是“天、地、人交与参赞而成，活生生的实存而有的世界”[②]。重视鲜活的生活世界，就是要正视社会的实体性，将客观存在的社会政治现实作为创造性阐释和发展儒学的根本出发点。“‘天地人交与为参赞的场域’作为一切存有学、知识学、实践学的基础，实乃中国哲学最为重视、最为首出的智慧，亦是一切‘圆教’之可能基础。”[③]林安梧所说的“参赞”，与日常生活中所使用的“交谈”这一概念类似。天、地、人的交与参赞，就是人在现实社会场景之中与多元主体之间的复杂互动关系的连续开展。在这一主体多元连续的互动过程中，必须要“正视社会的实体性”[④]，“普遍而抽象作为原则的‘伦理’和‘道德’，它必须在具体的生活中表现出来”[⑤]。阅读儒家经典的过程，就是主体在当下的社会环境中与经典开展交谈和问答的过程。交谈之下，“在生命的交感中，在生活的扶持下，彼此的照应，进而经由经典的学习，归返生命的根源……此是儒学为己之学的本义，亦是儒学之重教育之本义”[⑥]。从这一公民儒学的理念出发，林安梧坦陈儒学发展的关键在于回到经典，民间书院的兴起推动儒家经典在社会上的广泛传播和普及，就是一个极好的现象。针对经典诠释，“儒学一定不只是哲学，他一定涉及政治、经济、社会，涉及教育”[⑦]，注定是一个系统性、整体性的事业。包括儒家文化在内的中国传统文化在当前社会的发展，需要摆脱传统的文化专断和独尊心态，培养道德谦逊和多元并存的理念。儒家学者要正视传统儒学在当前社会的地位，显然在各种思潮交织的文化环境中，儒学传统只是众多文化资源

---

① 林安梧：《儒学革命：从“新儒学”到“后新儒学”》，商务印书馆 2011 年版，第 176 页。

② 林安梧：《儒学革命：从“新儒学”到“后新儒学”》，商务印书馆 2011 年版，第 115～116 页。

③ 林安梧：《儒学革命：从“新儒学”到“后新儒学”》，商务印书馆 2011 年版，第 182 页。

④ 林安梧：《当儒家走进民主社会：林安梧论公民儒学》，（台北）商周出版社 2021 年版，第 138 页。

⑤ 林安梧：《儒学革命：从“新儒学”到“后新儒学”》，商务印书馆 2011 年版，第 186 页。

⑥ 林安梧：《儒学革命：从“新儒学”到“后新儒学”》，商务印书馆 2011 年版，第 196 页。

⑦ 林安梧、瘦竹：《经典、新儒家与儒学传播——林安梧先生访谈》（下），载《走进孔子》2023 年第 5 期。

和传统中的一支，而且是饱经沧桑和磨难如今才又迎来宝贵发展机遇的古老文化传统。

在中国历史上，以儒学为主体的传统文化构成了各阶层民众共享的精神家园，儒学为他们的日常生活和社会运作提供道德支撑的同时也为他们的思考和探索划定了范围与边界。传统儒学历经沉浮，它在历史上曾经成功应对了各种复杂的社会挑战，近代以来虽多受抨击、批判而渐渐衰微，但其思想根基并没有被彻底斩断，甚至在当下的社会中仍然发挥着重要的作用。这无疑证明，儒学中蕴含着关于人类社会生存和发展普遍而恒久的价值。但是，在现代政治理念中，人作为个体的存在及其价值本身被极大肯认。儒家只有顺应这种观念秩序，它在现代社会的发展才能有所转机。短时期内，儒学在公共政治领域内所面临的挑战可能很难有质的突破，而个人道德修养和家庭社会组织也许会成为儒学的容身之所。正如余英时所说，“儒家的现代出路在于日常人生化，唯有如此儒家似乎才可以避开建制而重新产生精神价值方面的影响力”[①]。儒学发展要走更具有亲和性的民间路线，国家政策倡导会给儒学等优秀传统文化的发展提供良好的机遇，但是儒学的现代转型真正要直面的挑战来自社会伦理层面，比如近来引发舆论热议的“断亲”[②]等问题，就直指传统儒学存在的核心伦理基础。而对此类问题的回应与解决，无法完全依制度和政策的规划指引，而只能寄希望于儒学理论的自我更新和重塑。

在现代民主政治框架下发展的现代儒学，如果想要实现理论形态的转型，如任剑涛所言，必须要完成一个“退出”和一个“进入”，即“退出它熟络运作千年的国家权力领域，放弃那种光复儒家意识形态地位的尝试……以一家之言进入诸家、诸派自由言说的社会领域，以自己言说的思想洞察力、逻辑严谨性、观照周全性，体现其具有的文化高位性、资源丰厚性和效用保障性”[③]。儒学的未来发展，必须要接受从作为传统王官之学的经学转变为诸派言说之一的经典，从历史上独享尊崇的专制政治权威成为民主政治环境下诸多竞争性的文化资源中的一种。具体而言，“儒家经典的诠释和创造性

① 余英时：《现代儒学论》，上海人民出版社 2010 年版，第 196 页。

② 参见顾家宁：《传统：断裂抑或重构——年轻人“断亲”的背后》，载《天府新论》2024 年第 3 期。

③ 任剑涛：《当经成为经典：现代儒学的型变》，社会科学文献出版社 2018 年版，第 27 页。

发挥，成为儒家之作为现代思想学术重要流派的保证；儒家经典的公众性阅读、儒家式社会组织的建构、儒家政治团体循法治渠道的权力介入，也在呈现出儒家发挥矫正人心与社会政治秩序作用的有为进路”[①]。在中国式现代化蓬勃发展的社会环境下，儒家思想的转型及其价值呈现会和我们对国家发展的美好期许一样迎来广阔的空间。总而言之，在新时期国家大力倡导和弘扬中华优秀传统文化的时代背景下，儒学应该发挥的作用是参与多元社会结构的构建，积极推动和助力思想文化领域的多元化发展，以扩大有限的公民个体的私人活动空间，即应该作为一种充满古老智慧的文化资源积极参与民间社会发展，与现代政治文明携手救治转型社会震荡导致的各种社会弊病。[②]

① 任剑涛：《当经成为经典：现代儒学的型变》，社会科学文献出版社 2018 年版，第 30 页。

② 参见孙阳阳：《当代中国政治发展视域下儒学的功能及其实现路径》，载《当代世界社会主义问题》2017 年第 2 期。

参考文献

一、杜维明、成中英、刘述先、林安梧著作

1.杜维明:《杜维明文集》,武汉出版社 2002 年版。

2.杜维明:《新加坡的挑战:新儒家伦理与企业精神》,高专诚译,生活·读书·新知三联书店 2013 年版。

3.杜维明:《体知儒学:儒家当代价值的九次对话》,浙江大学出版社 2012 年版。

4.杜维明、姚中秋、任锋:《儒家与宪政论集》,中央编译出版社 2015 年版。

5.杜维明:《儒学第三期发展的前景问题:大陆讲学、答疑和讨论》,生活·读书·新知三联书店 2013 年版。

6.成中英:《成中英文集》,湖北人民出版社 2006 年版。

7.成中英、冯俊主编:《本体诠释学、民主精神与全球和谐》第 2 辑,中国人民大学出版社 2011 年版。

8.成中英、杨庆中:《从中西会通到本体诠释:成中英教授访谈录》,中国人民大学出版社 2013 年版。

9.成中英:《C 理论:中国管理哲学》,东方出版社 2011 年版。

10.成中英:《新觉醒时代:论中国文化之再创造》,中央编译出版社 2014 年版。

11.成中英:《世纪之交的抉择——论中西哲学的会通与融合》,上海知识出版社 1991 年版。

12.成中英、麻桑:《新新儒学启示录——成中英先生的本体世界》,商务印书馆2008年版。

13.成中英:《文化·伦理与管理》,东方出版社2010年版。

14.成中英:《中国古典政治哲学发微》,商务印书馆2021年版。

15.刘述先:《理想与现实的纠结》,吉林出版集团责任有限公司2011年版。

16.刘述先:《当代中国哲学论:问题篇》,美国八方文化企业公司1996年版。

17.刘述先:《儒家思想的转型与展望》,河北人民出版社2010年版。

18.刘述先:《刘述先自选集》,山东教育出版社2007年版。

19.刘述先:《朱子哲学思想的发展与完成》,(台北)台湾学生书局1984年版。

20.刘述先:《全球伦理与宗教对话》,河北人民出版社2006年版。

21.刘述先:《生命情调的抉择》,吉林出版集团有限责任公司2010年版。

22.刘述先:《论儒家哲学的三个大时代》,贵州人民出版社2009年版。

23.刘述先:《理一分殊与全球地域化》,北京大学出版社2015年版。

24.刘述先:《文化与哲学的探索》,吉林出版集团有限责任公司2011年版。

25.刘述先:《黄宗羲心学的定位》,浙江古籍出版社2006年版。

26.刘述先:《理一分殊》,上海文艺出版社2000年版。

27.林安梧:《儒学转向:从"新儒学"到"后新儒学"的过渡》,(台北)台湾学生书局2006年版。

28.林安梧:《论语——走向生活世界的儒学》,(台北)明文书局1995年版。

29.林安梧:《道可道:〈老子〉译评》,商务印书馆2013年版。

30.林安梧:《儒学革命:从"新儒学"到"后新儒学"》,商务印书馆2011年版。

31.林安梧:《道的错置:中国政治思想的根本困结》,(台北)台湾学生书局2003年版。

32.林安梧:《儒学革命论:后新儒家哲学的问题向度》(台北)台湾学生书

局 1998 年版。

33.林安梧:《当代新儒家哲学史论》,(台北)明文书局 1996 年版。

34.林安梧:《中国近现代思想观念史论》,(台北)台湾学生书局 1995 年版。

35.林安梧:《儒学与中国传统社会之哲学省察——以“血缘性纵贯轴”为核心的理解与诠释》,学林出版社 1998 年版。

36.林安梧:《问心:我读孟子》,商务印书馆 2016 年版。

37.林安梧:《契约、自由与历史性思维》,(台北)幼狮文化事业公司 1996 年版。

38.林安梧:《台湾·解咒:克服主奴意识、建立公民社会》,(台北)黎明文化事业股份有限公司 2003 年版。

39.林安梧讲述,山东大学尼山学堂采访整理:《林安梧访谈录:后新儒家的焦思与苦索》,山东人民出版社 2017 年版。

40.林安梧讲述,王冰雅、张贝整理:《儒道佛三家思想与二十一世纪人类文明》,山东人民出版社 2017 年版。

41.林安梧:《当儒家走进民主社会:林安梧论公民儒学》,(台北)商周出版 2021 年版。

二、其他著作

1.陈鼓应注译:《老子今注今译》,商务印书馆 2016 年版。

2.杨伯峻译注:《孟子译注》,中华书局 2012 年版。

3.王文锦译注:《大学中庸译注》,中华书局 2013 年版。

4.王夫之:《读通鉴论》,清《船山遗书》本。

5.梁漱溟:《梁漱溟全集集》,山东人民出版社 2005 年版。

6.梁漱溟口述,[美]艾恺采访,一耽学堂整理:《这个世界会好吗——梁漱溟晚年口述》,天津教育出版社 2011 年版。

7.熊十力:《熊十力全集》,湖北教育出版社 2001 年版。

8.牟宗三:《牟宗三先生全集》,(台北)联经出版事业公司 2003 年版。

9.牟宗三:《政道与治道》,吉林出版集团有限责任公司 2010 年版。

10.牟宗三:《道德理想主义》,吉林出版集团有限责任公司 2010 年版。

11.牟宗三:《中国哲学十九讲》,吉林出版集团有限责任公司 2010 年版。

12.张君劢:《中华民国民主宪法十讲》,商务印书馆 2014 年版。

13.徐复观:《无惭尺布裹头归·生平》,九州出版社 2013 年版。

14.徐复观:《无惭尺布裹头归·交往集》,九州出版社 2013 年版。

15.徐复观:《中国人性论史(先秦篇)》,上海三联书店 2001 年版。

16.徐复观:《徐复观文集》,湖北人民出版社 2002 年版。

17.徐复观:《中国思想史论集续编》,(台北)时报文化出版事业有限公司 1982 年版。

18.徐复观:《学术与政治之间》,(台北)台湾学生书局 1985 年版。

19.黄克剑编校:《中国现代学术经典·唐君毅卷》,河北教育出版社 1996 年版。

20.唐君毅:《中华人文与当今世界补编》,广西师范大学出版社 2005 年版。

21.唐君毅:《中国文化之精神价值》,广西师范大学出版社 2005 年版。

22.冯友兰:《中国哲学简史》,生活·读书·新知三联书店 2009 年版。

23.余英时:《余英时文集》,广西师范大学出版社 2006 年版。

24.余英时:《现代儒学论》,上海人民出版社 2010 年版。

25.余英时:《士与中国文化》,上海人民出版社 2013 年版。

26.何信全:《儒学与现代民主——当代新儒家政治哲学研究》,中国社会科学出版社 2001 年版。

27.黄俊杰:《东亚儒学视域中的徐复观及其思想》,(台北)台大出版中心 2009 年版。

28.李明辉:《儒家视野下的政治思想》,北京大学出版社 2005 年版。

29.韦政通:《儒家与现代中国》,上海人民出版社 1990 年版。

30.方克立:《现代新儒学与中国现代化》,长春出版社 2008 年版。

31.李维武编:《徐复观与中国文化》,湖北人民出版社 1997 年版。

32.奚刘琴:《第三代新儒家的儒学诠释与创新:以成中英、杜维明、刘述先、蔡仁厚为例》,中国社会科学出版社 2011 年版。

33.陈炎:《多维视野中的儒家文化》,山东教育出版社 2006 年版。

34.萧振邦主编:《儒学的现代反思》,(台北)文津出版社 1997 年版。

35.景海峰:《新儒学与二十世纪中国思想》,中州古籍出版社 2005 年版。

36.景海峰编:《儒家思想与现代化——刘述先新儒学论著辑要》,中国广播电视出版社 1992 年版。

37.任剑涛:《公共的政治哲学》,商务印书馆 2016 年版。

38.葛荃:《权力宰制理性》,南开大学出版社 2003 年版。

39.葛荃:《中国政治文化教程》,高等教育出版社 2006 年版。

40.刘泽华、葛荃主编:《中国古代政治思想史》,南开大学出版社 2001 年版。

41.刘泽华:《中国的王权主义:传统社会与思想特点考察》,上海人民出版社 2000 年版。

42.刘小枫:《共和与经纶:熊十力〈论六经〉〈正韩〉辨正》,生活·读书·新知三联书店 2012 年版。

43.顾准:《顾准文集》,中国市场出版社 2007 年版。

44.张铭:《政治价值体系建构:理论、历史与方法》,社会科学文献出版社 2012 年版。

45.崔罡等:《新世纪大陆新儒家研究》,安徽人民出版社 2011 年版。

46.蒋庆:《政治儒学:当代儒学的转向、特质与发展》,生活·读书·新知三联书店 2003 年版。

47.蒋庆:《再论政治儒学》,华东师范大学出版社 2011 年版。

48.蒋庆、陈明等:《中国必须再儒化:"大陆新儒家"新主张》,(新加坡)八方文化创作室,2016 年。

49.罗义俊:《评新儒家》,上海人民出版社 1989 年版。

50.陈明:《儒者之维》,北京大学出版社 2004 年版。

51.洪汉鼎:《当代西方哲学两大思潮》(下),商务印书馆 2010 年版。

52.丛日云:《在上帝与恺撒之间——基督教二元政治观与近代自由主义》,生活·读书·新知三联书店 2003 年版。

53.蒋廷黻:《中国近代史》,武汉出版社 2012 年版。

54.李翔海:《现代新儒学论要》,南开大学出版社 2010 年版。

55.李翔海:《寻求德性与理性的统一:成中英本体诠释学研究》,(台北)文史哲出版社 1998 年版。

56.郑家栋:《断裂中的传统:信念与理性之间》,中国社会科学出版社2001年版。

57.郑家栋:《当代新儒学史论》,广西教育出版社1997年版。

58.姚才刚:《终极信仰与多元价值的融通——刘述先新儒学思想研究》,巴蜀书社2003年版。

59.王亚楠:《中国官僚政治研究》,中国社会科学出版社1981年版。

60.曹永祥编:《徐复观教授纪念文集》,(台北)时报文化出版事业有限公司1984年版。

61.洪汉鼎、傅永军主编:《中国诠释学》第11辑,山东人民出版社2014年版。

62.胡治洪:《全球语境中的儒家论说:杜维明新儒学思想研究》,生活·读书·新知三联书店2004年版。

63.施忠连:《现代新儒学在美国》,辽宁大学出版社1994年版。

64.刘军宁:《共和·民主·宪政——自由主义思想研究》,上海三联书店1998年版。

65.张桂琳:《西方政治哲学——从古希腊到当代》,中国政法大学出版社1999年版。

66.启良:《神圣之间:中西政治哲学比较研究》,湘潭大学出版社2010年版。

67.何中华:《马克思与孔夫子:一个历史的相遇》,中国人民大学出版社2021年版。

68.萧延中:《中国思维的根系:研究笔记》,中央编译出版社2020年版。

69.[美]艾恺:《最后的儒家——梁漱溟与中国现代化的两难》,王宗昱、冀建中译,江苏人民出版社1993年版。

70.[美]塞缪尔·亨廷顿,劳伦斯·哈里森主编:《文化的重要作用——价值观如何影响人类进步》,新华出版社2002年版。

71.[美]阿里夫·德里克:《后革命时代的中国》,李冠南、董一格译,上海人民出版社2015年版。

72.[美]E.博登海默:《法理学——法哲学及其方法》,邓正来、姬敬武译,华夏出版社1987年版。

73.[英]提摩太·贝维斯:《犬儒主义与后现代性》,胡继华译,上海人民出版社 2008 年版。

74.[美]本尼迪克特·安德森:《想象的共同体:民族主义的起源与散布》,吴叡人译,上海人民出版社 2011 年版。

75.[英]庄士敦:《儒学与近代中国》,潘崇、崔萌译,天津人民出版社 2010 年版。

76.[英]以赛亚·伯林著,亨利·哈代编:《浪漫主义时代的政治观念:它们的兴起及其对现代思想的影响》,王岽兴、张蓉译,新星出版社 2011 年版。

77.[英]路德维希·维特根斯坦:《哲学研究》,陈嘉映译,上海人民出版社 2005 年版。

78.[古希腊]亚里士多德:《政治学》,吴寿彭译,商务印书馆 1965 年版。

79.[英]F. A. 哈耶克:《致命的自负——社会主义的谬误》,冯克利、胡晋华等译,中国社会科学出版社 2000 年版。

80.[美]施特劳斯:《什么是政治哲学》,李世祥等译,华夏出版社 2014 年版。

81.[德]马克斯·韦伯:《学术与政治》,钱永祥等译,广西师范大学出版社 2010 年版。

82.[美]约翰·罗尔斯:《政治自由主义》,万俊人译,译林出版社 2000 年版。

83.[英]伊懋可:《中国的历史之路:基于社会和经济的阐释》,王湘云等译,浙江大学出版社 2023 年版。

84.[英]格雷姆·加勒德、[美]詹姆斯·伯纳德·墨菲:《一种正确的可能》,光明日报出版社 2022 年版。

三、外文著作、论文

1. Ralph Weber, Confucianism in a Pluralistic World: The Political Philosophy of Tu Wei-ming, Dissertation of the University of St. Gallen, 2007.

2. Pang Eng Fang, "The Distinctive Feature of Two 'City-States' Development: Hong Kong and Singapore", in Peter L. Berger and Xinhuang Xiao (eds.), *In Search of an East Asian Development Model*, New Brunswick:

Routledge, 1988.

3.Arif Dirlik, "The Postcolonial Aura: Third World Criticism in the Age of Global Capitalism", *Critical Inquiry*, No.20(Winter 1994).

4.Umberto Bresciani, *Reinventing Confucianism: The New Confucian Movement*, Tai-pei: Ricci Institute for Chinese Studies, 2001.

5.John Makeham(ed.), *New Confucianism: A Critical Examination*, New York: Palgrave Macmillan, 2003.

6.Wing-tsit Chant, *A Source Book in Chinese Philosophy*, Princeton: Princeton University Press, 1963.

7.Clifford Geertz, "Commentary on Professor Tu's Paper", *Philosophy East and West*, July 1981.

四、期刊论文

1.葛荃、逯鹰:《论传统儒学的现代宿命——兼及新保守主义批判》,载《清华大学学报(哲学社会科学版)》2006 年第 4 期。

2.李维武:《开辟现代新儒学走向生活世界之路——关于徐复观消解形而上学思考的再思考》,载《孔子研究》2013 年第 2 期。

3.任剑涛:《中国政治思想史"接着讲"的两种路向——以梁漱溟、牟宗三为例》,载《天府新论》2015 年第 4 期。

4.李振宏:《中国政治思想史研究中的王权主义学派》,载《文史哲》2013 年第 4 期。

5.韦政通:《感恩与怀念:唐君毅、牟宗三、徐复观和殷海光四先生对我的影响》,载《深圳大学学报(人文社会科学版)》2011 年第 3 期。

6.方克立:《第三代新儒家掠影》,载《文史哲》1989 年第 3 期。

7.林安梧:《生活世界的重新发现及其阵痛下的儒学发展——1991 年台湾地区哲学思潮述评》,载(台湾)《鹅湖月刊》1992 年第 11 期。

8.郭齐勇、张锦枝:《守先待后,创造转化——郭齐勇教授学术访谈录》,载《哲学分析》2012 年第 2 期。

9.郭振羽:《新加坡推广儒家伦理化的社会背景和条件》,载(台湾)《当代》1988 年第 25 期。

10.牟宗三、徐复观、张君劢、唐君毅:《为中国文化敬告世界认识宣言》,载张君劢:《新儒家思想史》,中国人民大学出版社 2006 年,第 582 页。

11.刘泽华:《中国政治思想史研究对象和方法问题初探》,载《天津社会科学》1985 年第 3 期。

12.杜钢建:《新儒家在大陆的发展前景》,载《江苏行政学院学报》2004 年第 2 期。

13.苏力:《修辞学的政法家门》,载《开放时代》2011 年第 2 期。

14.万胥亭《从"时效性历史意识"看今古文经学之争》,载洪汉鼎、傅永军主编:《中国诠释学》第 9 辑,山东人民出版社 2012 年版,第 34～46 页。

15.宋宽锋:《试析当代新儒家的政治哲学——兼评李明辉〈儒家视野下的政治思想〉》,载《复旦学报(社会科学版)》2008 年第 1 期。

16.张三萍:《林安梧及其"后新儒学"》,载《武汉大学学报(人文科学版)》2010 年第 1 期。

17.余英时:《待从头,收拾旧山河》,载《二十一世纪》1990 年第 2 期。

18.成中英:《整体性与共生性:儒家伦理与东亚经济发展》,载《浙江社会科学》1998 年第 2 期。

19.李瑞全:《当代新儒学之后现代理论》,载萧振邦主编:《儒学的现代反思》,(台北)文津出版社 1997 年版,第 27～40 页。

20.李翔海:《牟宗三"良知自我坎陷"说评析》,载《东岳论丛》1993 年第 3 期。

21.张师伟:《现代新儒家的诞生——传统儒学现代转换的政治条件与结果》,载《政治思想史》2015 年第 4 期。

22.张师伟:《阐发政治的民族共性——中国传统政治哲学研究主旨揭示》,载《文史哲》2010 年第 6 期。

23.田文林:《从民族主义到原教旨主义》,载《世界民族》1998 年第 1 期。

24.萧功秦:《从转型政治学看三十年中国变革》,载《探索与争鸣》2008 年第 5 期。

25.何新:《对现代化与传统文化的再思考——评海外新儒学》,载《社会科学辑刊》1987 年第 2 期。

26.方克立:《评大陆新儒家推出的两本书——〈理性与生命〉(1)(2)》,载

《晋阳学刊》1996 年第 3 期。

27.方克立:《关于当前大陆新儒学问题的三封信》,载《学术探索》2006 年第 2 期。

28.李明辉、陈明等:《首届“两岸新儒家会讲”》,载《天府新论》2016 年第 2 期。

29.李明辉:《中国大陆有关当代新儒学的研究:背景、成果与评价》,载(台湾)《当代》第 63 期(1991 年 7 月)。

30.颜炳罡:《以梁、熊、牟为例看当代新儒家“反”“孤”“狂”的三重品格》,载《文史哲》2003 年第 2 期。

31.康晓光:《文化民族主义论纲》,载《战略与管理》2003 年第 2 期。

32.康晓光:《儒家宪政论纲》,载《历史法学》2012 年第 5 卷。

33.郑维伟:《儒家宪政主义:一个现实的乌托邦?》,载《浙江社会科学》2013 年第 1 期。

34.任剑涛:《现代儒学的浮现:从独享政治权威到竞争文化资源》,载《政治学研究》2016 年第 1 期。

35.蒋庆:《中国大陆复兴儒学的现实意义及其面临的问题》,载(台湾)《鹅湖月刊》1989 年第 3 期。

36.都晓晶、王立新:《儒学研究的回顾与展望——第十届当代新儒学国际学术研讨会会议纪要》,载《湖南科技学院学报》2014 年第 3 期。

37.赵景来:《当代政治哲学若干问题研究疏略》,载《马克思主义研究》2007 年第 5 期。

38.韩旭:《政治哲学的学科属性及方法论探讨》,载《政治学研究》2004 年第 1 期。

39.林存光、肖俏波:《古典儒家政治哲学论纲》,载《天津社会科学》2013 年第 5 期。

40.李宗桂:《当代新儒学发展的若干难题》,载《文史哲》2003 年第 2 期。

41.林安梧:《孔子与阿 Q:一个精神病理史的理解与诠释》,载(台湾)《鹅湖月刊》1997 年第 10 期。

42.翟志成:《长悬天壤论孤心——熊十力在广州(1948—1950)》,载(台湾)《当代》第 76 期(1992 年 8 月)。

43.肖强:《当代大陆新儒家批判——以蒋庆、康晓光、余东海、陈明、秋风为例》,载《文史哲》2017 年第 1 期。

44.周素丽、潘丽莉、高骊:《2010—2014 社会思潮动向调查分析报告》,载《人民论坛》2015 年第 1 期。

45.潘丽莉、周素丽:《2015 年值得关注的十大思潮调查报告》,载《人民论坛》2016 年第 3 期。

46.许苏民:《对"第三代新儒家的代言人"的出色解读——评〈终极信仰与多元价值的融通〉》,载《江汉论坛》2004 年第 10 期。

47.蔡德贵:《当代新儒家向多元融和型转化的必然性》,载《文史哲》2003 年第 2 期。

48.陈卫平:《儒学能否成为"活水"》,载《文史哲》2003 年第 2 期。

49.李毅:《现代新儒学研究的可喜成果——〈寻求德性与理性的统一〉评介》,载《哲学动态》1999 年第 10 期。

50.[瑞士]韦宁:《政治哲学视域中与杜维明思想的交锋》,何金丽译,《现代中文学刊》2005 年第 1 期。

51.韩水法:《什么是政治哲学》,载《中共中央党校学报》2009 年第 1 期。

52.姚大志:《什么是政治哲学》,载《光明日报》2013 年 9 月 24 日。

53.[美]安靖如:《论当代儒家政治哲学中的"综合儒家"》,载杨永明主编:《当代儒学》第 7 辑,广西师范大学出版社 2015 年版,第 140～150 页。

54.成中英:《儒家潜涵的宪法与宪政思想》,载《天府新论》2013 年第 4 期。

55.周濂:《流沙状态的当代中国政治文化》,载《二十一世纪》2016 年第 6 期。

56.张学智:《包打天下与莫若两行》,载《文史哲》2003 年第 2 期。

57.金观涛:《中国文化的乌托邦精神》,载《二十一世纪》1990 年第 2 期。

58.张曙光:《生存之维:经验视域与超验视域的分化与融合——关于建构生存哲学的思想史研究》,载《天津社会科学》2000 年第 1 期。

59.丛日云:《哈耶克对中国文化保守主义者的误导——以"扩展秩序"概念为中心的思考》,载《探索与争鸣》2016 年第 8 期。

60.何中华:《从马克思主义中国化看"两个结合"的意涵》,载《哲学研究》

2023 年第 9 期。

61.习近平:《在文化传承发展座谈会上的讲话》,载《求是》2023 年第 17 期。

62.吴根友:《杜维明的“文明理论”及其展开的可能性》,载《社会科学战线》2021 年第 6 期。

63.黄勇、黄家光:《作为动力之知的儒家“体知”论——杜维明对当代道德认识论的贡献》,载《哲学分析》2020 年第 3 期。

64.潘德荣:《本体诠释学与本体论诠释学》,载《天津社会科学》2020 年第 2 期。

65.李安泽:《成中英易学思想探源》,载《国学学刊》2022 年第 1 期。

66.刘建平:《“理一分殊”与人类命运共同体——刘述先跨文化思想研究》,载《孔子研究》2020 年第 6 期。

67.李青:《论合理的文明对话的一种路径——刘述先“理一分殊”思想研究》,载《理论月刊》2021 年第 5 期。

68.林安梧:《关于先秦儒学“人性论”的一些讨论——以孟子和荀子为核心的展开》,载《齐鲁学刊》2022 年第 1 期。

69.王磊:《林安梧道论诠释学的内在逻辑论析》,载《原道》2021 年第 1 期。

70.林安梧、瘦竹:《经典、新儒家与儒学传播——林安梧先生访谈》(上),《走进孔子》2023 年第 4 期。

71.林安梧、瘦竹:《经典、新儒家与儒学传播——林安梧先生访谈》(下),《走进孔子》2023 年第 5 期。

五、学位论文

1.亓光:《政治诠释学视域中的公正》,吉林大学博士学位论文,2012 年。

2.王光:《论梁漱溟的民主思想及其发展》,吉林大学博士学位论文,2012 年。

3.胡波:《社会理想境界论纲——价值哲学角度的审思与建构》,中国社会科学院研究生院博士学位论文,2000 年。

4.方世忠:《儒家传统与现代性——杜维明新儒学思想研究》,华东师范大学博士学位论文,2004 年。

5.王秋:《朱子学与中国现代哲学的思想空间:20 世纪朱子学研究》,黑龙江大学博士学位论文,2010 年。

6.张俊波:《刘述先宗教观研究》,苏州大学博士学位论文,2012 年。

7.沈小勇:《现代新儒家儒学现代化思想论衡》,苏州大学博士学位论文,2011 年。

8.郑秋月:《以杜维明和成中英为例的波士顿儒学与夏威夷思想研究》,黑龙江大学博士学位论文,2009 年。

六、报刊与网络文献

1.《秋风专访:蒋庆是当代中国唯一思想家》,2015 年 3 月 23 日,http://www.rujiazg.com/article/id/4987/。

2.李明辉:《我不认同"大陆新儒家"》,2015 年 1 月 24 日,http://www.rujiazg.com/article/id/4754/。

3.曾亦:《大陆新儒学的学术基础:经学,还是理学?》,2016 年 12 月 27 日,http://www.rujiazg.com/article/id/10092/。

4.姚中秋:《现代儒学发展已进入下半场》,2016 年 8 月 2 日,http://www.rujiazg.com/article/id/8685/。

5.张博:《"中华孔圣会"成立,儒家拟走向宗教化》,2015 年 11 月 21 日,http://culture.ifeng.com/a/20151121/46336453_0.shtml。

6.秋风:《驳李明辉:谈儒家,先跳出历史终结论》,2015 年 10 月 25 日,儒家网,http://www.rujiazg.com/article/id/6698/。

7.《中共中央办公厅 国务院办公厅印发〈关于实施中华优秀传统文化传承发展工程的意见〉》,2017 年 1 月 25 日,http://www.gov.cn/zhengce/2017-01/25/content_5163472.htm。

8.习近平:《在纪念孔子诞辰 2565 周年国际学术研讨会暨国际儒学联合会第五届会员大会开幕会上的讲话》,载《人民日报》2014 年 9 月 25 日。

9.《山东建成乡村儒学讲堂逾 9200 个》,2017 年 2 月 15 日,http://news.xinhuanet.com/shuhua/2017-02/15/c_1120469314.htm。

10.《教育部关于印发〈完善中华优秀传统文化教育指导纲要〉的通知》,

2014 年 3 月 26 日，http://www.moe.edu.cn/publicfiles/business/htmlfiles/moe/s7061/201404/166543.html。

11.《多地开始编写中小学国学教材　广东领跑全国》，2017 年 1 月 10 日，http://www.rujiazg.com/article/id/10205/。

12.《学者联合倡议中国高校设立儒学一级学科》，2016 年 6 月 14 日，http://www.rujiazg.com/article/id/8388/。

13.刘军宁：《自由主义与儒教社会》，2008 年 7 月 16 日，https://www.aisixiang.com/data/3680.html。

14.习近平：《高举中国特色社会主义伟大旗帜　为全面建设社会主义现代化国家而团结奋斗——在中国共产党第二十次全国代表大会上的报告》，载《人民日报》2022 年 10 月 26 日。

后　记

选择第三代新儒家政治哲学作为近年来重点关注的研究议题，想来也是各种机缘巧合的结果。就个人研究旨趣而言，自求学伊始，我好像就对政治思想和政治文化之类的话题比较好奇。概言之，我所关注的中心问题可以概括为近代以来中国社会政治价值观念的转型与重建。虽然研究的具体领域一直在儒学和新儒学周围，但是这一核心关切始终未变。

引领我走上这条学术之路的，当然是我的导师葛荃教授。还记得十八年前在山威求学时，葛老师给我们讲授中国古代政治思想史，老师渊博的知识和生动的讲解深深感染了我，让我对政治思想史和政治文化产生了浓厚的兴趣。后来虽历经波折，承蒙老师不弃，有幸于 2010 年拜入门下读硕士研究生。再之后，又接受老师建议，继续攻读博士，两段学习时光皆以新儒家政治思想为主要研究对象。说起选择当代新儒家作为研究对象的机缘，不得不提读硕士研究生时的一门课程。张铭教授所讲授的政治文化专题，在谈及保守主义思想时指出，非独西方的保守主义传统，本土生长出的保守主义文化资源亦值得重视。循着这一思路，我们讨论的焦点就自然而然来到了当代新儒家一系，随即围绕当代新儒学及其保守主义倾向组织了一次专题讨论。讨论依据的文献，是群言出版社早年出版的一套"当代新儒学八大家集"，其中分别收录了梁漱溟、熊十力、张君劢、冯友兰、方东美、唐君毅、牟宗三和徐复观的作品。恰好班级共八位同学，每人钻研一册，提炼总结，汇报讨论。我对于行走在"学术与政治之间"的徐复观颇有兴趣，就选择了研读徐先生的这本汇编集子。正是受到这次讨论的影响，之后我以徐复观政治思想研究为题，完成了硕士学位论文。攻读博士期间，在论文的选题和写作上，葛老师给了我充分的自由。鉴于新儒家学派的代际更替，以及其政治哲学发展呈现出的最新动向，我对于新儒家政治哲学的关注也就从第二代学人逐渐转移到第三代学人。对于一个政治思想史的初学者而言，这种研习路径质朴且稳健。

该书是在我博士学位论文的基础上修改而成，除了个中辛苦之外，还要感谢一路走来对我提携帮助的诸位师长。正是在葛老师的影响之下，我才一步步走上了读书治学的道路。十几年来，葛老师不仅以其深厚的学养在学术上给予我巨大的支持和帮助，更是在做人、做事方面也让我多受教益。不论是学术上的提点，还是为人处世方面的叮嘱，老师的教诲对我而言都是极为难得的人生财富。还要感谢王成教授，在博士求学期间，不仅为我的研究和写作提出了诸多宝贵意见，而且在日常学习中也给予了巨大的帮助。感谢张铭教授从我读硕士时期一直到现在的教诲，深深影响了我理论假说体系的建立和思考问题的方式。还要感谢作为本书研究对象之一的林安梧教授。林教授在山大讲学期间，多次对于我的提问耐心答疑解惑，这对于本书写作和研究的深入多有启发。林教授的系列讲座文稿已经整理出版，名为《儒道佛三家思想与二十一世纪人类文明》，关于当时问答的场景，都记录在书中，如今读来感觉异常亲切。

另外，从论文修改到付梓成书的过程中，还得到了来自方雷教授、冯克利教授、孔令栋教授和王建民教授的批评与指导，在此由衷表示感谢。还要感谢山东大学出版社谭学秋编辑在本书修改和编辑过程中给予的专业、细致又耐心的帮助。同时，感谢自求学以来刘洋师兄、李新廷师兄的指点和帮助，与你们的每一次交流都让我获益良多。感谢王帅、宋清员、朱栋荣等同门师兄弟，守望相助而凝成的友谊，温暖又宝贵。在洪家楼校区携手求学钻研的日子，会成为我一生都难忘的美好时光。最后，还要感谢我的家人，是你们无私的支持和守护，才能让我在这条艰苦探索的道路上坚毅地走下去！

行文至此，几近尾声。多年求学过程中，总有太多人需要感谢，思虑未能周全之处，还请海涵。十八年前，一个出身乡野的青葱少年背负行囊来到滨海小城读书求学。时光荏苒，兜兜转转而又得以回到母校任教，想来也是一件极幸福的事情。当初面对知识海洋的好奇心，如今已经成长为一份收获，虽然稚嫩但饱含真诚与热爱。我深知自己水平浅薄，面对书稿并不是非常满意，唯恐辜负了众师长的教诲和期望，故而惴惴不安。回望时空轮回，方知不忘初心，既是希冀，亦为鞭策！

最后，本书的出版，得到了“山东大学(威海)学科建设专项资助”计划的支持，在此表示感谢！

作　者

2024年5月于山威海滨